中國学術思想 研究輯刊

四十編

林慶彰 主編

第 5 冊

邵雍「真樂攻心」至「天人合一」的生命美學

陳素花 著

花木蘭文化事業有限公司

國家圖書館出版品預行編目資料

邵雍「真樂攻心」至「天人合一」的生命美學／陳素花 著 --
初版 -- 新北市：花木蘭文化事業有限公司，2024〔民 113〕
目 2+246 面；19×26 公分
（中國學術思想研究輯刊 四十編；第 5 冊）
ISBN 978-626-344-769-1（精裝）
1.CST：（宋）邵雍 2.CST：學術思想 3.CST：宋元哲學
030.8   113009253

ISBN-978-626-344-769-1

中國學術思想研究輯刊
四十編　第 五 冊　　　　　　　ISBN：978-626-344-769-1

邵雍「真樂攻心」至「天人合一」的生命美學

作　　者　陳素花
主　　編　林慶彰
總 編 輯　杜潔祥
副總編輯　楊嘉樂
編輯主任　許郁翎
編　　輯　潘玟靜、蔡正宣　美術編輯　陳逸婷
出　　版　花木蘭文化事業有限公司
發 行 人　高小娟
聯絡地址　235 新北市中和區中安街七二號十三樓
　　　　　電話：02-2923-1455／傳真：02-2923-1452
網　　址　http://www.huamulan.tw 信箱 service@huamulans.com
印　　刷　普羅文化出版廣告事業
封面設計　劉開工作室
初　　版　2024 年 9 月
定　　價　四十編 15 冊（精裝）新台幣 40,000 元

邵雍「真樂攻心」至「天人合一」的生命美學

陳素花　著

作者簡介

陳素花，女，1961 年出生於台灣新北市。
學歷：2022 年 7 月輔仁大學哲學博士。
經歷：2016 年台灣哲學諮商學會哲學諮商師。
　　　台灣哲學諮商學會第四屆理事（2019 年至 2022 年）
論文：2011 年碩士論文
　　　〈康德哲學之「想像力」觀念在「審美判斷」的意涵與解析〉
　　　2022 年博士論文
　　　〈邵雍「真樂攻心」至「天人合一」之生命美學研究〉
現職：中華郵政股份有限公司員工

提　要

　　邵雍（1011 ～ 1077），《伊川擊壤集》卷八，〈林下五吟〉之三：「賓朋莫怪無拘檢，真樂攻心不奈何。」好奇何以「真樂攻心」？引發研究動機，「真樂攻心」審美態度或「無拘檢」式「真樂攻心」之生命態度，形成的問題導向。以《皇極經世》與《伊川擊壤集》作為研究範疇，從審美進路，先採用研究方法「描述法」，宏觀描述邵雍「心─樂─道─美」和「心─命─道─福」思想因子及相互關係，後採用「質問法」，微觀質問「心─樂─道─美」的審美歷程，「心─命─道─福」的生命歷程，兩個歷程交集於「道」，形成其生命歷程哲學。

　　「窮理盡性以致於命」是天人之學的核心，盡物之「性」者謂之道，盡物之「情」者謂之德。窮盡萬物之「理」與性命之「理」，達到天人合一。「學不際天人，不足以謂之學」理學思路，「一時之否泰」的遇時問題，「一身之休戚」的安身問題，遇時安身從理而行，此「理」是指「道」的法則。「學不至於樂，不可謂之學」美學視角，「以物觀物」審美方法，探究「真樂攻心」同化「天理真樂」的至樂。

　　「人是萬物之靈」的觀點，體悟「萬物亦我也，我亦萬物也，何物不我，何我不物」，去除時間與空間的分隔，進而與萬物合而為一，重回原本泰然，幸福不求自得。「表裏如一」獨善其身的功夫，既是道德、又是通往審美，超越恬然自樂，直觀情感中產生了「愛」的力量。通過自律自善、安分量力的思維與實踐，進入世界創造及「生生」不息節奏中獲得自由，自由引導藝術，藝術解放自我，印證了「安樂窩」生活即藝術，藝術即生活。「人詩意地棲居」美好存在感，必須由人的精神支撐，思維生動與美感，建構人的生存從容與詩意的生活美學，它是無功利的無目的的目的，彰顯邵雍無拘束「快活人」生活樣貌，與「道」合一的生命實踐者，充實其「天人合一」生命美學。

致　謝

　　細說，素花從 2007 年輔仁大學哲學碩士在職專班入學就讀後，深受尤煌傑師中西美學的培育，其課堂上影片、建築、音樂欣賞的導讀，及課外參觀美術館實際作品現場解說，讓美學自然而然的滲入學生日常生活。「尤老師讀書會」吸引來自不同背景的學長姐、同學的加入，論文討論與尤老師研究綱要的講解，在尤老師的不吝指導下，2011 年完成〈康德哲學之想像力觀念在審美判斷的意涵與解析〉碩士論文，順利取得碩士學位。

　　2015 年有幸再讀輔仁大學哲學博士班，尤老師正值哲學系主任，尤老師將拉丁文作為博士課程必修；希臘文則為博士課程選修。啟文、怡玲、國濱、淑芳等同學，每星期二晚上 6:30，開始的拉丁文小考，課堂上的拉丁文朗讀，在緊張中匆匆度過一年的拉丁文課程，學習期間同學革命情感般情誼由此建立，每次同學相聚回味起博士班的生活點滴，總是離不開學習拉丁語文的有趣話題。

　　2016 年 6 月潘小慧老師與尤煌傑老師一起帶領我們博士生，與廈門大學兩岸學術交流，一場博士生論壇，讓我們開啟哲學視域與邏輯論辯的真理之爭。2017 年參加朱子之路研習營與 2018 年世界哲學大會「學以成人」的議題，看到哲學人的堅持與素養。

　　博士生兩年課程，黎建球老師「哲學諮商」哲學理論與實際的知行合一，引領我們哲學與生活的共融，成為哲學家皇帝的願景。陳福濱老師「中國哲學」整體分析，中國哲學史的脈落與發展，從古鑑今，得以吸取古人的智慧與經驗。曾春海老師「當代哲學」、「美學」的豐富課程，緊張的課後小考，歷歷在目彷

彿昨日。尤煌傑老師「知識論」邀請不同老師參與授課，張淳華老師康德哲學專業領域，讓學生有更多元的學習。尤老師「中西美學」建築、雕像、畫作、書法、音樂、圖騰等包容萬象的介紹，參觀美術館、故宮博物館導覽等校外教學，冷靜、客觀、實事求是的平凡，美學薰陶其不平凡的品味生活。潘小慧老師專長於「倫理學」、「兒童哲學」，潘老師常在上課中，就時事發生的倫理課程，邀請同學發言共同討論，本來不善發言的我，慢慢可以說出自己的想法，潘老師多重角色讓我有不同面向的學習。尤淑如老師的哲學諮商理論課程，哲學諮商師實習認證就是由她督導後，讓我正式成為「台灣哲學諮商學會」諮商師的成員之一。

在輔仁大學就學十餘年期間，輔仁大學哲學系辦公室的立仁、惠美、虹容老師們的熱情協助，感謝一路有他們的陪伴、幫忙與鼓勵，才能順利畢業。

「尺有所短，寸有所長。」是尤老師讀書會的宗旨，廣納各路不同背景的學生，尤老師有截長補短的本領，帶領不同學長、學姐、同學取得學位。《中庸》：「誠則形，形則著，著則明，明則動，動則變，變則化。唯天下至誠為能化。」窮則變，變則通，通則久，COVID-19 防疫期間（2021 年至 2022 年），見證到尤老師的變通本領，採行線上讀書會。高浩容、林欣儀與陳素花，三個人博士論文方向不同，以 ZOOM 形式的論文線上討論，不同思想的衝擊與老師講解論文，發現尤老師哲學素養豐富及美學研究的廣度，爾嫻、瑞桃兩位學妹的相伴，兩位博士後選人的帶領，大家一起完成博士論文口考。2022 年 6 月中旬尤老師 COVID-19 新冠確診，近乎沙啞聲音耳提面命，叮嚀再叮嚀善盡言責，使本人順利通過 6 月 17 日博士論文口考。如同，李震神父是尤老師的論文指導教授，「愛」的一脈相傳，「誠」強調情感意趣的真實抒發，感受尤煌傑老師的教學至誠。

最後，感謝家人、同學、同事的支持，博士論文的結束是另一學習的開始，學術生涯是有限，研究精神卻是無限。尤老師與潘老師都是至誠之人，美學與倫理學專業領域的相輔相成，平凡中襯托不平凡的平易近人，自己彷彿受教兩位老師的雙指導，就像點綴人生的那盞明燈。

感謝花木蘭文化事業有公司許郁翎編輯主任的協助出版，本書的完成，印證走出一條屬於自己生命美學的路，作為建構自我實現生命藍圖的紀念。

目次

第一章 導 論

前言

生於太平世，長于太平世。老於太平世，死於太平世。

客問年幾何？六十有七歲。俯仰天地間，浩然獨無愧。[註1]

如果，生命是一首歌，邵雍（1011～1077）這首生死於詩，六十七年的歲月樂曲，細說從三十九歲開始至生命終了美感經驗，散見於《伊川擊壤集》的詩作，表達他的生命情懷以及萬物自然之理。

從《伊川擊壤集》序、卷十一、卷十八，《皇極經世書》〈觀物內篇〉十二等美學思想、詩作的書藝思想，《皇極經世書》不以「以我觀物」，主張「以物觀物」的觀物思想中彙整與梳理，邵雍除「道德美」要求之外，還保留詩的理趣、書法、愛竹、歌頌自然風景美的林泉詩等愛好，享有「生活即藝術」的樂趣，發現邵雍是一位重視文藝的理學家。

第一節 研究動機與目的

兩宋文化主要以理學建構，理學的核心承接儒家之道，講求仁義道德、倫理綱常，把它上升至「天理」高度，所以，理學又稱之道學。理學的興盛，造就文藝漸趨「理」的審美化，忽視文藝的形象性，「重理抑文」論道成為審美主流。

邵雍認為，道學家把文學理論的基本問題給混淆了，主要有四點[註2]：

〔註1〕《伊川擊壤集》卷十九，〈病亟吟〉，頁322。
〔註2〕魏崇周：《邵雍文學思想研究》，鄭州：中州古籍出版社，2009，頁7～12。

一是，就文學創作的理與情關係，誤為說理而否定抒情，「因志發詠，因言成詩，因詠成聲，因詩成音。」〔註3〕提倡言志而反對緣情。二是，文與質的關係上，道學家重質輕文，重思想不重視藝術的片面性觀點。三是，古代文學與非文學的混同為一，抹煞文學與非文學的界限，忽略文學美學的特徵。四則，把文學變成抽象的理學心性與義理的圖解，使文學與現實生活隔離了。

邵雍否定詩歌為「吟詠性情」的思想，強調詩歌應是天理、人性的體現，取消詩歌的抒情本質，情理對立，由此，可看出他順理順性，以心性為核心，形成「主理制情」個體感性情欲與社會理想規範處於中和狀態，內斂型的審美價值取向。朱熹《詩集傳序》：「淫者，樂之過而失其正也，哀之過而害於和也。」，「樂而不淫，哀而不傷」中和之道，情感在安樂窩的藝術生活，表現和而不流，適度不過，完全因道德修養的檢束，外在禮義規範的約束，對於情感的調節作用。

一、問題意識與研究動機

「真樂攻心」詩句分別出自：一是，邵雍61歲時的詩作《伊川擊壤集》卷八，〈林下五吟〉。二是，宋朝何夢桂的《何夢桂集》一書〈樂意〉的七言律詩。

> 真工造化豈容私，拙者為謀亦甚微。安樂窩深初起後，太和湯釀半醺時。
>
> 長年國裏籃昇往，永熟鄉中杖策歸。身似升平無一事，數莖鬢白任風吹。
>
> 老年軀體索溫存，安樂窩中別有春。萬事去心閑偃仰，四肢由我任舒伸。
>
> 庭花盛處涼鋪簞，簷雪飛時軟布裯。誰道山翁拙於用，也能康濟自家身。
>
> 有物輕醇號太和，半醺中最得春多。靈丹換骨還如否，白日升天得似磨。
>
> 盡快意時仍起舞，到忘言處只謳歌。賓朋莫怪無拘檢，真樂攻心不奈何。
>
> 相招相勸飲流霞，鬢亂秋霜髮亂華。所記莫非前甲子，凡經多是老

〔註3〕《伊川擊壤集》序，頁2。

官家。

共誇今日重孫過，更說當時舊事呀。言語丁寧有情味，後生無笑太
周遮。

生來未始事田疇，無歲無時常有秋。隨分盃盤俱是樂，等閑池館變
成游。

風花雪月千金子，水竹雪山萬戶侯。欲俟河清人壽幾，兩眉能著幾
多愁。

〈林下五吟〉〔註4〕

　　〈林下五吟〉七律的詩句中「真樂攻心」的發生背景，處於北宋國家太平
時代，《伊川擊壤集》中詩句頗多詩句歌誦太平盛事，邵雍享有「安樂窩」安
定生活。

真樂攻心無奈何，自行自座自謳歌。

雲收雨淨天無滓，月郎淵澄水不波。

更把新詩勾野興，時將濁酒發天和。

傍人笑我荒唐甚，真樂攻心無奈何。〔註5〕

　　何夢桂〈樂意〉：「傍人愛我荒唐甚，真樂攻心無奈何」詩句中窺知，作詩
暢飲放浪的自由樂境，呈現出「心」是「樂」的本質與形式。

　　這首〈林下五吟〉七律的詩句，描繪邵雍「安樂窩」的情感複雜與生活點
滴。朱熹質疑：康節略有規矩。然其詩云：「賓朋莫怪無拘檢，真樂攻心不奈
何。不知是何物攻他心？」〔註6〕何以邵雍真樂攻心，卻無可奈何？朱熹：「顏
子之樂平淡，曾點之樂已勞壞了。至邵康節云『真樂攻心不奈何』樂得大段顛
蹶。」〔註7〕

　　筆者質疑「真樂」存在與否？真樂或假樂？「真樂攻心」轉換成不同態
度？何以「真樂攻心」不奈何的議題，產生三個問題意識：

〔註4〕《伊川擊壤集》卷八，〈林下五吟〉，頁117～118。

〔註5〕何夢桂：《何夢桂集》，杭州市：浙江古籍出版社，2011，頁65。何夢桂（1228
～?）字巖叟，淳安（金浙江金華）人。咸錞十年（1274），任監察御史，至
元中屢征不起，築室小西源，字號潛齋，著有《潛齋集》、《何夢桂集》，〔宋〕
何夢桂，〈樂意〉。

〔註6〕朱熹（1130～1200），南宋理學集大成者，《朱子語類》卷一百。

〔註7〕《朱子語類》卷三十一，《戰國策・齊策三》：「顛蹶之請，望拜之謁，雖得則
薄矣。鮑彪注：「顛」倒也，「蹶」僵也。言其請救之急。《朱子語類》卷一零
四：「如今都教壞後生，箇箇不肯去讀書，一味顛蹶不沒理會處，可惜！可惜！

問題意識一，「真樂」存在與否？

「真樂攻心」是否存在？基於「詩歌本身無所謂真假」〔註8〕的論點，詩句中流露出「真樂攻心」存在與不存在的情感，基於審美態度時，是一種觀看和傾聽中獲得極其愉快的審美經驗。

1.「真樂」存在：自得其樂的表露真誠情感。

〈林下五吟〉之三：「有物輕醇號太和，半醺中最得春多。靈丹換骨還如否，白日升天得似磨。儘快意時仍起舞，到忘言處只謳歌。賓朋莫怪無拘檢，真樂攻心不奈何。」此「真」為本原、本心，邵雍認為「萬化萬事皆生於心」顏淵無論身處富貴或貧賤，都能自得其樂。家自稱為「安樂窩」，讀書、飲酒、燕居、獨坐、焚香皆在此，看似仙風飄逸，又似隱士的生活，一切只為追求安樂。

2.「真樂」不存在：自我安慰的壓抑情感，表現出無可奈何的態度。

〈林下五吟〉之二：「老年軀體索溫存，安樂窩中別有春。萬事去心閑偃仰，四肢由我任舒伸。庭花盛處涼鋪簟，簷雪飛時軟布裀。誰道山翁拙於用，也能康濟自家身。」這首看似逍遙灑脫的詩，道理深淺經論多少，就是安樂似乎沒有什麼好追求。邵雍很早就對官場採取退避態度，屢次辭官而不赴任，人生快樂建立在「人生康濟自家身」，其實「誰道山翁拙於用，也能康濟自家身」是邵雍四十年隱居洛陽，自我安慰、內心壓抑、無可奈何的深刻感悟，卻表現出放曠的隨心所欲的樣貌。

問題意識二，「真樂」還是「假樂」？

康節詩云『真樂攻心不奈何，某謂此非真樂也，真樂便不攻心。如顏子之樂，何嘗恁地！」〔註9〕朱熹認為，邵雍之樂不如聖人，也不如顏淵的自得其樂，朱熹否定邵雍之樂為「真樂」，朱熹推論邵雍之樂就是「假樂」。

不管真樂或假樂之別，「真樂」變成有趣的觀念時，讓人想知道什麼是邵雍之樂。

〔註 8〕〔美〕M・李普曼（MATTHEW LIPMAN）編，鄒鵬譯，《當代美學》，北京：光明日報出版社，1986，頁 173。

「詩歌本身無所謂真假」這觀點可追溯至菲利普・西德尼（F.Sidney），甚至到聖・多馬斯（St.Thomas）。據說雪萊《語言與現實》所寫出的並不是人們必須判斷真偽的句子，這裡不存在真假問題。……如果一個人真是聽到弦歌而知雅意，那麼，這種理解就必須涉及到意義的交流，而意義的交流必然與真偽問題相關。

〔註 9〕〔宋〕黎靖德編，王星賢點校：《朱子語類》卷一百，邵子之書，頁 2542～2554。

　　問題意識三，當「真樂攻心」轉換成不同態度。

　　「賓朋莫怪無拘檢，真樂攻心不奈何。」基於「非真即假，非假即真」；「非樂即悲，非悲即樂」；「非美即醜，非醜即美」；「非善即惡，非惡即善」的對立，邵雍「真樂」存在與否、或「既真且假」、「既美且醜」，或是真假、樂悲兩者可陳。拘檢與真樂之間，「真樂」程度到達攻心極至，是詩歌文字誇大審美表現，化為放曠生命態度「無拘檢」外在行為的顯現，還是人文態度，「真樂」形上向度，展現「樂道」悅樂的人文精神。

　　邵雍在《伊川擊壤集》中說：「賓朋莫怪無拘檢，真樂攻心不奈何」，「真樂」存在與否？真樂或假樂？「真樂攻心」轉換不同態度？綜合上述三個問題意識，當「真樂」變成有趣的觀念，卻又質疑「真樂攻心」的不奈何？引起本文研究動機：

　　第一，「真樂攻心」作為審美態度，以「心」對於「樂」的認識作用，產生不同美感經驗：自得之樂，攻心之樂與天理之樂。

　　第二，「真樂攻心」轉化生命態度，何以「賓朋莫怪無拘檢，真樂攻心不奈何。」？當「真樂攻心」轉換成放曠生命態度，外顯「無拘檢」與「真樂」之情感流露，追問樂的目的與人的目的是否相通？

（一）「真樂攻心」作為審美態度

「心」對於「樂」的認識作用，產生不同的審美層次：

1.「無樂」至「有樂」的感性層次：自得之樂

　　《擊壤集》，伊川翁自樂之詩也。非唯自樂，又能樂時，
　　與萬物之自得也。〔註10〕
　　鱗風何嘗不在郊，太平消得苦讀讀。
　　才聞善事心先喜，每見奇書手自抄。
　　一瓦清泉來竹下，兩竿紅日上松梢。
　　窩中睡起窩前坐，安得閒辭解客嘲。〔註11〕

　　朱熹：「篇篇只管說樂。」〔註12〕《伊川擊壤集》以「樂」為主題的詩集，其序及這首〈自樂吟〉，愛好自由選擇不出仕，北宋太平時期，邵雍隱居生活的安閒之趣，自樂又能樂時與萬物自得其樂，是一種超越審美情感的本

〔註10〕《伊川擊壤集》序，頁1。
〔註11〕《伊川擊壤集》卷十七，〈自樂吟〉，頁270。
〔註12〕《朱子語類》卷一百。

體之樂。

「擊壤三千首，行窩十二家〔註13〕。樂天為事業，養志是生涯。出入將如意，過從用小車。人能如此樂，何必待紛華。」〔註14〕「行窩」是乘小車出遊暫時得以小歇的地方，邵雍在洛陽城享有「行窩十二家」，「小車行處人歡喜，滿落城中都似家。」〔註15〕可看出他在洛陽備受愛戴與尊重的盛況。以十三首「安樂窩中吟」〔註16〕的生活點滴做為快樂的明喻，隱喻〔註17〕部分則散見三千餘首詩歌中有樂有悲，呈現出邵雍安樂窩中的自得之樂。

就感性認知而言，邵雍對於平生挫折時的沈思，樂與悲、憂與不憂，真樂攻心的存在與否，為求心理上的平衡，「賓朋莫怪無拘檢，真樂攻心不奈何。」可以看出邵雍「心」是消極，皆是不由自主、無可奈何的，行動上則是「哀而傷、樂而淫」的無拘檢，所謂「傾巢之下豈有完卵」，充滿憂國憂民的情懷，感性、理性行為之間的衝突產生矛盾，表現出「心中無一事」的生活態度。

2.「有樂」至「真樂」的理性層次：攻心之樂

伊川《河南程氏外書》：「邵堯夫在急流中，被渠安然取十年快樂。」邵雍「真樂攻心」的背景，處於北宋國家太平時代的生命空間流，安樂窩十年生活安定的生命時間流，生命的時、空交會中得以悟道有成。

> 平生不作皺眉事，天下應無切齒人。
> 斷送落花安用雨，裝添舊物豈須春。
> 幸逢堯舜為真主，且放巢由作外臣。
> 六十病夫宜揣分，監司無用苦開陳。〔註18〕

這是他不願為官時所寫的詩作，能做到做事不皺眉的功夫，天下應無人切齒，心正不貪不戀，追求生命的昇華，而非陷入人世間短暫的地位榮華，其心是虛明的。

「樂」是屬於心性的精神層面，必須進入邵雍「窮理盡性以致於命」求真

〔註13〕《伊川擊壤集》卷十七，〈擊壤吟〉，頁273。
　　　　正統道藏本「行窩十二家」，四部叢刊本、四庫本作「行窩二十家」。
〔註14〕《伊川擊壤集》卷十七，〈擊壤吟〉，頁273。
〔註15〕《伊川擊壤集》卷八，〈小車行〉，頁112。
〔註16〕《伊川擊壤集》卷十，〈安樂窩中吟〉，頁155～158。
〔註17〕沈清松：《跨文化哲學論》，北京：人民出版社，2014，第八章從隱喻到崇高
　　　　——中法美學對話的幽徑之一，頁129～145。
〔註18〕《伊川擊壤集》卷七，〈詔三下答鄉人不起之意〉，頁88。

知的命題，「心」、「性」、「理」生命內在核心，梳理並理出答案。所謂「數往者順，知來者逆」〔註19〕順者理也，逆者迎也，對外出路「理」出真知的行為，「真樂攻心」注重內求自得，理性反省的外在表現。

3.「真樂」到「至樂」的形上層次：天理之樂

邵雍自稱「居落陽三十年，未嘗皺過眉頭。」內心長存「樂」的念力，外貌呈現「閒」脫離世俗的憂慮和慾念的心境。

「人苦天津遠，來須特特來，閑餘知道泰，靜久覺神開。悟易觀棋局，談詩捻酒杯。世情千萬狀，都不與裝杯。」〔註20〕「意遠情融，氣和神逸。酒放微醺，綃鋪半匹。」〔註21〕，「心」是一種形象，心的本身是不可捉摸的，「祇恐身閒心未閒，心閒何必住雲山。果然得手情性上，更肯埋頭利害間。動止未嘗防忌諱，語言何復著機關。不圖為樂至於此，天馬無蹤自往還。」〔註22〕「林下一般閒富貴，何嘗更肯讓公卿。」〔註23〕，「身閒心未閒」是邵雍自我表達具有抱負的理想，只是，選擇不出仕遠離利害，安閒康樂是他的一生職志。

「能循天理動者，造化在我也。」〔註24〕得天理者不僅是潤心、潤身，強調身心合一之樂，也是「天理真樂」超越形上「精神美」的象徵。

（二）「真樂攻心」轉化為放曠生命態度

1.「閒富貴」人的目的

邵雍「心」的意涵甚多，可以是認識的心、道心、太極是吾心、為己之心與天下之心的不同解讀，人心之誠就是本心，心為太極，人心如止水，定則靜，靜則明。為了把握邵雍「樂」的整全觀念與形象，將「閒」的情境融入他的生活，「氣靜形安樂，心閒身太平。」〔註25〕氣靜心閒的修養工夫，無關利害的審美觀，「半醉上車兒，車兒穩礙舊。清風迎面處，翠柳拂頭時。」〔註26〕這般閒富貴料得沒人知，「半醉小車行，世間無此榮。涼風迎面細，垂柳拂頭清

〔註19〕邵雍〈先天八卦圖〉：「乾南，坤北，離東，坎西，震東北，兌東南，巽西南，艮西北。自震至乾為順，自巽至坤為逆。」用以解釋「數往者順，知來者逆。」以數推過往之理為順，推已知過往之數，以知未來之事為逆，逆者迎也。

〔註20〕《伊川擊壤集》卷四，〈天宮幽居即事〉，頁54。

〔註21〕《伊川擊壤集》卷十四，〈大筆吟〉，頁227。

〔註22〕《伊川擊壤集》卷六，〈思山吟〉，頁83。

〔註23〕《伊川擊壤集》卷六，〈初夏閒吟〉，頁86。

〔註24〕《皇極經世書》，〈觀物外篇〉下，頁365。

〔註25〕《伊川擊壤集》卷十七，〈又五首〉，頁266。

〔註26〕《伊川擊壤集》卷十一，〈半醉吟〉，頁170。

輕。」〔註27〕這般閒富貴料得沒人爭,「閒富貴」的安樂窩生活,應是「真富貴」生活藝術化。

2.「快活人」樂的目的

欽之謂我曰:「詩欲多吟,不如少吟;詩欲少吟,不如不吟。」我謂欽之曰:「亦不多吟,亦不少吟;亦不不吟,亦不必吟。芝蘭在室,不能無臭;金石振地,不能無聲。惡則哀之,哀而不傷;善則樂之,樂而無淫。」〔註28〕邵雍自述寫詩的態度,不宜陷入過於悲傷、過於狂樂的狀態,所謂「惡則哀之,哀而不傷;善則樂之,樂而無淫。」這是養生安樂的境界,也是一種達觀的人生態度。

> 詩成半醉正淘淘,更用如椽大筆抄。儘得意時仍放手,到凝情處略濡毫。〔註29〕
>
> 詩成大字書,意快有誰如?巨浪銀山立,風檣百尺餘。〔註30〕
>
> 酒喜小盃飲,詩快大字書。不如人世上,此樂更誰知。〔註31〕

「儘得意時仍放手,到凝情處略濡毫。」邵雍用來解釋審美意象的布置技巧,喜歡用小樽、小盃、小盞飲酒,酒不貪多只放任微酣,一邊撩筆(筆如椽)大書,一邊吟詩創作,「酒」是邵雍寫詩、寫字的催化劑,詩、書、酒三者融合成一體的韻味,「安樂先生,不顯姓氏;垂三十年,居洛之涘。風月情懷,江湖性氣。……樂見善人,樂聞善事。樂道善言,樂行善意。……為快活人,六十五歲。」〔註32〕其性情表現特有的風月情懷,個性又略帶江湖氣概,平常樂於聞見善人善事,俯仰天地間,浩然獨無愧為其人格的象徵,表露自得之樂,做個「快活人」應是他精神生活的昇華。

有趣的「真樂」觀念,使「真樂攻心」成為研究動機的起源,「以物觀物」方法論,追問樂的目的與人的目的是否相通?

「已把樂為心事業,更將安作道樞機。」〔註33〕「道樞」主體泯除是非、彼此、因果程序,才能使真實的自然現象得以完整呈現後,未來身上休思念,

---

〔註27〕《伊川擊壤集》卷十一,〈半醉吟〉,頁170。
〔註28〕《伊川擊壤集》卷十二,〈答傅欽之〉,191。
〔註29〕《伊川擊壤集》卷十一,〈大字吟〉,頁165~166。
〔註30〕《伊川擊壤集》卷十一,〈大筆吟之一〉,頁176。
〔註31〕《伊川擊壤集》卷十一,〈大筆吟之二〉,頁176。
〔註32〕《伊川擊壤集》卷十四,〈安樂吟〉,頁225。
〔註33〕《伊川擊壤集》卷二十,〈首尾吟〉之七十三,頁338。

既入手中須指揮，自能迎刃無須顧慮，「閒富貴」生活藝術，「快活人」詩意生活，「以物觀物」的思維方式，合於「善」的前提下，釐清「人」的目的與「樂」的目的，有相通的可能性。

二、研究目的

羅光在《形上生命哲學》〔註34〕一書認為，「理學」為研究萬物性理之學，往上溯及《易經》和《中庸》，從旁則採擷道、佛的觀念，結成儒家人文哲學的形上學。羅光認同孟子主張「美」的定義，「美」是充實而有光輝，光輝是從「性」的本體說，無論精神體或物質體都可以運用，生命哲學的生命是實體的本體，事實上，實體就是存在，存在就是動，存在的動就是生命，美和生命同為實體的本體，存在既是本體的根基，存在既是生命，「生命」便是「美」的根基。

《生命哲學的美學》〔註35〕指出美學為哲學、社會心理學的一部分，強調美與生活相連結，和生命哲學的關係更密切了。羅光提出：（1）美是活動，生命哲學談美，美是生命的充實，美是動態而非靜止的。（2）幸福的觀照（Beata Visio）觀賞天主本性的真和善，絕對完滿的美，滿足人的心願。「美是活動」、「幸福的觀照」為其生命哲學的美學的兩個特徵。

羅光對於美和生命同為實體的本體概念，「美是活動」、「幸福的觀照」特徵及士林哲學的美學觀〔註36〕背景，啟發筆者以「學不際天人，不足以謂之學」〔註37〕理學觀點，「學不至于樂，不可謂之學」〔註38〕美學視角，「叵配天地謂之人，唯仁者真可謂之人矣。」〔註39〕「人」作為審美主體，以理學美學的觀點，試圖解決何以邵雍「真樂攻心不奈何？」的問題意識。

生命是一個有機實體，懷德海（A.N.whithead, 1861～1947）《歷程與實在》〔註40〕的歷程哲學，有機體的特徵就是活動，活動表現就是歷程，歷程則是構

〔註34〕羅光：《形上生命哲學》，台北：台灣學生書局，2001，頁27～35。
〔註35〕羅光：《生命哲學的美學》，台北：台灣學生書局，1999，頁20～21。
〔註36〕羅光：《生命哲學的美學》，士林哲學的美學在於發揮中古士林哲學的基本形上觀念，及加入新元素與方法，頁124～125。
〔註37〕《皇極經世書》，〈觀物外篇〉下，頁365。
〔註38〕《皇極經世書》，〈觀物外篇〉下，頁369。
〔註39〕《皇極經世書》，〈觀物外篇〉上，頁349。
〔註40〕吳汝鈞：《機體與力動懷德海哲學研究與對話》，台北：臺灣商務印書館，2004，第十二章歷程與實在，頁133～148，第十三章現象與實在，頁149～160。

成有機體的各元素之間內在聯繫與持續創造過程，它是重視生成、變化和發展。

本文引用歷程哲學中「歷程」與「實在」的兩個概念，以「真樂」觀念作為研究起點，「真樂攻心」不奈何成為研究動機，「心─樂─道─美」的審美歷程和「心─命─道─福」生命歷程兩條研究進路，以邵雍《皇極經世》、《伊川擊壤集》與《漁樵問對》著作為研究依據，描述邵雍哲學思想中（心─樂─道─美，心─命─道─福）生命元素的生成變化，由低到高「心」至「樂」的心性歷程、由淺到深「道」至「樂」的審美歷程，及由現象到本體「道」至「美」的倫理歷程，三個不同歷程，探悉其「天人合一」生命美學的境界，衍生研究目的有三：

1.「安身立命」的生命情懷。
2.「真樂攻心」同化「天理真樂」的至樂。
3.「真樂攻心」至「天人合一」的生命美學。

（一）「安身立命」的生命情懷

「天」與「人」的天人關係，邵雍採用「人為本位」之說，以「人」為美對象，由審美主體的「我」，「以目觀物見物之形，以心觀物見物之情，以理觀物盡物之性。」〔註41〕的形、情、性的三觀審美認知，進行「心」至「樂」的心性審美歷程，「窮理盡性以至於命」天人之學的核心，先論先天然後論後天，先論物理然後論性命，推天道、先天（體）、物理是為了明人道、後天（用）、性命，先天後天是體用不離，統一天人之道與道的變化過程，「心」與「命」的關係，看待邵雍「安身立命」的議題。

> 是知懷其時則謂之志，感其物則為之情，發其志則為之言，揚其情則謂之聲，言成章則謂之詩，聲成文則謂之音。然後聞其詩，聽其音，則人之志情可知之矣。且情有七，其要在二，二謂身也、時也。謂身則一身之休戚也，謂時則一時之否泰也。一身之休戚則不過貧富貴賤而已，一時之否泰之則在夫興廢治亂者也。〔註42〕

邵雍的「真心」是真正平等、清淨自在與喜樂的，所謂「人之誠」的本心，以一種具有覺悟心態去經歷世俗的欲樂和苦難，它隱含「智」的藝術活動，也呈現「有樂」的程度大小，當「真樂攻心」無法用言語表達，轉換成放曠不拘

〔註41〕《皇極經世書》，〈觀物內篇〉十一，頁275。
〔註42〕《伊川擊壤集》序，頁1。

的生命態度，「且情有七，其要在二，二謂身也、時也。」，安身問題就是「一身之休戚也」，指的是貧富貴賤的追求。遇時的問題則指「立命之時」，即是「一時之否泰也」。

> 時有代謝，物有枯榮。人有衰盛，事有廢興。〔註43〕

> 天道有消長，地道有險夷。人道有興廢，物道有盛衰。

> 興廢不在同世，盛衰不同時。奈何人當之，許多喜與悲。〔註44〕

當興廢治亂的世代，「人」面對時、空、人、事物問題，備感無奈的悲喜之情，人具有外在世界的觀察、自我省察與抽象思考能力，邵雍主張「以物觀物」的方法論，脫離哀傷樂淫的情好，遠離個人時代的現實，任其自然的生命動態發展。解決「安身」、「遇時」的安身立命問題，順從邵雍的「觀之以理」，也就是安身立命之道。

（二）「真樂攻心」同化「天理真樂」的至樂

邵雍認為，天地萬物之轉運變化，由人心觀察而認識。「先天之學，心法也，圖皆從中起，萬化萬事生於心也。」〔註45〕「先天之學，心也，後天之學，迹也。出入有無死生者，道也。」〔註46〕先天之學在實現「天」、「人」、「心」，後天之學依「理」而行，以「身」實踐，必使身體感官功能接受外物的行為，使之合乎「理」。

先天之學屬於「心」，後天之學屬於「迹」，心迹與「道」契合後可知萬物生死流轉，邵雍以心為本，言理、推理盡天地人物之變化與自然的審美關係。「人」為認識主體，樂由心生的情境，產生「心」與「樂」因果關係，比較分析「是知，我亦人也，人亦我也，我與人皆物也。」人（主體）與物（客體）的關係，時間、空間與其他元素，審美發生前後關係。《樂記》：「大樂與天地同合。大禮與天地同節。和，故百物不失節，故祀天祭地。」人與自然生態的共生關係，造就「天人共美」形態、情態、生態的自然之樂。

> 天地之本，其起於中乎！是以乾坤交變而不離乎中，人居天地之中，
>
> 心居人之中，日中則盛，月中則盈，故君子貴中。〔註47〕

〔註43〕《伊川擊壤集》卷十四，〈觀物吟〉，頁217。
〔註44〕《伊川擊壤集》卷十，〈四道吟〉，頁145。
〔註45〕《皇極經世書》，〈觀物外篇〉下，頁374。
〔註46〕黃宗羲撰，夏學叢書《宋元學案》——（三）——百源學案（上），台北：河洛圖書出版社，1975，頁114。
〔註47〕《皇極經世書》，〈觀物外篇〉上，頁326。

邵雍重「情」卻要求符合「中節」，邵雍要求「真」的同時卻常拋棄「中節」的規範，他在理論和實踐中充滿矛盾，感性與理性的衝突之間，將道家的「真」自我境界的追求，駕馭在儒家的「中節」之上，儒家的中和觀念遂使邵雍鍾情於酒卻不放浪於酒，道家的曠達與瀟灑，在酒中體現人生的真性情與真趣味。

《禮記·樂記》：「酒食者，所以合歡也。」飲酒的目的，在於調節感情，邵雍不事濫飲，經由「微醺」體道，只求半酣重在興味，而「酒境」卻是一種精神享樂與文化遊戲。

1.「樂」的審美方面，「詩與酒」的關係，邵雍「酒境」重在「興」味，「詩境」有賴於「酒境」而產生，「詩與思」的審美自由與想像，造就「言有盡而意無窮」的詩境妙趣。

2.「心」的道德方面，「天理真樂」與「道」合一，形成反璞歸真的道德自由，「真樂攻心」到「天理真樂」的至樂境界。

邵雍「詩與思」詩作產生「詩與美」的歷程，從「詩與酒」關係、文化的不同審美氛圍，「心」作為樂的本質，樂的不同形式的審美體驗，「以心為美」體驗心靈原素現、人化精神為美，「以道為美」的道德經驗，體現倫理的「善」。

審美與道德兩個途徑，促使「真樂攻心」同化「天理真樂」是殊途同歸的。因為「道」的審美特徵、內涵與發用，串連與「道」合一的生命實現，「真樂攻心」同化「天理真樂」，自然是悟「道」之深，「樂」的感受程度變大，「天理真樂」的至樂，即是邵雍主張的「觀物之樂」。

（三）「真樂攻心」至「天人合一」的生命美學

古人把「性」聯結「命」稱之「性命」，性命與生命具有不同意義，「生命」指生活的時間存在，「性命」包含了生命的意義與價值。邵雍認為「命」包括性、心、身、物，「道」則是性、心、身、物的根源。「性命」從天人關係來說，首要「窮理」而後「盡性」，才能和天地宇宙的法則「道」同化以至於命，這是一種「以人合天」的途徑，也是「以人通天」傳統的天人合一思想。

天人合一的思想造就我們審美意識的滲入，人與自然關係是共憂患與安樂的，追求美的內涵與美的形式，天人合一的思想對於審美活動中，太極與心靈關係，邵雍「太極」是吾心的觀點，「至神至妙」之美精神觀照反應，人與自然在精神上同享生命無窮的神妙，邁向實踐行為審美具有主動性與創造性。人與自然「天人合一」的關係，自然與存在歷程，超越形上層次所擁有美、善、

真的生命樂境。

> 天有常時聖有常經，行之正則正矣，行之邪則邪矣，邪正之間有道
> 在焉。行之正則謂之正道，行之邪則謂之邪道，邪正由人乎由天
> 乎？〔註48〕

「是知，我亦人也，人亦我也，我與人皆物也」〔註49〕「人」作為審美主體，審美從感性直覺開始，快活是「樂」的表現，「道」是法則也是天地萬物的本源，邵雍主張「樂」的形上形下不即不離關係，必須藉由道德修養「無為」不自私、不用智的無目的，論述「無樂」、「有樂」到「至樂」的感性、理性與形上精神層次，人自身所擁有的東西是「幸福」的契機，幸福本質的要素，在於我們的人格修練，人的目的是追求幸福，也是樂的目的。

探源「真樂」觀念及「真樂攻心」不同態度的面向，在邵雍「樂」哲學與「樂」範疇中，從「心」至「樂」認識樂的作用，產生感性上的自得之樂，理性上的攻心之樂，形上的天理之樂，然而不同層次「樂」哲學的審美經驗，穫得「其見至廣，其聞至遠，其論至高，其樂至大。」的審美愉悅。

通過體用以觀察事物的基本途徑，以物為對待，以物理為內容，體現其觀物哲學。「以物觀物」方法論處理研究動機過渡到研究目的，由三個審美歷程到生命歷程，無論人是道德主體或是審美主體，應用其觀物哲學與體用關係，「君子之學以潤身為本，其治人應物皆餘事也。」〔註50〕能夠遵循天理而運動者，造化就被掌握了，得天理不單能潤身，還能潤心乃至性命一樣潤澤，自然與存在生命歷程，「真樂攻心」人文精神，充實「天人合一」的生命美學，追求至命、至善、至樂、至美的生命境界。

第二節　文獻回顧與探討

本文的文獻尋找方式，依據作者文章、書後參考書目、索引追查相關文獻，遂有四種文獻探討方式：一是，從邵雍《皇極經世》、《伊川擊壤集》二書與《漁樵對問》一卷的原典作為研究基石的材料。二是，從中國哲學史、審美文化史與美學史不同視角，涉及邵雍生命美學議題的書目，蒐集、整理、篩選在文獻中企圖找出新的議題與新的文獻，對於本文的論述有所助益。三是，相關邵雍

〔註48〕《皇極經世書》，〈觀物內篇〉九，頁237。
〔註49〕《皇極經世書》，〈觀物內篇〉十二，頁278。
〔註50〕《皇極經世書》，〈觀物外篇〉下，頁363。

期刊論文的架構、論述與觀點，啟發本論文有新的思維。四是，學位論文的研究動機與目的的設定、研究方法的操作與論文摘要與結論的解讀分析，汲取前人研究與整理，獲得不同的參閱材料與學習中得以「反思」的任務。放棄以往關於「思」所規定的事情與面向「思」的事情，化解思的僵固與活化，執著於追問，藉由追問通向答案之途，祈使本論文的完成，雖非盡善盡美但卻具有學術研究文獻上的參考價值。

邵雍主要著作《皇極經世》、《伊川擊壤集》二書與《漁樵對問》一卷，尚有《戒子孫》、《梅花詩》、《夢林玄解》等書。

安樂窩中快活人，閑來四物幸相親。〔註51〕

安樂窩中詩一篇，自歌自咏自怡然。〔註52〕

安樂窩中一部書，號云皇極意如何。〔註53〕

邵雍成天與著書、飲酒、焚香、吟詩等四物相親，一篇詩，指的是《伊川擊壤集》；一部書則指《皇集經世》，一詩一書凝結成其平生的思想感情。

一、原典

《邵雍全集——（壹）皇極經世（上）》、《邵雍全集——（貳）皇極經世（中）》、《邵雍全集——（參）》皇極經世（下）》共三冊。《邵雍全集——（肆）伊川擊壤集》。《邵雍全集——（伍）邵雍資彙料編》，《邵雍全集》套書共計五冊。論文論述是以窄而深入為目的，知識的取得應是全面而具廣度的獵取，《邵雍全集》呈現邵雍學術思想、生平與著作完整及資料詳盡，查證與比對原典資料較易入手，這是筆者以《邵雍全集》作為本文研究用書的本意。

（一）《皇極經世》

《皇極經世》〔註54〕是運用易理象數推究起宇宙源、自然演化、社會歷史

〔註51〕《伊川擊壤集》卷九，〈安樂窩四長吟〉，頁133。

〔註52〕《伊川擊壤集》卷九，〈安樂窩中詩一篇〉，頁134。

〔註53〕《伊川擊壤集》卷九，〈安樂窩中一部書〉，頁134。

〔註54〕本論文《皇極經世》研究用書主要三個版本。一是：〔宋〕邵雍著，郭彧、于天寶點校，《邵雍全集——（壹）～（伍）》，上海市：上海古籍出版社，2015。《邵雍全集》共五冊，書本字體為正體的套書，是本論文研究主要用書版本。《邵雍全集——（壹）皇極經世（上）》、《邵雍全集——（貳）皇極經世（中）》、《邵雍全集——（參）皇極經世（下）》共三冊。《邵雍全集——（肆）伊川擊壤集》。《邵雍全集——（伍）邵雍資彙料編》——邵雍〈資料彙編〉分述如下：

變遷的著作，以河洛、象數之學彰顯於世。本書為《四庫全書》版本，共十二卷六十四篇，前六十二篇為邵雍自作，末二篇為門人弟子記述，本書的內容一至六卷是元會運世，七至十卷為律呂聲音，十一卷〈觀物內篇〉及十二卷的〈觀物外篇〉。邵雍易學思想分述在〈觀物內篇〉與〈觀物外篇〉，邵雍「先天之學」為心法之學，無文字語言的「心易」是宇宙生成論主要內容。邵雍弟子張岷認為〈觀物內篇〉是邵雍自作，〈觀物外篇〉則為弟子所記載先生之言，它的內容是對〈觀物內篇〉及元會運世、皇帝王伯、先天易學的深入闡述。

　　邵雍《皇極經世》一書共有《道藏》與《四庫全書》兩個版本：

（a）墓誌銘、行狀、傳記、年表：邵古、邵堯夫先生墓誌銘，康節先生行狀略、宋史邵雍傳、宋史紀事本末邵雍傳、藏書邵雍傳、邵雍年表。

（b）邵伯溫、邵博論邵雍：易學辨惑、邵氏聞見錄（摘要）、邵氏聞見後錄（摘要）。

（c）二程、朱熹論邵子之學：二程論邵子之學——河南程氏遺書、河南程氏外書、河南程氏粹言。朱熹論邵子之學——朱子語類、周易本義、易學啟蒙。

（d）文淵閣四庫全書有關邵雍資料：經部——周易古占法、……，御製律呂正義後編等。史部——宋史、元史、明史……，大事記解題等。子部——大學衍義、讀書分年日程……，通雅等。集部——景迁生集、范太史集、龜山集……，皇清文穎等。

（e）宋元學案之百源學案：《宋元學案卷九》〈百源學案上〉——觀物內篇、觀物外篇、漁樵問答。《宋元學案卷十》〈百源學案下〉——先天卦位圖、六十四卦圓圖方位圖、方圓四分四層圖、卦氣圖、經世衍義圖、經世衍義圖、經世天地四象圖、經世卦一圖、經世紀濟陽圖、經世紀濟陰圖等。

二是：〔宋〕邵雍撰：中國哲學思想要籍續編《皇極經世書》，新北市中和區：廣文書局有限公司，2012。以下是本書內容的簡介：

《皇極經世書》為明後學嘉興徐必達校正《邵子全書》重印本，欽定四庫全書子部七——術數類，分「以元經會」為十二篇、「以會經運」為十二篇、「以運經世」為十篇，前六卷總三十四篇，中四卷仍為十六篇。以自創的元、會、運、世為單位將宇宙生成變化，皇帝王伯的興盛衰敗原因以列表顯示的創舉，為前人所未發。《邵子全書》細目，以元會經世分十二會為十二篇，以會經運分二百四十運為十二篇，以運經世分十篇，律呂聲音則合有字，有聲及無字無聲，平上去入各九百六十圖。內容分為《邵子全書》卷之一至卷之七，即《皇極經世書》一至《皇極經世書》七。其中《皇極經世書》一，纂圖指要上，包括（伏羲始畫八卦圖、八卦正位圖、八卦重為六十四圖、六十四卦方圓圖），《皇極經世書》二，纂圖指要下，包括（經世衍易圖、經世天地四象圖、經世天地始終之數圖、經世六十四卦數圖、經世一元消長之數圖、經世四象體用之數圖、經世聲音圖），《皇極經世書》三（邵伯溫解），〈觀物內篇〉之一至〈觀物內篇〉之六，《皇極經世書》四，〈觀物內篇〉之七至之十二，《皇極經世書》五，〈觀物外篇〉上，《皇極經世書》六，〈觀物外篇〉下，《皇極經世書》七，外書，〈漁樵問對〉。

1.《道藏》本，太玄部中列《皇極經世書》十二卷，總以「觀物」名其篇，分《觀物篇》五十四篇，卷一至卷六為《觀物篇》的一至三十四篇，以元會運世為內容。卷七至卷十為《觀物篇》的三十五至四十篇，律呂聲音為其內容。卷十一為《觀物篇》的四十一至五十二，〈觀物內篇〉為其內容。卷十二為《觀物篇》的五十三至五十四篇，〈觀物外篇〉為內容。

2.《四庫全書》本，將《觀物篇》以六十四卷歸入《皇極經世書》十二卷。四庫本第一至第二卷是《觀物篇》第一至第十二篇，內容以元經會。四庫本第三至第四卷是《觀物篇》第十三至第二十四篇，內容以會經運。四庫本第五至第六卷是《觀物篇》第二十五至第三十四篇，內容以運經世。四庫本第七至十卷是《觀物篇》第三十五至第五十篇，以聲音唱和為其內容，平、上、去、入各為一卷。四庫本第十一至第十二卷是《觀物篇》第五十一至第六十二篇，〈觀物內篇〉為其內容。四庫本第十三至第十四卷是《觀物篇》第六十三至第六十四篇，〈觀物外篇〉各列一卷。兩種版本基本上內容相同，只是在論及律呂聲音部分，分篇上有所不同而已。

表 1-1《皇極經世書》:《道藏》本與《四庫全書》本兩種版本彙整說明

版　本	卷　數	篇　數	篇　名	內　　容
《道藏》	1～6	1～34	《觀物篇》	元會運世
	7～10	35～40	《觀物篇》	律呂聲音
	11	41～52	《觀物篇》	〈觀物內篇〉
	12	53～54	《觀物篇》	〈觀物外篇〉
《四庫全書》	1～2	1～12	《觀物篇》	以元經會
	3～4	13～24	《觀物篇》	以會經運
	5～6	25～34	《觀物篇》	以運經世
	7～10	35～50	《觀物篇》	音律、聲音唱和為其內容。
	11～12	51～62	《觀物篇》	雜論，〈觀物內篇〉為內容。
	13～14	63～64	《觀物篇》	〈觀物外篇〉各列一卷。

《皇極經世書》〔註55〕冊一，內容：卷首上，皇極總論，邵康節先生傳，

〔註55〕〔宋〕邵康節：《皇極經世書》〈四部備要〉，子部，中華書局據通行本校刊，台北：中華書局。中華民國五十五年三月。
　　《皇極經世書》冊一，內容：卷首上，皇極總論，邵康節先生傳，邵伯溫皇極經世書論圖說，先儒紀述邵子各論贊，皇極本末雜錄，雜紀諸儒說，皇極雜

邵伯溫皇極經世書論圖說，先儒紀述邵子各論贊，皇極本末雜錄，雜紀諸儒說，皇極雜論，卷首下，十二會分合總數，四卦分直圖，元會運世分直卦圖，一元十二會總圖，天地四卦交應全數圖。皇極經世緒言卷之一，至皇極經世緒言卷之三。《皇極經世書》冊二，內容：皇極經世緒言卷之四，觀物篇之三十七（聲音唱和之一）至觀物篇之五十二（聲音唱合之十六），皇極經世緒言卷五，觀物篇之五十二（內篇之二），至皇極經世緒言卷六，觀物篇之六十二（內篇之十二）。皇極經世緒言卷七（上）（下）。皇極經世緒言卷八（上）（下），皇極經世緒言卷九（雜著）。本書兩冊是依《四部備要》子部，據通行本校刊，珍仿宋版印，明黃畢洲注釋。其中，聲音唱和萬物通數第十，闕疑第十一，心學第十二，洛書案五行配卦位說，先天後天解並河洛配卦位說等資料，筆者易深度了解原典意涵，掌握了用字的精準性。

中國哲學思想要籍續編《皇極經世書》〔註56〕本書為明後學嘉興徐必達校正《邵子全書》重印本，本書內容分為《邵子全書》卷之一至卷之七，即《皇極經世書》一至《皇極經世書》七。其中《皇極經世書》七，外書，包含《漁

論，卷首下，十二會分合總數，四卦分直圖，元會運世分直卦圖，一元十二會總圖，天地四卦交應全數圖。皇極經世緒言卷之一，皇極經世解，以元經會十二辰圖（自一至十二），觀物篇自一至十二。皇極經世緒言卷之二，以會經運之一，觀物篇之十三，以會經運之二（至十四），觀物篇自十四至二十六。皇極經世緒言卷之三，以運經世（自一至十），觀物篇自二十七至三十六，三十六宮都是春圖，一經八緯圖。

《皇極經世書》冊二，內容：皇極經世緒言卷之四，觀物篇之三十七（聲音唱和之一）至觀物篇之五十二（聲音唱合之十六），皇極經世緒言卷五，觀物篇之五十二（內篇之二），觀物篇之五十三（內篇之三），觀物篇之五十四（內篇之四），觀物篇之五十五（內篇之五），觀物篇之五十六（內篇之六），皇極經世緒言卷六，觀物篇之五十七（內篇之七），觀物篇之五十八（內篇之八），觀物篇之五十九（內篇之九），觀物篇之六十（內篇之十），觀物篇之六十一（內篇之十一），觀物篇之六十二（內篇之十二）。皇極經世緒言卷七（上）〈觀物外篇上〉，河圖天地全數第一，先天象數第二，皇極經世緒言卷七（下），先天圓圖卦數第三，先天方圖卦數第四，後天象數第五，後天周易理數第六。皇極經世緒言卷八（上）〈觀物外篇下〉，以元經會大小運數第七，以會經運生物用數第八，以運經世觀物理數第九，皇極經世緒言卷八（下）聲音唱和萬物通數第十，闕疑第十一，心學第十二。皇極經世緒言卷九（雜著），洛書案五行配卦位說，先天後天解並河洛配卦位說，採錄張景岳內景賦，讀易圖，洛書配卦位圓圖，洛書配卦方圖，伏羲方圖，附日行纏次圖，天與日合圖月將從中氣起。

〔註56〕〔宋〕邵雍撰：中國哲學思想要籍續編《皇極經世書》，新北市中和區：廣文書局有限公司，2012。

樵問對》與《無名公傳》，其中《漁樵問對》是否為邵雍所作頗有爭議，全書用問答體，將自然與人事變化的關係得以闡發，隱約與《皇極經世書》相互呼應。本書相較於《邵雍全集──（壹）皇極經世（上）》、《邵雍全集──（貳）皇極經世（中）》、《邵雍全集──（參）》皇極經世（下）》共三冊，資料完整性比較低，但作為原典的研究用書，本書可視為簡易版本，遇有疑惑時，可參考《邵雍全集》或其他原典《皇極經世書》冊一、冊二兩本珍倣宋版〈四部備要〉通行本，消解問題及節省時間，增加研究上的時間效益，翻閱容易搭配《伊川擊壤集》可以窺知邵雍思想的全貌。

（二）《伊川擊壤集》

南宋詩人嚴羽《滄浪詩話》〔註57〕舉「邵康節體」為詩體七弧之一，眾稱理學派。所謂「邵康節體」詩體的特性是隨想隨寫，不在詞藻上下功夫而具有寫實性。《伊川擊壤集》中泰半為思想詩，或謂邵雍詩源於寒山子，實則是桃寒山而祖淵明嗣宗，或謂其詩似白香山，指其平易閒適而言，它是「自樂、樂時與萬物自得」的詩集，收錄邵雍一生所作三千餘首詩，何以「擊壤」為名？邵雍自我解釋：「吁！獨不念天下為善者少，而害善者多；造危者眾，而持危者寡。志士在畎畝，則以畎畝言，故其詩名之曰《伊川擊壤集》。」〔註58〕

《伊川擊壤集》〔註59〕本書以正統道藏本為底本，輔以四部叢刊本為主校本，參考四庫全書本作校勘。歷代刊本較多，見於正統道藏太玄部，又見於道藏輯要星集。明代宗景八年，副都御史華亨為《伊川擊壤集》作序，刊科于憲宗化成十一年，民國初張元濟收入四部叢刊初編集部，清乾隆年間修四庫全書，將《伊川擊壤集》收入子集部，四庫全書本與四部叢刊穎華亨均收有邵雍集外詩。本書前言說明邵雍學術思想是貫穿於經、史、子、集，居北宋五子重要地位，對於邵雍生平與著作簡要介紹，讓筆者了解邵雍的易學思想主要《觀物內篇》與《觀物外篇》之中，書本字體是簡體，內容包括《伊川集壤集》序、卷之一，至《伊川集壤集》卷之二十（首尾吟），《伊川擊壤集》卷外詩（過比

〔註57〕嚴羽：《滄浪詩話》，黃景進撰述，台北：金楓出版有限公司，1986，頁48～49。

〔註58〕《伊川擊壤集》序，頁2。伊川是一條流經洛陽的一條河。

〔註59〕〔宋〕邵雍著，郭彧整理，《伊川擊壤集》，北京：中華書局，2013。本論文主要研究版書本：本書相對於《邵雍全集──（肆）伊川擊壤集》是簡易版，均為郭彧先生整理，資料取材可信度高，也是本研究作為參考書目的理由，《伊川擊壤集》有三千餘首詩，對於研究邵雍詩作與易學查閱較易。

干墓、自遺、共城十吟、寄揚軒），洛陽懷古賦、戒子孫、漁樵問對，筆者認同郭彧整理本書並把它定位為研究者所提供的一本實用資料書。

《皇極經世》與《伊川擊壤集》不同版本作為研究用書，採用原意在於不同版本之間作者關注點不同，相互之間產生的相同與相異點，筆者採取對比方式找出其差異性，以此建構知識認知的連結關係，以歸納方式找出相同性的客觀基礎上，期能獲得有效的資料並取得正確結論。

二、研究著作

（一）《中國美學史資料選編》〔註60〕（下）集

本書以邵雍《伊川擊壤集》序、卷十一、卷十八，《皇極經世書》觀物內篇十二、觀物外篇上、下，分述其美學思想如下：

1. 觀物者非觀之以目而觀之以理。〔註61〕
2. 「以物觀物」與「以我觀物」。〔註62〕
3. 作詩與觀物，《伊川擊壤集》序〔註63〕
4. 人和心盡見，天與意相連。〈談詩吟〉〔註64〕
5. 煉辭得奇句，煉意得餘味。〈論詩吟〉〔註65〕
6. 詩史善記事，長於造其真。〈詩史吟〉〔註66〕
7. 詩史善記意，詩畫善狀情。〈史畫吟〉〔註67〕
8. 善賞花者愛花妙。〈善賞花吟〉〔註68〕

邵雍與司馬光等人交遊甚密，遷居洛陽後他認為登過華山、嵩山，看過黃河、潼關、龍門石窟後就不必遠遊異地。春秋景物詩多、夏冬景物詩少，邵雍

〔註60〕王進祥編輯：《中國美學史資料選編》（上）（下）集，土城：頂淵文化事業有限公司，2008。《中國美學史資料選編》（下）集，頁19～22，以邵雍《伊川擊壤集》序、卷十一、卷十八，《皇極經世書》觀物內篇十二、觀物外篇上、下，分述其美學思想。

〔註61〕《皇極經世書》，〈觀物內篇〉十二，頁275。

〔註62〕《皇極經世書》，〈觀物內篇〉十二，頁275～278，頁281～284，〈觀物外篇〉頁357。

〔註63〕《伊川擊壤集》序，頁1～2。

〔註64〕《伊川擊壤集》卷十八，〈談詩吟〉，頁299。

〔註65〕《伊川擊壤集》卷十一，〈論詩吟〉，頁172。

〔註66〕《伊川擊壤集》卷十八，〈詩史吟〉，頁294。

〔註67〕《伊川擊壤集》卷十八，〈史畫吟〉，頁295。

〔註68〕《伊川擊壤集》卷十一，〈善賞花吟〉，頁160。

所寫的「林泉詩」大都在春秋兩季小遊完成的即興之作,描寫自然景觀的林泉詩,讓人雲遊享有「同樂」的趣味。

　　畫筆善狀物,長於運丹青;丹青入巧思,萬物無遁形。

　　詩畫善狀物,長于運丹誠;丹誠入秀句,萬物無遁情。〔註69〕

　　畫筆善狀物形,詩畫善狀物情,「丹誠」是藝術家之心性修養,詩家人格修養向審美的過度,追求真善美的境界。邵雍重視人的修養,「萬物備其身,直須資養深」〔註70〕必須「丹誠」與「真」,才能「萬物無遁情」,並能「造其真」。

(二)葉朗主編:《中國美學通史》〔註71〕之(宋金元卷)

　　宋代美學重視理性研究、注重主體心胸與人格境界的形成,都與理學有直接或間接的關係。本書第四章,敘述朱熹、陸九淵與理學家的美學思想,宋代理學、心學對於美學的影響,當推朱熹與陸九淵貢獻最大,但他們的思想與北宋五子有密切關係,第一節北宋五子的倫理美學,分別敘述周敦頤主張「主靜、立人極」的美學觀,邵雍「安樂、觀物」的美學觀,張載「氣本論」的美學思想、人生哲學與審美主體論,張載教育哲學與審美功能論,程顥對「仁者以天地萬物為一體,莫非己也。」〔註72〕程頤提出「作文害道」與「玩物喪志」。本書第七章,宋代的休閒文化與美學,彰顯宋代美學特有的精神旨趣和風貌,啟發筆者將「閒」產生的閒靜、閒樂之「趣」,增加本文論述邵雍「生活即藝術」的雅趣。

　　此書讓筆者對於北宋五子美學思想,作為研究背景有充分的理解,他們美學思想之間的相互比較下,更易明白邵雍的美學觀。周敦頤提出音樂藝術的兩個美學要求「淡」與「和」,《樂上》章:「故樂聲淡而不傷,和而不淫。入其耳,感其心,莫不淡且和焉。」周敦頤認為「淡」與「和」互為條件,淡的目的是為了和,和的前提必須是淡。這是反映他「無欲主靜」修養論的論調。邵雍書藝思想散見在詩作中,「常觀靜處光陰好,亦恐閒時思慮多。」〔註73〕邵雍書寫前常有試筆、試硯、試墨的慣行,象徵行筆態度自然謹慎,安適靜穩的

〔註69〕《伊川擊壤集》卷十八,〈詩畫吟〉,頁293。
〔註70〕《伊川擊壤集》卷十四,〈坐右吟〉,頁224。
〔註71〕葉朗主編,朱良志副主編,《中國美學通史》(先秦卷)──(漢代卷)──(魏晉南北朝卷)──(隋唐五代卷)──(宋金元卷)──(明代卷)──(清代卷),南京:江蘇人民出版社,共計八冊,2014。
〔註72〕《遺書》卷二。
〔註73〕《伊川擊壤集》卷十四,〈試硯〉,頁219。

書法韻味，呈現「靜」的書法美感。音樂和書法藝術是周敦頤與邵雍美學的重要一環。

（三）陳郁夫：《邵康節學記》

「觀物」即是在觀察宇宙萬有，不論是現象和本體、人事自然均包含在內。邵雍「觀物」為去除情累與宇宙萬有相與的一種態度，「以物觀物」是不以我觀物的觀物態度，目的在使觀物時不染我的主觀意識，使各物賦予本來面目，「以理觀物」使萬物的底蘊會通於心，達到盡物之性為目的觀物方法。陳郁夫認為邵雍最大成就在於「樂」，邵雍主張「學不至於樂，不可謂之學。」假如，「以物觀物」可得到人間至樂。「物有聲色氣味，人有耳目口鼻。萬物於人一身，反觀莫不全備。」〔註74〕聖人「反觀」能貫通萬物之情，聖人能窮理盡性以至於命，盡人性物性，只是「反身而誠」而已。

邵雍認為「數起於質，天下之數出於理。」近代科學為了描繪自然，創造解說自然的公式，這些公式就是邵雍所謂的「理」。每一個公式附有一些數據，相當於邵雍所謂「數」。例如，自由落體球末速的公式（$v=gt$，v 為自由落體的末數，g 為每秒九百八十公厘，t 為時間。）陳郁夫認為邵雍的數，大都沒有科學根據，僅是他自己的玄想罷了，他也認為邵雍把天地萬物的生滅次序，依照先天卦數，制定出嚴密次序，形成一種必然的宇宙論，可說獨具異彩的思想，但不合乎近代科學，邵雍定「唐堯」為天下文明最盛時期是他歷史觀的特色。

本書對於邵雍生平、著作有完整說明，觀物、易圖與易數描述，彰顯邵雍思想的特色，第七章聲韻論、第八章詩論，促使筆者研究邵雍原典有很大的助益。

三、期刊論文

本論文參考文獻收錄邵雍相關議題的期刊論文共計 40 篇，包括香港大學 1 篇、台灣 14 篇與中國 5 篇，以及《新鄉市華夏邵雍易學文化研究會議論文集》〔註75〕共有 20 篇。筆者擇取本文相關議題二篇，及與《新鄉市華夏邵雍

〔註74〕《伊川擊壤集》卷十九，〈樂物吟〉，頁 317。

〔註75〕論文統籌：邵澤武，編輯校對：師現杰，打印整理：羅海豔，新鄉市華夏邵雍易學文化研究會議論文集，中國河南，2018。本論文集共計 20 篇，筆者選其中兩篇與本論文相關議題論文兩篇，一篇是崔波：邵雍心學思想主旨，另一篇是師現杰：手探月窟，足攝天根，論北宋思想家新鄉籍先賢大儒的〈觀物吟〉。

易學文化研究會議論文集》論文兩篇，分述如下：

（一）劉見成：〈邵雍的天人之學及其合一之道〉[註76]

劉見成認為「天之義」包含：「天地之天」即是與大地人物相對，而易於自然空間之天。「天道之天」即是邵雍承襲老子：「人法地，地法天，天法道。」以法經天，道為天地萬物之源，生天、生地、生命、生人。「天命之天」即天命之天另有人力所自主，「人亦物」大化流行而生，「我」可為人、萬物，各有其天命之性。「自然之天」為自然而然之義。劉見成認為「人之義」則包含：「人性之人」作為道生萬物之一物的人的存在，萬物秉道而生受性於天而各受為其性。「人情之人」人情之人是天道物理相對比概念，「以物觀物，性也；以我觀物，情也。性公而明，情偏而暗。」性情分開，不以我觀物，就是指能無我。

「知天之為，知人之所為，至矣。」[註77]開宗明義論述天人關係，劉見成明確清晰的論述「天之義」與「人之義」的天人關係，及邵雍「天人合一」的人生哲學，先前者的研究，引發筆者細讀邵雍的原典著作，促使本論文的觀點正確與新的啟思。

（二）蔡顯良：〈宋代論書詩的主要題材與特色〉[註78]

「邵康節體」詩體特性是隨想隨寫，不在詞藻上下功夫而具有寫實性。「以文為詩」缺少了詩所特有的韻味，嚴羽指出了宋詩的缺點。蔡顯良認為，宋代論書詩的特點，具有象徵是批判方法的新發展，以禪入詩、以議論為詩，比喻誇張等手法的嫻熟運用與用典的巧妙，論述宋代論書詩的特點得以窺見宋朝詩的全貌，有助於筆者了解宋朝詩作的背景，也明白邵雍詩蘊含書藝的思想。

「以禪入詩」在宋代以黃庭堅為代表，其表現的方式為詩歌的詞語運用及使用，喜歡用佛家禪語並放入詩中，將禪生活及休養中有關的禪理、禪意寫入詩作，以禪入詩句有禪悟式的理趣，筆者認為《伊川擊壤擊》頗多具有禪意詩作，例如，「一身都是我，瘦了又還肥。」[註79]用來比喻開悟後的

〔註76〕劉見成：〈邵雍天人之學及其合一之道〉，《宗教哲學》季刊 71 期，2015 年 3 月，頁 63～88。

〔註77〕《莊子·大宗師》。

〔註78〕蔡顯良：〈宋代論書詩的主要題材與特色〉，《書畫藝術學刊》第五期，2008，頁 139～169，廣州暨南大學藝術學院。

〔註79〕《伊川擊壤集》卷十九，〈窺開吟〉，頁 306。

境界。

（三）新鄉市華夏邵雍易學文化研究會議論文集〔註80〕

本論文集共計 20 篇，筆者擇取與本論文相關議題的論文有兩篇：

1.〈安樂窩釋疑〉

「堯夫何所有，一色得天知，夏住長生洞，冬居安樂窩。鶯花供放適，風月助吟哦。竊料人間樂，無如我最多。」〔註81〕，邵雍歲時耕稼僅給衣食，安貧樂居的地方，作者說明早期安樂窩地點是在河南新鄉古城蘇門山中，中期安樂窩位在洛陽伊川平等鄉大莘店，晚期安樂窩在洛陽市原天津橋南側，現在的洛陽安樂窩是 1853 年由邵家後人重新遷址修繕的，筆者書寫（4 章 3 節）的詩意地棲居，感受安樂窩的實體存在而非想像，更能體現「竊料人間樂，無如我最多。」的快樂。

2. 手探月窟，足攝天根，論北宋思想家新鄉籍先賢大儒的〈觀物吟〉

> 耳目聰明男子身，洪鈞賦予不為貧。
> 因探月窟方知物，未躡天根豈識人。
> 乾遇巽時觀月窟，地逢雷處看天根。
> 天根月窟閒來往，三十六宮都是春。〔註82〕

這首是邵雍六十五歲前後詩作，概括其思想體系的成熟，天地賦予你一個耳聰目明，充滿靈動的男子漢，不是貧窮而是富有的，「手探月窟，足攝天根」，比喻一個人足踏大地、伸手天空，天人之際合二為一。

四、學位論文

本論文的參考文獻收錄邵雍相關議題的學位論文共計 18 篇，近十年相關議題的博士論文有 7 篇。其中，台灣 4 篇與中國 3 篇博士論文，另外，收錄台灣、中國碩士論文 11 篇，擇取與本文論述或觀念有密切關係者有三篇。

〔註80〕論文統籌：邵澤武，編輯校對：師現杰，打印整理：羅海豔，新鄉市華夏邵雍易學文化研究會議論文集，中國河南，2018。
　　　　本論文集共計 20 篇，筆者擇取其中與本論文相關議題論文兩篇，一篇是邵興國：〈安樂窩釋疑〉，另一篇師現杰：手探月窟，足攝天根，論北宋思想家新鄉籍先賢大儒的〈觀物吟〉。
〔註81〕《伊川擊壤集》卷十三，〈堯夫何所有〉，頁 212。
〔註82〕《伊川擊壤集》卷十六，〈觀物吟〉，頁 248。

（一）魏崇周：〈邵雍文學思想研究〉〔註83〕

魏崇周將邵雍文學思想分為三個層面展開：一是在天道境界談文學，二是在生命境界談文學，三是在文學創作層面上談文學。他認為邵雍的文學思想是他哲學思想邏輯性的延伸。邵雍文學思想發展分為三期是依據邵雍心態的變化而定，第一期是邵雍39歲前所作的詩作。第二期是邵雍39歲移居到洛陽的那一年，直到邵雍56歲止。第三期邵雍57歲至67歲止，幫助筆者了解邵雍的生平事略、歷史生活背景，筆者以邵雍的美學觀去認識《伊川擊壤擊》的詩作，把「詩」作為認識邵雍哲學與美學的媒介，有助於筆者論文的後續發展。

啟發筆者重新細讀《伊川擊壤擊》的提要，從詩歌源流、詩歌藝術、學術淵源、人格特質、邵雍家世與年譜等全方面的評價邵雍思想，52歲年齡詩、61歲至64歲的年齡詩及65歲至67歲年齡詩等詩作的品味中，更了解邵雍當時的時空背景、隱居生活處境，學術人格養成等問題，筆者依邵雍年表，製成六十七年生命的動態表，從年齡與著作完成，更可以了解邵雍思想脈落。

（二）趙春艷：〈邵雍「安樂」人生境界及「閑」之生活藝術研究〉〔註84〕

趙春艷認為從「預知」、「命」來看待邵雍「安」的問題，「樂」是中國傳統休閒的審美境界，從邵雍的時代背景、家庭背景、師承淵源與人生境界四個面向，探討邵雍「安樂」與「閑」的生活藝術。

對於邵雍「真樂攻心」至「天理真樂」生命樂境，引起筆者重視邵雍「真樂攻心」的時代、家庭背景與邵雍年譜做更深入的了解，並做成邵雍著作與年譜的生命動態表。邵雍安樂窩的「閑富貴」應是「真富貴」安貧樂道的生活，「人苦天津遠，來須特特來，閑餘知道泰，靜久覺神開。悟易觀棋局，談詩捻酒杯。世情千萬狀，都不與裝杯。」〔註85〕將「靜」、「閑」情境融入他的生活，從古鑑今，理解邵雍與現代人重視「休閒哲學」的藝術生活觀是筆者研究邵雍生命美學的趣味所在。

〔註83〕魏崇周：〈邵雍文學思想研究〉，首都師範大學，博士論文2007。

〔註84〕趙春艷：〈邵雍「安樂」人生境界及「閑」之生活藝術研究〉，浙江大學休閒學，博士論文2014。

〔註85〕《伊川擊壤集》·卷四，〈天宮幽居即事〉，頁54。

（三）趙玲玲：〈邵康節觀物內篇的研究——天人合一理念的探索〉
〔註86〕

趙玲玲認為，邵雍：「學不際天人，不足以謂之學」天人之際的探究是他學術的基本骨幹，遂從邵雍〈觀物內篇〉之一、之二中討論宇宙的生成原理，邵雍認為天地是至大之物，立天之道為陰陽，立地之道是剛柔。「夫分陰、分陽、分柔、分剛，天地萬物之謂也。備天地萬物者，人之謂也。」，所以，人是兼備天地萬物的變化與感應，天地萬物並非由心而生，而是由心認識具體的宇宙論。

邵雍的「天人合一」理念中的天，是指形而上的義理的天，即是昊天。「非大聖大神之人，莫不有負於天地者矣。」，邵雍的「天人合一」理念中的人，當是指聖人。

趙玲玲論述邵雍「天人合一」的基本根源，從現象學方面是天人一體，邵雍由天與物、人與物的關係，推論「天人本一體」的基本思想，從性理方面是天人一道，「天下之物，莫不有理焉，莫不有性焉，莫不有命焉。」，「天人一體」與「天人一道」都是「天人合一」理念的基本立論的根源，助於筆者論述邵雍「天人合一」生命美學的理念，「天人一體」與「天人一道」都是「天人合一」基本立論的基礎，天人關係作為生命的探源，窮天人性理的奧妙處為途徑，探究邵雍的盡物盡民的「聖人」為己任的人生哲學。

第三節　研究方法

一、文獻探討

前人研究邵雍的人數、著作及論文發表等資料不勝枚舉，筆者採行搜集、鑑別方式，整理邵雍原典及現成文獻，擇取與本論文相關研究者有四位，分別概述鄭定國、丁治民、杜保瑞與林素芬他們的著作與成果作為參考要件，利用文獻探討實現本文研究促進與實踐的基礎。

（一）鄭定國：《邵雍及其詩學研究》

鄭定國認為，邵雍是第一人把理學思想融入詩歌中。彙編成集《伊川集壤集》一書，邵雍行誼千年沒有年譜〔註87〕，鄭定國以諸書彙整，新編年譜，除

〔註86〕趙玲玲：〈邵康節觀物內篇的研究——天人合一理念的探索〉，私立輔仁大學哲學研究所，碩士論文，1973。
〔註87〕鄭定國：《邵雍及其詩學研究》，台北：文史哲出版社，2000，頁126～187。

了詳細載其時事、生活、作品外,若仍有可述者則列於備考,提供讀年譜者心會意領,知邵雍其人其事其行,鄭定國以文學背景探析《伊川集壤集》為其研究特色。筆者擬從《伊川集壤集》序的美學思想,及邵雍詩蘊含書藝的思想,審美的視角研究他何以愛用大筆巨硯,狂書大字而氣足,行筆態度是謹慎的,邵雍書法〔註88〕具有「靜」的美感,詩、書、酒溶入一體的韻味。從邵雍「自我放任」不要過分謹慎的書寫行道態度,參與「道德想像力」融入「生活即藝術」的生活哲學。

(二)丁治民:《邵雍擊壤三千首考》

邵雍自稱其詩集有三千首,應是其畢生所作大略的總數,因現存其《伊川擊壤集》不同版本均僅有一千五百多首,丁治民在《永樂大典》中發現了保存完整的《前定數》,是以詩歌的形式表現易數內容,其詩共存一千四百九十三首,詩歌不僅在數量上與邵雍所言相一致,本書與《伊川擊壤集》及《皇極經世》內容和語言具有異曲同工之妙。

本書共有兩序,一是《康節前定數序》為邵雍之孫邵博所書,二是作者推定邵雍自序,「心好命又好,富貴長暖飽;心好命不好,天地也相保;命好心不好,衣祿折壽早;命心都不好,饑寒直到老。」〔註89〕,「心」與「命」關係,筆者論述邵雍「樂天知命」與莊子「安命論」的比較有諸多助益,得以推論邵雍並非是全然的命定論。

(三)杜保瑞:《北宋儒學》

杜保瑞認為,邵雍是否為一儒者之問題意識進行討論,重點在檢視邵雍基本哲學觀點是否為仁義價值中心,以「本體論、宇宙論、功夫論、境界論」四方架構中某一個基本哲學問題意識,作為詮釋宋明儒學新方法。探究邵雍「以物觀物」的修身養心功夫、聖人境界,宋明理學強調聖人精神是人生最高目的。

〈邵雍儒學建構之義理探究〉〔註90〕一文,邵雍在北宋諸儒間不能算是

〔註88〕《邵雍及其詩學研究》,頁498,〈注七〉:容庚,《叢帖目》第三冊頁九五〇倒
　　　　4行,記載《貸園叢書》《咫進齋叢書》,上海市文物保管委員會皆有殘本收藏,
　　　　但不見《續帖》第二卷,該卷系刻邵雍〈逢春吟〉。
〔註89〕丁治民:《邵雍擊壤三千首考》,杭州:浙江大學出版中心,2009,頁6。
〔註90〕杜保瑞:邵雍儒學建構之義理探究,《華梵人文學報》第三期,2004年6月,
　　　　頁75～124。

理學家，歷史上的邵雍時常被屏除在軸心的儒學理論的建構史之外，邵雍實以象數進路的易學家。杜保瑞認為，儒學需要象數學，藉由對邵雍哲學的重新詮釋與義理反省，找出儒學當代理論建構所應走向的理論道路，邵雍型態的知識建構進路予肯定及尊重。

（四）林素芬：《北中期儒學道論類型研究》

從「觀物」到「安樂」論邵雍生命哲學的實踐開展〔註91〕，林素芬認為邵雍觀物哲學，屬於存有論與知識範疇，了解「觀物」與「安樂」二義後得以窺知邵雍哲學的全貌。生命的實體從「觀物」與「安樂」兩個層面開展，實踐空間而言，「身」、「心」問題，心能體道，身能踐道，從日常生活模式，實踐行為「身」、「心」問題著手，指引筆者本論文著墨的方向與觀點，筆者反覆閱讀邵雍《皇極經書》的觀物論，《伊川擊壤擊》詩作與《漁樵問對》對話錄，閱讀原典與沈思，從審美文化與生命哲學的美學觀，人心先天，人身後天，身心的區別與關係，本文藉由「心學」觀點，處理「真樂攻心何以不奈何？」問題意識，從美與生活結合的審美體驗出發，邵雍「天人合一」生命美學的研究有新的指引與發展。

《北中期儒學道論類型研究》本書第四章，邵雍觀物循理的盡道論，林素芬認為邵雍「以物觀物」所見的「道」，是貫徹於天地、萬物、歷史、人事、性命之間的「理」，引發筆者關注邵雍「心」、「命」的關係，追朔孔子「安命」、孟子「立命」之說，本文企圖比較邵雍「樂天知命」與莊子「安命論」之不同，探悉「遇時」、「安樂」安身立命的問題。

知識在歷史的時間流，往往帶有「主觀」的形式，從「信」和「疑」的研究態度，先前研究者的整理概況的反思，使筆者從邵雍《皇極經世》、《伊川擊壞擊》二書，佐以《漁樵問對》一卷作為原典、哲學史、美學史等的反覆閱讀與沈思，正確的研究態度可能是「釋」，「釋古」〔註92〕是在具體的歷史過程與反應過程的古史學之間的辯證關係，藉由「釋」的研究態度，發現邵雍的自然美學與生命美學的內涵。

〔註91〕林素芬：從「觀物」到「安樂」論邵雍生命哲學的實踐開展，《師大學報語言與文學類》第 57 期，2012 年 2 月，頁 1～28。

〔註92〕李學勤：《走出疑古時代》，遼寧大學出版社，1995。《談信古、疑古和釋古》，《原道》第 1 輯，1994。將文獻、考古、民族人類學的材料三者貫通與三者結合，去探尋古代歷史的一般發展，才是「釋古」真正內涵所在，事實上也是走出一股之後史學研究的趨勢和方向。

二、研究方法

研究方法與研究目的是休戚相關的，研究方法是根據資料蒐集量化、質化的不同，內容解析的流程，從不同觀點純理論性研究類型與研究應用，所以，本文採用五種研究方法。

邵雍原典與其他著作既有研究文獻等的初始資料的彙整，採用「文獻研究法」（Literature research）是本文必要的研究方法。

「文獻研究法」是根據一定目的或課題，通過調查文獻來獲得資料，從而全面、正確的了解掌握所研究問題的一種方法。它是不與文獻中記載的人事物直接接觸，屬於一種非接觸性的研究方法，包括資料蒐集方法、圖書館與資源的應用、工具書與電子資源的利用等方法〔註93〕，鑑別與整理有關邵雍等文獻資料及整理前人研究成果，用來認識邵雍學術思想的方法，並有助於達到論文的預期效果。第一章導論，及各章節有關邵雍的歷史文獻考察的問題，即應用此研究方法做觀察與分析。

（一）描述法〔註94〕（descriptive method）

「以心為美」是中國古代審美，將外物之美轉化為人的「心」，即人的審美感受和精神緊密的連繫在一起，一切美的事物或成為審美鑑賞對象的事物，我們應用「描述法」去描述它們存在的特性。

> 描述法的運用就是根據我們理性能力所獲得的觀念，運用它來說明在意識的感覺內容。這感覺內容可以是關於外在的事物，也可以是內心世界或主體之內的一切愛、恨、情、欲、喜、怒、哀、樂等內在的感覺內容〔註95〕。

「人不善賞花，只愛花之貌；人或善賞花，只愛花之妙。花貌在顏色，顏色人可效；花妙在精神，精神人莫造。」〔註96〕「花貌在顏色，妙在精神。」的精神美。這種精神美起先也是存在於意識內的感覺內容，運用已知美的普遍觀念來針對被描述對象，例如，一朵玫瑰花的含苞待放、盛開、凋謝各種姿態，玫瑰花的顏色紛雜的形式展現花的嬌柔，單朵與多朵玫瑰花的份量，呈現

〔註93〕林慶彰：《學術論文寫作指引》，台北：萬卷樓圖書股份有限公司，2011，頁154～161。

〔註94〕尤煌傑：《美學基本原理──士林哲學的美學理論建構》，台北：哲學與文化月刊雜誌社，2004，4，頁18～27。

〔註95〕同上註，頁21。

〔註96〕《伊川擊壤集》，卷十一，〈善賞花吟〉，頁160。

「單一」與「數大」就是美的不同欣賞面貌，玫瑰花夾雜滿天星或其他蘭花形成盆栽，或以池仿流派的插花，配合不同性質的花器出現玫瑰花的多樣性，不同花草與玫瑰花的關係，晴天、陰天、雨天不同的時間，高處、低處、遠觀或近看的不同空間，運動、變化等方面來描述玫瑰花存在的特性。

　　邵雍美學思想「描述法」的應用，審美鑑賞經驗的驗證，美感是流動存在於人心，美感是流動這些作為驗證的證據與內容，描述精神美的過程中滋生妙趣，忠實反映賞花者的情感並確定它們的存在，也是美的趣味。

　　解說文字「樂」〔註97〕擇用「樂」讀音ㄩㄝˋ，音樂；「鐘鼓，樂也；玉帛，禮也。與其嗜鐘鼓玉帛則斯言也不能無陋矣。必欲廢鐘鼓玉帛，則其如禮樂何？」〔註98〕禮樂。「樂」讀音ㄌㄜˋ，愛好之事曰樂，「益者三樂，損者三樂。」〔註99〕「樂」當動詞用是喜歡，《詩經小雅》：「我有旨酒，以燕樂嘉賓之心。」，「天下有至樂無有哉。」〔註100〕《易經系辭》：「樂天知命故不憂。」具有順天應命的意涵，讀音（ㄧㄠˋ），使之歡樂，「窈窕淑女，鐘鼓樂之。」〔註101〕「智者樂水，仁者愛山。」〔註102〕樂於（歡喜、喜好）焚香、寫詩、飲酒、著書在安樂窩的居家生活，正是，邵雍喜歡做文藝活動所產生喜愛的審美動力，所謂愛樂相通，讓他甘於貧賤而樂此不疲。

　　本文運用，已知的「我」、「心」、「樂」、「誠」等普通概念，「誠」修德成聖之道，它貫通《易經》、《中庸》、《大學》。「人」為審美主體被描述於的各種生理、心理、形式、性質、關係、時間、空間、運動、變化等方面來說明其存在特性。從字的定義，句子描述到段落的完成，描述法的目的使我們更清晰把握意識裡的七情六慾的感覺內容，可以避免「心」至「樂」的審美歷程陷於空洞之嫌，對於論文中「天人合一」、「心物合一」、「萬物合一」、「詩樂合一」等詞彙能謹慎使用而不會濫用之嫌。

〔註97〕樂：讀音，1.ㄩㄝˋ（月），姓，音樂：和諧而有規則的聲音。2.ㄌㄜˋ，快意、歡樂。3.ㄌㄠˋ，縣名，河北省樂亭縣。4.ㄧㄠˋ，愛，樂山、樂水。康繼堯主編《辭海》，永和市：輔新書局，1991，頁 509。
　　《伊川擊壤集》有關「樂」的詩作大約 210 條，有關樂的詩作有 34 首。本文「樂」的詮釋以音樂、禮樂、快樂、歡樂、樂於（喜愛）為主。
〔註98〕《伊川擊壤集》序，頁 2。
〔註99〕《論語・雍也》。
〔註100〕《莊子・至樂》。
〔註101〕《詩經・周南》。
〔註102〕《論語・雍也》。

（二）質問法〔註103〕（interrogative method）

笛卡兒（Rene'Descartes，1596～1650）認為在開始研究哲學之前，應將已有哲學命題先加以懷疑，唯有經得起懷疑考驗的命題才值得接受真理，他稱此法為方法的懷疑（methodical doubt）。

「心」的議題先作描述，「天地之心者，生萬物之本也。天地之情者，情狀也，與鬼神之情狀同。」心是以己之心，又是天地之心；既是一心，又是萬心，把天地之心作為本原時，「心」便是客觀的精神實體。「用天下之心為己之心，其心無所不謀矣。」把天下之心歸於己之心，「心」便具有主觀精神而具有無所不謀的色彩。聖人「以一心觀萬心，一身觀萬身，一世觀萬世」之說，他人之心對於聖人之心是客體，而非主體的心，邵雍把心分為「以己之心」為代表主體之心，在己之心以外的「天下之心」，應用質問法在後「心」同時具有主觀和客觀精神的雙重屬性。

藉由經驗中提問、辯證，找尋相關問題的對立、矛盾關係，「真樂攻心」存在與否的問題，「真樂」、「假樂」的現象，解決之道在於「無樂」、「有樂」、「真樂」的不同層次審美認知的釐清，進而，「以目觀物見物之形，以心觀物見物之情，以理觀物盡物之性。」〔註104〕《易經》曰：「窮理盡性，以至于命。」，追求真知、真理。所以，從主體確實地把握客體所呈現的真理，有賴於「批判」追求的合理性，或是合乎邏輯「按部就班」的推證，這是對事不對人的工作。

> 真樂何從生，生於氤氳間，氤氳不在酒，乃在天止如水，行如雲在天，靜者識其論，此生當乾乾。〔註105〕
>
> 真樂何從生，覺者不言。或疑詩語工，或云飲者賢。
>
> 或書痰心情，或琴以自宣。真樂生於心，乃在至和間。
>
> 行如雲在天，止如水在淵。靜者識其端，此心當乾乾。〔註106〕

對於真樂何從生？的描述，陳白沙詩性情既真，王夫之論詩最重性情，邵雍主張順性去情，性明情暗，陳白沙深受邵雍所影響。邵雍詩作大約有「樂」、「靜」、「和」、「閒」、「趣」等基調，本文採用「描述法」應用在先，確定「心」、

〔註103〕　《美學基本原理——士林哲學的美學理論建構》，頁18～27。

〔註104〕　《皇極經世書》，〈觀物內篇〉之十二，頁275。

〔註105〕　陳獻章：《陳獻章集》，〈真樂吟，效康節體〉，北京：中華書局，1993，頁312。

〔註106〕　參考：搜韻——詩詞門戶網站，6 https://sou-yun.cn，Query，《真樂吟效康節體》。王夫之（1619～1692）。

「樂」、「靜」等概念,「質問法」運作在後,要求的結論是有關邵雍「真樂攻心」真假的論斷,或「樂」與「悲」的現象,其書法美、醜的論斷,這些論斷已是經是一種評價的結果,在這個評價的過程,必須依賴健全的邏輯論證,以便求得那些不容置疑的肯定結論。

「心」、「樂」、「道」、「命」、「福」、「閒」、「靜」「藝」、「美」等概念,先藉由「描述法」去描述它們存在的意義與特性。再以「質問法」正、反法的方式辨證,例如,邵雍「真樂」的存在與否,真樂、假樂的隱喻,或是「真樂攻心」現象的質疑,「心為太極」又「道為太極」是否矛盾?本文採用「描述法」和「質問法」的美學研究方法,並將兩法交互應用的理由,以審美視角分析邵雍「無樂」、「有樂」、「真樂」的不同樂境。

（三）類比法〔註 107〕（Analogy method）

「類比法」是藉由兩種物體或現象之間存在的特別類似關係,對其中一種已知的物體或現象理解做為理論的基礎,藉由類似關係以推定另一未知物體或現象之研究方法。

邵雍思想中「心」、「樂」、「道」、「美」之描述與質問,將使用字精準不偏離主題,從認識「心」、「樂」及「道」、「美」的意涵,應用「類比推理」可以比較分析兩個屬性的相同或相似,推出「心」、「樂」、「道」、「美」它們在另一美學或其它觀點,也有相同或相似的推理。「類比」等比例或類推是一種認知過程,將某個特定事物所附帶訊息,轉移到其他特定事物上,比較兩件事,揭示二者之一的相似點,將已知推衍未知事物上,但兩者不一定有實質上的同源性,其類比不見得合理。

筆者認為,邵雍心學、理學、美學、詩學,及哲學思想中推敲,先應用描述法後用質問法分析,「心」與「樂」、「心」與「命」、「道」與「福」、「道」與「美」,它們之間的類比關係是否合理?這是使用類比法的目的。

（四）比較分析法〔註 108〕（Comparison analysis method）

比較分析法也稱對比分析法,通常是把兩個相互聯繫的指標數據進行比較,從數量展示和說明研究對象規模的大小、水平的高低,速度的快慢,以及

〔註 107〕莊道明:圖書館學與資訊科學大辭典,國家教育研究院,2012 年 10 月。
〔註 108〕對比分析法也稱比較分析法,是把客觀事物加以比較,以達認識事物的本質和規律並做出正確的評價。MBA 智庫百科,https//wiki.mbaib.com.

各種關係是否協調。比較分析法採用「對比」〔註109〕形式，通過不同事物的比較，尋求其同中之異，或異中之同的研究方法。

比較分析法是把客觀事物加以比較，以達到認識事物的本質和規律後做出正確評價。對比法其方法的主旨在於「將數個研究對象予以排比對照，使在研究者經驗演進的歷程中，顯示出這些對象彼此間的統一性和差異性。」〔註110〕筆者應用「對比」是對兩者或兩者以上之思想進行對比分析，用來確定思想之間的共同點與差異點的方法。因此，對北宋五子的哲學思想及對「樂」的見解，比較其間的相同與差異，更易掌握邵雍哲學思想的整體性。採用「比較分析法」人物對比形式，北宋五子理學思想背景，邵雍學術思想脈絡作為人事物橫向關係的空間軸，邵雍歷史哲學的時間軸，比較分析兩者關係的異同，對「樂」的認知，「孔顏樂處」所樂為何？由上而下，從下而上，橫向與縱向分析，人、物、我之間的審美關係與現象。比較分析邵雍「以物觀物」的「無我」之境，「以我觀物」的「有我」之境的異同。

（五）詮釋法（Hermeneutics）

邵雍美學專著較少，《中國美學思想彙編》（上）（下）集，王進祥編輯《中國美學史資料選編》（上）（下）集，羅光《中國哲學思想史》宋代篇（上冊）（下冊），《中國美學通史》〔註111〕——（宋金元卷），《中國古代審美文化論》〔註112〕（第一卷史論卷）、（第二卷範疇卷）、（第三卷門類卷），以「史」的概念，從邵雍哲學、美學史、審美文化史等文獻梳理與分析過程中，應用「文獻研究法」幫助我們了解邵雍美學史和哲學史，宋代審美史的歷史背景，先前研究者文獻暨現有研究概況，關於研究邵雍有關的資訊認知、整理、篩選有助於

〔註109〕 沈清松：《現代哲學論衡》，台北：黎明文化事業股份有限公司，1985，頁3。對比（contrast），是指同與異、配合與分岐、採取距離與共同隸屬之間的交互運作，使得處在這種關係的種種因素，相互敦促，而共現於同一現象之場，並隸屬於同一個演進之韻律。對比乃決定於經驗、歷史與存有呈現與演進的基本原則，為此，志在鋪陳此一基本律則的對比哲學，除了具有方法學的意義，尚有歷史的意義及存有學的意義。

〔註110〕 同上註，頁3。

〔註111〕 葉朗主編，朱良志副主編，《中國美學通史》（先秦卷）—（漢代卷）—（魏晉南北朝卷）—（隋唐五代卷）—（宋金元卷）—（明代卷）—（清代卷），南京，江蘇人民出版社，共計八冊，2014。

〔註112〕 吳中杰，張岩冰、馬馳、王振復副主編，《中國古代審美文化論構》（第一卷史論卷）（第二卷範疇卷）（第三卷門類卷），上海古籍出版社。

觀察，確定本文的研究方向正確與預期效果。

邵雍所處北宋時期的社會現象與北宋五子理學思想的歷史方向，研究邵雍思想的文本意義詮釋〔註113〕，「以禪入詩」的抽象與詩意，「林泉詩」呈現山水情景交融的意境，大字書法毫氣與自由揮灑。

筆者閱讀邵雍《皇極經世》、《伊川擊壤擊》與《漁樵問對》等原典，詮釋與翻譯問題的文獻探討認識邵雍是必要的，翻譯本來就是一種詮釋〔註114〕過程。沈清松對於解讀中國哲學原典有一根本的主張，他稱為「動態的脈絡主義」（dynamic contextualism）〔註115〕，意思是在一篇中哲文本中，「一詞、一句、一段落的意義，須從其他詞、句、段落的互動以及在字與詞、詞與句、句與段、段與全文……的動態進展脈絡來解讀。」沈清松學者謹慎、求證、開放的做學問功夫，對於筆者博士論文哲學思想成熟度的提升有莫大的幫助，也提醒筆者研讀邵雍原典不要囫圇吞棗，才能了解邵雍的整體哲學觀。

本文採用五種研究方法的目的，為了解邵雍學術思想歷程與淵源、審美議題、研究路徑操作、與論文架構處理，使本文具有信度、效度的可靠性，提升本論文的學術價值。

第四節　論文架構與研究路徑設計

《伊川擊壤擊》詩作中，出現「樂」與「閒」兩字最多，邵雍內心的「樂」是一種對自然感受和情感體驗，通過自我心靈直覺所得到審美享受及體現，外顯成為「閒」的形式，它指的是脫離世俗憂慮和慾念，彰顯本身的心平氣和，或與自然和諧相安的一種心境。

「先天之學，心也；後天之學，迹也。」，「身生天地後，心在天地前，天地自我出，自餘何足言。」〔註116〕「天地之心者，生萬物之本。」心為有形迹之物的本原，「心」作為認識的心。邵雍認為「心」與「人」的身體是互相分離的，兩者是先天和後天的關係，天學修心與人學修身的天人之學，人心先

〔註113〕賴賢宗：《意境美學與詮釋學》，台北：國立歷史博物館，2003，頁165～175。
〔註114〕沈清松：《跨文化哲學論》，北京：人民出版社，2014，頁231。「詮釋」一詞的希臘文（Hermeneuia）原意包含了「說出」（to say）、「解釋」（to explain）、「翻譯」（to translate）的三層意思。
〔註115〕同上註，頁233～237。
〔註116〕《伊川擊壤集》卷十九，〈自餘吟〉，頁309。

天、人身後天的心學觀點，明白其「身心合一」之樂、真樂攻心、天理真樂不同樂境，形成「道」視域下邵雍「樂」的生命之源。

一、論文架構

「人」是「心物合一」的有機體，「我」的具體存在、為動的存在、為生命而存在，我是一個具體生命。「能循天理動者，造化在我也。」〔註117〕心能觀理循理而動，人即可參贊天地之化育。「是知，我亦人也，人亦我也，我與人皆物也」人是物又是我的概念（人＝我＝物），「聖人利物而無我。」〔註118〕人是「物之至」，聖人是「人之至」，人、物及聖三者存在的生命階層。

圖 1-1：論文架構

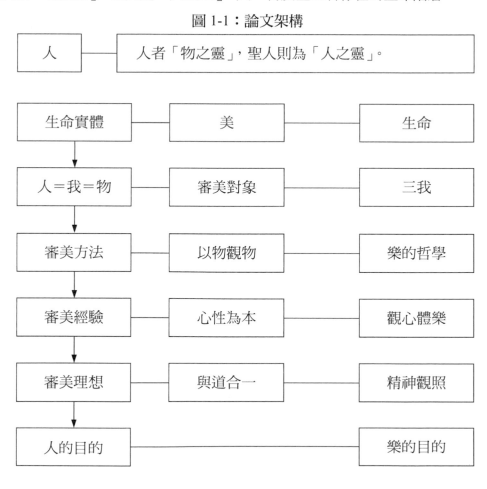

〔註117〕《皇極經世書》，《觀物外篇》下，頁 364。
〔註118〕《皇極經世書》，《觀物外篇》下，頁 361。

以「人」做為生命實體，應用「描述法」，描繪邵雍「心、樂、道、美」哲學思想因子，宏觀分析其相互關係；以「質問法」質問邵雍「心、命、道、福」的生命因子，微觀分析生命因子的相容相化，形成審美歷程與生命歷程，匯集成「與道合一」的中和審美理想與生命實踐。

若「美」有境界之分，那麼，「美」存有與形上的特性，使「生命哲學」的美學的內在「天人合一」合於「道」，與超越「道」形上向度，探悉邵雍「真樂攻心」至「天人合一」的生命美學。

各章節、文本結構的論述：

（一）審美對象：我亦人也，人亦我也，我與人皆物也

是知，我亦人也，人亦我也，我與人皆物也」〔註119〕人與人一樣，人與物也一樣，彼此都是物。「能物物，則我為物之人也；不能物物，則我為物之物也。」〔註120〕人自人，物自物，道理甚分明。「人為萬物之靈」的人觀，人做為審美主體，以「人」的心理、生理作為審美對象，我與自然合一，人是物，我也是物。（2章）

（二）審美方法：「以我觀物」與「以觀物觀」

「順性去情」之性情論，「性」是人的自然之質，「情」是人的情感快樂的表現，「以我觀物」用一般人的「心」觀物，是一種「有限」的觀物，「觀之以目」與「觀之以心」都屬於「以我觀物」。「以物觀物」以萬物之「理」觀物，以道心觀物是一種「無限」的觀物方法，「觀之以理」就是「以物觀物」。「反觀」莫不全備是形上哲學的先驗論，造就邵雍「自然美」美學觀與詩歌創造「詩與美」。（3章）

（三）審美經驗：觀「心」體「樂」

邵雍的「川上觀魚」、「放小魚」、濠上魚樂之辯等例子，觀「心」體「樂」的審美經驗（2章），「隱」、「閒」、「雅」、「樂、「智」的藝術活動」推廣生命活動（4章）。

（四）審美理想：與「道」合一

「樂」的形上形下關係，「身安心自安」的身心之樂，「真樂攻心」的審

〔註119〕　《皇極經世書》，〈觀物外篇〉下，頁274。
〔註120〕　《皇極經世書》，《觀物外篇》下，頁354。

美自由，「反璞歸真」的道德自由，「真樂攻心」同化「天理真樂」的至樂。
（3 章）

（五）「幸福」價值是人的目的合於「樂」之「善」的目的

「審美觀照」至「精神觀照」合於「樂」之「善」的目的，「安樂窩」詩
意生活，實踐「道」合一的生命體證。（4 章），「心閒自身閒」的休閒哲學，說
明邵雍「閒富貴」的安閒生活。（5 章）

二、研究路徑設計

本文研究路徑設計與架構的發想，醞釀源自：邵雍《伊川擊壤集》序、卷
十一、卷十八，《皇極經世書》〈觀物內篇〉之十二等美學思想、詩作的書藝思
想，易學、心學、哲學、理學、詩學的思想，「以心為美」、「以道為美」的審
美文化與原理。

懷德海（A.N.whitehead，1861～1947）以「創生」（creativity）概念，建立
機體哲學（philosophy of organism）使靜態本體論轉化為動態的宇宙觀，本文
引用機體哲學「實在」與「歷程」[註121] 宏觀與微觀分析，用以詮釋邵雍「天
人合一」靜態與動態生命美學的歷程哲學。

研究路徑設計說明：

橫軸：「心—樂—道—美」審美歷程

詮釋邵雍「心—樂—道—美」哲學思想因子，包含文獻及創造認識，邵雍
自我生命的歷史，透過客觀的操作，三個微觀歷程的質問分析，「心」至「樂」
的心性歷程：「安貧樂道」之樂在於安身立命，「安身立命」循理而行。「樂」
至「道」的審美歷程：「真樂攻心」同化「天理真樂」的至樂，「天理真樂」與
道合一的精神美感享受。「道」至「美」的倫理歷程：「安樂窩」與「道」合一
的生命實踐，「真樂攻心」至「天人合一」生命美學的體證。

縱軸：「心—命—道—福」的生命歷程

邵雍「安貧樂道」的人格美，追求安身立命之道。「隱」、「閒」、「雅」、「樂」、
「智」的藝術活動，化為生命活動推廣生命美學，開展「藝」通於「道」的人
文精神。「安樂窩」與「道」合一的體現，印證邵雍是生命美學的實踐者。「真
樂攻心」至「天人合一」的生命美學完成。

〔註121〕 吳汝鈞：《機體與力動：懷德海哲學研究與對話》，台北：臺灣商務印書館股
份有限公司，2004。第十二章歷程與實在，頁 133～148。

圖 1-2：審美歷程＋生命歷程

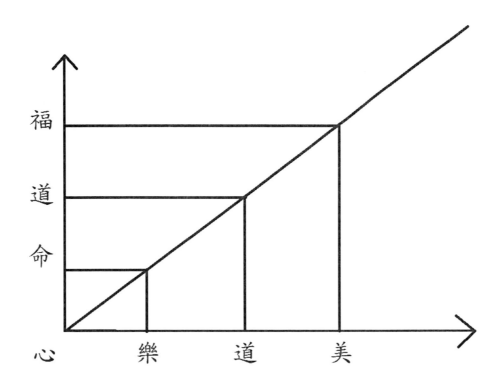

圖解說明：橫軸：審美歷程→樂的目地「善」。

縱軸：生命歷程→人的目地「福」。

交集：橫軸與縱軸的「道」，「道」中和的審美理想，與「道」合一的生命
　　　實踐。

研究主軸：邵雍「真樂攻心」至「天人合一」的生命美學。

三、章節安排

表 1-2：章節安排彙整

章	節	研究方法
第一章　導論	第一節　研究動機與目的 第二節　文獻回顧與探討 第三節　研究方法 第四節　論文架構與研究路徑設計	文獻研究法 比較分析法

第二章	邵雍「道」視域下的生命之源	第一節	生平思想	描述法
			一、思想淵源	質問法
			二、象數理	類比法
			三、天地萬物	詮釋法
		第二節	「道為太極」之源頭	
			一、萬物之靈	
			二、「道」內涵與發用	
			三、「心、道、一、氣、神」的太極觀	
		第三節	「樂」哲學	
			一、談樂	
			二、觀「心」體「樂」	
			三、樂範疇	
		第四節	生命美學	
			一、理學美學	
			二、「心—樂—道—美」的描述與宏觀分析	
			三、「心—命—道—福」的質問與微觀分析	
			四、「命」由「道」出	
第三章	「心—樂—道—美」歷程與審美理想	第一節	「心」至「樂」的心性歷程	描述法
			一、「以我觀物」與「以物觀物」	質問法
			二、心性為本	比較分析法
			三、「心為太極」的「至神至妙」之美	
		第二節	「樂」至「道」的審美歷程	
			一、孔顏之樂	
			二、借「樂」明「道」	
			三、天理真樂	
		第三節	「道」至「美」的倫理歷程	
			一、「樂」自律	
			二、比德美	
			三、內聖外王	
		第四節	「中和之道」的審美理想	
			一、詩禮樂	
			二、禮變理	
			三、「哀而不傷，樂而不淫。」中和之道	

第四章	「心—命—道—福」生命 實踐與體證	第一節	安「貧」樂「道」的人格美 一、知命樂天 二、孟子「立命」與莊子 　　「安命」之說 三、「安身立命」循「理」 　　而行	文獻研究法 比較分析法 類比法
		第二節	「藝」通於「道」的人文精 神 一、藝術活動 二、「生命美學」顯現 三、氣「靜」心「閒」的藝 　　術涵養	
		第三節	「安樂窩」與「道」合一的 生命實踐 一、安居 二、審美與生活相遇 三、詩意生活	
		第四節	「真樂攻心」至「天人合一」 的生命美學 一、「天人合一」之理念 二、「天人合一」之道 三、「安樂」的生命理想 四、「真樂攻心」生命美學 　　的餘韻	
第五章	邵雍「天人合一」生命 美學的價值	第一節	邵雍「真樂攻心」賦予「生 命美學」之新意 一、「幸福」自得 二、「閒富貴」的幸福指標	描述法 質問法 類比法
		第二節	邵雍「天人合一」生命美學 在「當代生活」的價值與展 望 一、邵雍「天人合一」生命 　　美學的演化 二、邵雍「天人合一」生命 　　美學在「當代生活」的 　　美學發現與價值	
第六章	結語			

第二章　邵雍「道」視域下的生命之源

　　第一節邵雍生平思想系統化之概述，第二節「道為太極」思想，論述道的內涵及邵雍太極觀，第三節「樂」哲學，說明自樂、與萬物自得之樂，入世、名教與觀物之不同樂的層次。物理、審美、眾樂與獨樂的文化、不同審美向度，闡明「樂」的審美範疇。第四節以理學美學觀看待邵雍的生命美學。「樂」的哲學與範疇作為研究線索，分別進行邵雍「心」、「樂」、「道」、「美」，「心」、「命」、「道」、「福」生命元素的描述與質問，本章定位綜合論述，邵雍思想背景與本文相關議題的概念，對於後續章節具有前導作用。

第一節　生平思想

一、生平思想之梗概

　　邵雍[註1]（1011～1077）字堯夫，自號安樂先生，後人稱邵雍為「百源先生」。生於北宋真宗大中祥符四年（1011），卒於神宗熙寧十年（1077）。其先范陽人（今河北涿州），父邵古遷衡漳（今河南林縣），又遷共城（今河南輝縣）。

　　邵雍三十七歲時移居洛陽，在洛陽閒居近三十年，冬夏閉門讀書，春秋兩季出遊。每次出遊必著道裝、乘小車，行之有年，在洛陽城裏擁有「行窩十二家」之稱。「買卜稽疑是買疑，病深何樂可能醫。夢中說夢重重妄，牀上安牀疊疊非。列子御風徒有待，夸夫逐日豈無疲。勞多未有收功處，踏盡人間閒路

〔註 1〕陳郁夫：《邵康節學記》，台北：天華出版事業股份有限公司，1979，頁 1～11。

岐。」〔註2〕窺見其不信世俗之命、卜筮稽疑那套智數。邵雍病重,「以命聽於天,於心何所失」、「死生亦常事耳」、「生平志在立功名,誰謂才難與命爭。」〔註3〕等詩句,對待生死的樂天態度,享年六十七,有子邵伯溫,臨終諧謔而逝。

程明道銘其墓:「嗚呼先生,志豪力雄;闊步長驅,凌高屬空;探幽索隱,曲暢旁通。在古或難,先生從容;有《問》有《觀》,以沃以豐。天不慭遺,哲人之兄。嗚皋在南,伊流在東,有寧一宮,先生所終。」〔註4〕北宋哲宗元祐年間,從歐陽修之子歐陽斐〔註5〕謚議:「雍少篤學,有大志,久而後知道德之歸。且以為學者之患,在於好惡,惡先成於心,而挾其私智以求於道,則蔽於所好,而不得其真。故求之至於四方萬里之遠,天地陰陽屈伸消長之變,無所折衷於聖人。雖深於象數,先見默識,未嘗以自名也。其學純一不雜,居之而安,行之能成,平夷渾大,不見圭角,其自得深矣。按謚法,溫良好樂曰康,能固所守曰節。」謚曰「康節」,依「謚法」:「溫良好樂曰康,能固所守曰節」,故世稱邵康節。南宋咸淳三年正月,邵雍被封為新安伯,從祀孔子文廟,明嘉靖中,祀稱:「先儒邵子」。

黃宗羲(1610~1695)撰《宋元學案》專立「百源學案」以述邵雍的思想淵流。〔註6〕南宋魏了翁:「邵子生平之書,其心數之精微在皇極經世,其宣奇其意在擊壤集。凡歷乎吾前,皇帝王霸之興替,春秋冬夏之代謝,陰陽五行之變,風雷雨露之霽曀,山河草木之榮悴,惟意所驅,周流貫徹,融液擺落,蓋左右逢源,略無毫髮凝滯倚著之意,真可謂風流人豪歟。洙泗已矣,秦漢以來,諸儒無此氣象。」可知,邵雍思想的玄遠超高與淡泊明志的特質。

(一)思想淵源

北宋仁、神之際,及以後的數十年之間為宋代理學的繁榮期,理學偏向內斂的內求品格。「理學」、「道問學」的知識論是自外而內,體由用見作為入德之門,理學為性理之學,《易經》、《中庸》、《大學》作為其根基,並滲入道、佛思想。

〔註2〕《伊川擊壤集》卷七,〈閒行吟〉之三,頁95。
〔註3〕《伊川擊壤集》卷五,〈哭張師柔長官〉,頁58。
〔註4〕邵堯夫先生墓誌銘《二程全書》六十二,頁7。有問(漁樵)有觀(心物)。
〔註5〕〔宋〕邵雍著,郭彧整理:《邵雍集》,北京:中華書局,2010,頁5。
〔註6〕黃宗羲撰,夏學叢書《宋元學案》——(上)(中)(下),台北:河洛圖書出版社,1975。
《宋元學案》卷十(百源學案)。

宋儒說義理、談心性，由胡瑗和孫復開端，周敦頤（1017～1073）、邵雍、張載（1020～1077）、程顥（1032～1085）、程頤 1033～1107）並稱「北宋五子」，以天、命、性、心，貫通宇宙論與倫理學，建立了「在天為命，在義為理，在人為性」的理學。

宋朝理學不能分為北宋與南宋兩段，應是休戚相關的。南宋朱熹和陸象山是北宋二程的繼承人。朱熹為李侗門生，私淑於程頤，「理」和「氣」構成本體論，以本然之性和氣質之氣，解除了儒家性善性惡論，格物致知奠定了儒家修身論。《中庸》：「君子尊德性而道問學，致廣大而盡精微，極高明而道中庸。」〔註7〕尊德性是存心之功，道問學是致知之業，知行並重，二者相發不可偏廢。朱熹主張「道問學」強調格物致知的外在學問工夫，陸九淵主張「尊德性」強調內在德性修養。

（二）宗孔尊儒

邵雍以歷史上的三皇、五帝、三王、五霸的劃分，將孔子置於一切君王的歷史地位，以千世、百世、十世、一世的功業論述皇帝王霸，孔子地位是萬世的。「不世之謂也」指的是孔子並非為了自己的斯土斯財，其地位最高不受時代的限制。孔子明教化的功業，乃貫古今及通世變具有萬世的貢獻地位，因「仲尼以萬世為土」，孔子地位高於一切君王。

> 一世之事業者，非五伯之道而何？十世之事業者，非三王之道而何？百世之事業者，非五帝之道而何？千世之事業者，非三皇之道而何？萬事之事業者，非仲尼之道而何？是知皇帝王伯者，命世之謂；仲尼者，不世之謂也。〔註8〕

> 人謂仲尼惜乎無土，吾獨以為不然，獨夫以百畝為土，大夫以百里為土，諸侯以四境為土，天子以九州為土，仲尼以萬世為土，若然，孟子言，自生民以來，未有如孔子也，斯亦未謂之過矣。〔註9〕

「仲尼生魯在吾先，去聖千餘五百年。今日誰能知此道，當時人自比於天。」〔註10〕，邵雍視孔子為聖人的典範，認為其功業超越一世、十世、百世、千世，進而建立了萬世功業，有別於儒家學者認為孔子為無位、無土的問題。

〔註7〕《中庸》第二十七章。
〔註8〕《皇極經世書》，〈觀物內篇〉之五，頁178。
〔註9〕《皇極經世書》，〈觀物內篇〉之六，頁190。
〔註10〕《伊川擊壤集》卷十二，〈仲尼吟〉，頁192。

「仲尼後禹千五百餘年，今之後仲尼又千五百餘年。雖不敢比仲尼上贊堯舜禹，豈不敢比孟子上贊仲尼乎？」〔註11〕雖然，不敢自比仲尼上贊堯舜禹，豈有不敢自比孟子上贊仲尼乎？其語意含有以孟子以後，道統自任的意思，承襲孟子「萬物皆備於我」的思想。

「孔子生知非假羽，孟軻先覺亦須修。誠明本屬吾家事，自是令人好外求。」〔註12〕「予非知仲尼者，學為仲尼者也」〔註13〕邵雍的宗孔思想，知道孔子之所以為孔子，「仲尼生魯在吾先，去聖千餘五百年。今日誰能知此道，當時人自比於天。皇王帝伯中原主，父子君臣萬世權。河不出圖吾已矣，修經意思豈徒然。」〔註14〕其《先天圖》、《皇極經世書》書，是要學孔子修經以正人心、明治道的印証。

（三）援道入儒

「儒風一變至于道，和氣四時長若春。」〔註15〕儒轉道的心境和走向的描繪，「亂法奈何非獨占，措刑安得見于茲。當時既有少正卯，今日寧無孔仲尼。時世不同人一也，堯夫非是愛吟詩。」邵雍宗孔思想及對王安石熙寧變法的不支持，可見是重「儒」輕「道」之人。

邵雍學術思想與儒、佛、道、陰陽為其淵源，並擁有深厚的關聯，邵雍思想淵源以儒學為主，師承李之才，參雜道教成份者甚多。「飽食豐衣不易過，日長時節奈愁何。求名少日投宣聖，怕死老年親釋迦。妄欲斷緣緣愈重，微求去病病還多。長江一片長如練，幸自無風又起波。」〔註16〕具有「不佞蟬伯，不諛方士。」佛家態度，邵雍效法陰陽家「天之能盡物，則謂之昊天，人之能盡民，則謂之聖人……昊天以時授人，聖人以經法天。」雖然，邵雍能融會貫通「昊天以時授人，聖人以經法天」天人合一的概念，發人所未發，何嘗不是邵雍術數的哲學特色。

（四）何以邵雍之學術流傳少？

邵雍學術思想〔註17〕能貫通於經、史、子、集，相較於北宋五子其他四子

〔註11〕《皇極經世書》，〈觀物內篇〉之六，頁190。
〔註12〕《伊川擊壤集》卷四，〈誠明吟〉，頁52。
〔註13〕《皇極經世書》，〈觀物內篇〉之六，頁200。
〔註14〕《伊川擊壤集》卷十二，〈仲尼吟〉，頁192。
〔註15〕《伊川擊壤集》卷十，〈安樂窩中吟〉之九，頁157。
〔註16〕《伊川擊壤集》卷十四，〈學佛吟〉，頁220。
〔註17〕〔宋〕邵雍著，郭彧整理：《邵雍集》，北京：中華書局，2010，頁1～2。

所不可同年而語。程顥、張嶠、歐陽棐皆評價邵雍之學「純一不雜」，因其學問不雜以「智數」。邵雍認為，君子之學，以潤身為本，其治人應物皆餘事。

> 弟子王豫、張岷皆早死，唯子伯溫略發其微。至乾道間，乃有張行成者，著《皇極經世索隱》、《觀物外篇衍義》，又有祝泌者，著《皇極經世書鈐》，頗紹百源之緒。徒以讀者無多，若天資稍遜，又未足以窺玄妙，故幾成絕學。〔註18〕

邵雍之學術後世流傳少之原由，一則；邵雍的嫡傳弟子中，如王豫等人皆早逝，以至流傳乏人。二則；「學不際天人，不足以謂之學。」受易學思想的影響重視「數」，天人之際的探究是他學術中心的基本骨幹，反被邵雍所獨創「象數之學」的光采所掩蓋，致後世學者對其有所誤解。

後人並不把邵雍視為「新儒」的正統定位，乃因「安樂窩」過著獨善其身的隱士生活，又對同代諸儒影響小；並且少有追隨者，所以，邵雍學說不為後期新儒家有所傳承。

二、象數理

《宋史》將邵雍列入〈道學傳〉，李贄《藏書》將邵雍列入《德業儒臣傳》，表明邵雍是北宋道學（理學）的大家。

當「理學」傳入歐洲對西方科學哲學發生重大影響，萊希尼茲（Lebeniz 1646～1716）的數學理論，即滲入邵雍的「方圖」〔註19〕後，認為與他所創二元運算相符合，即是後來演進成「布爾代數」，今日電腦語言以此二元運算為基礎。

萊希尼茲建立的「單子論」（Monadology）〔註20〕主張無限實體創造一切有限實體，又稱單子（Monade），每一個單子為一個微小宇宙（Microcosm），諸單子反映上主的美善，例如，無機體的單子沒有意識，有機體單子（生物、

〔註18〕〔元〕脫脫：《宋史·列傳第一百九十二儒林三》。

〔註19〕陳郁夫：《邵康節學記》，台北：天華出版事業股份有限公司，1979，頁67～72。
　　　萊希尼茲看到宇宙創造的形象，他設想1為上帝的代表，0代表虛無，上帝從虛無創造萬物，正如他的計算體系中，1與0能表示所有的數一樣。他發明了二進位制，並用了二進位制來解讀中國的周易八卦，0表一爻，以1表⚊爻，將各卦左旋九十度，六十四卦即可得一個以二元表示的表（六十四卦方圖），但是我們的周易八卦演算本身並非二進位制。

〔註20〕葛慕蘭：《形上學》，台北縣新店鎮：先知出版社，1974，頁26。

人等）反映上主美善程度不一，宇宙的秩序極為美善，此學說可謂之「形上學的樂觀主義」（Absolute Optimism）。

（一）因數明理

伏羲始化八卦，首由仰觀、俯察於天地萬象，「象」為有形有質者，均受造之物，所以均各有「數」，數起頭為「一」，易數中有「－－」這兩個半數；這兩個半數稱為「偶」，意味它們連在一起仍是「一」。這個「一」必須「－－」合，才能生生不息；孔子：「生生不息之謂易」，從中可體會出易理的完備，均存在「象、數、理」〔註21〕之中。「象」是「在天成象，在地成形。」，「數」為數理演繹推之以求認知人事與萬物因果關係。

「理」是智出哲學的思想，探究宇宙人生形上、形下變與不變原理。「易簡而天下之理得矣。天下之理得，而成位乎其中矣。」易學中數或理，必由象產生，象或數一切活動、變化，都須合乎「理」。「數」以數理演繹推詳，以求認識人事萬物的因果關係。「象」是從現實社會萬有的現象中，尋求變化的原則，「數」與「理」都必由「象」產生。

李挺之權共城令，知康節事父孝謹和勵志精勤，一日叩門造訪，挺之曰：好學篤志如何？曰；簡策未有之外適也。挺之又曰；其如物理之學乎？他日曰：不有性命之學乎？康節再拜願受業〔註22〕。李挺之的易學實源自陳摶，陳摶所傳之《易》不以文字解說，只用圖象以寓陰陽之數與卦之生變。

邵雍師從李挺之，學《河圖》、《洛書》與宓羲八卦六十四卦圖象，得其真傳而學有大成。「之才之傳，遠有端緒，而雍探賾索隱，妙悟神契，洞徹蘊奧，汪洋浩博，多其所自得者。」〔註23〕所謂「自得者」是以「數」〔註24〕為其框架的思想體系，「象起於形，數起於質，名起於言，意起於用，天下之數出於理，違乎理則入於術，世人以數而入術，故失於理也。」〔註25〕物質的運動和

〔註21〕孫再生：《周易學新論》，台北：正中書局，1992，頁90～103。

〔註22〕《宋史‧邵雍傳》。

〔註23〕《宋史‧列傳第一百八十六‧道學一》。陳摶過世後，他的《易》、《太極圖》傳至李挺之，李挺之將其絕學傳授邵雍。

〔註24〕陳榮捷編著，譯者：楊儒賓、吳有能、朱榮貴、萬先法，《中國哲學文獻撰編》（下冊），台北：巨流圖書公司，1993，頁603。數的觀念，並非新創，《老子》、《易經》、五行學派或西漢緯書、揚雄的《太玄經》書中，均有說明，但以全部哲學建基於「數」上，並建立一種數字式的微化系統者，當屬邵雍為第一人。

〔註25〕《皇極經世書》，〈觀物外篇〉上，中和區：廣文書局有限公司，2012，頁342。

時空的長短，都可以用數目表現出來，利用「數」加以推算「術」，可知未來與未知事物，所謂借「數」明「理」。

邵雍：「易之數窮，天地終始。或曰，天地亦有終始乎？曰，既有消長，豈無終始？天地雖大，是亦形器，乃二物也。」邵雍認為宇宙歷程無窮，天地實有始終，然後終則始，此天地毀滅就有新天地的繼起，循環不已如是無窮。邵雍以天地之終始為一元，一元共十二萬九千六百年，此元之終，又一元之始；而此元之先亦有元，無際無窮的。邵伯溫：「一元在大化之中猶一年也。」每一十二萬九千九千六百年，天地生滅一次；十二萬九千六百年以前有天地，十二萬九千六百年以後亦有天地，宇宙的大歷程實在無窮。

「皇、帝、王、霸」作為評價帝王治國成效的四個歷史判準，「元、會、運、世」論述時代演進時間史歷程，結合易學卦象的更迭中，建立元會經世與日月星辰相配合的宇宙年表，數與數之間的關係，代表宇宙之間的關係，天理存在其間。邵雍以「數」理來描述天地萬物的生命循環週期，體現更精確而有秩序的宇宙形式。

邵雍以世運會元推天地始終之數，三十年為世，十二世為運，三十運計一萬八百年為會，十二會計十二萬九千六百年為元，空間的形跡似乎有限。辰、日、月、年、世、運、會、元，推天地始終之運，辰始元終，更迭輪轉，揭出時間周期的無窮性。〔註26〕邵雍認為人的身體雖貌小卻具有優異特質，人在宇宙的位置是卓越的。周敦頤《太極圖說》：「二氣交感，化生萬物，萬物生生，而變化無窮焉，惟人也得其秀而最靈。」人得二氣之秀而最靈，也認為人是卓越的在宇宙中的位置。

（二）象數之學

邵雍之學在於觀象、觀數、觀物，「象」是指「在天成象，在地成形。」，「數」以數理演繹類推，以求認知人事與萬物因果關係。「理」哲學思想，宇宙人生形上形下，變與不變之原理。「易簡而天下之理得矣。」，天下之理得而成位乎其中矣，易學中數或理，必由象產生。象或數一切活動、變化，都須合乎理，「神生數，數生象，象生器」，「象數」與「言意」的因果關係。

象數之學源自《易傳》，邵雍象數之學欲以四象取代漢易五行的論述系統，論天文曆法音律與歷史之變，建構象數次第衍生的原則，即一生二、二生四、

〔註26〕方東美：《哲學三慧》，台北：三民書局股份有限公司，2007，頁98～99。

四生八、八生十六之「加一倍法」，藉以說明兩儀、四象、八卦、六十四卦中陰陽爻位分佈，相沿而次序衍出之象。邵雍以四數為體，天有四時，聖人有四經（禮與樂在其中），「究天人之際，通古今之變。」以天之際會而闡明「天人合一」之道。所以，天地人合一才能「識人」又「知物」。

邵雍象數之學是具有哲學意義的，《皇極經世書》中圖表甚多，都是表示象數、論述根本原理。康節學說有別於漢儒象數之易學，研究象數者眾，然而都沒有哲學的意涵。

（三）天人之學

邵雍天人之學「先天之學心也，後天之學迹也。」，「先天之學」是邵雍有關宇宙生成論的主要內容，「先天之學」為心法之學，即是無文字言語的「心易」。《易傳‧文言》：「先天而天弗遠，後天而奉天時。」先天地生的是「道」也是「太極」。邵雍認為，先天地而存在的是「氣」，「一氣分而天地判」，「萬物各有太極、兩儀、八卦之次，亦有古今之象。」而道生天，天生地。

邵雍為了表達「道為太極」方式，其用「卦之生變」方法，將六十四卦佈作圓圖以象天，將六十四卦佈作方圖放入圓圖之中以象地，把這樣的圖稱之「先天圖」〔註27〕。圖雖無文，吾將終日言未嘗離乎是，蓋天地萬物之理盡在其中矣。

> 先天之學心也，後天之學迹也。出入有無，死生者道也。〔註28〕
> 先天學心法也，故圖皆自中起，萬化萬事生乎心也。〔註29〕

有迹的先天圖用以表達先天心學的「道圖」或「太極圖」，以「後天學之圖」表達先天心學。方圓六十四卦圖所表示的天地之全體，就是「太極」。太極為道，本是不可圖畫，但為使人明白其先天心學，用天圓地方圖的全體表達。「道不遠於人，乾坤只在身。誰能天地外，別去覓乾坤。」彰顯邵雍對先天之學的認可與自信。

邵雍天人之學包含先天之學與後天之學，「學不究天人，不足謂之學。」、「學不至於樂，不足謂之學。」人情契天理，修後天復先天，「人之所學，本

〔註27〕〔宋〕邵雍著，郭彧整理：《邵雍集》，北京：中華書局，2010，頁8～9。
〔註28〕《皇極經世書》，〈觀物外篇〉下，頁356。
〔註29〕《皇極經世書》，〈觀物外篇〉下，頁374。

乎人事。人事不修，無學何異。」〔註30〕學際天人以合道，就是天人之學的道理，天理真樂是天人之學的最終目地。

三、天地萬物

《繫辭上傳》：「乾知大始，坤作成物。」萬物資始於乾，資生於坤的意思，乾坤就是宇宙變化的源由。《繫辭下傳》：「天地絪縕，萬物化醇；男女媾精，萬物化生。」天地相交，周密無間，萬物化醇，男女就是人與物的陰陽，男女合精，將萬物化生不窮。所謂「陰陽」就是正負，發現一切變化都是起於正反的對立，對立是變化的起因，認為陰陽是生物之本，陰陽先有於萬物未有之前，因此，陰陽未分之體，是宇宙的究竟本根。

《易傳》：「昔者聖人之作易也，將以順性命之理，是以立天之道，曰陰與陽，立地之道，曰柔與剛，立人之道，曰仁與義。」張載以「太虛」為萬物之源，以太虛而陰陽，說明了萬物同一氣，他認為氣聚成萬物，氣散歸於太虛，得出「萬物本是同一」的結論。「乾稱父，坤稱母。子茲藐焉，乃混然中處。故天地之塞，吾其體；天地之帥，吾其性。民，吾同胞；物，吾與也。」〔註31〕「民吾同胞，物吾與也」主張人應該親近同類與萬物。

> 物之大者無若天地，然而亦有所盡也，天之大，陰陽盡之矣；地之大，剛柔盡之矣。陰陽盡而四時成焉，剛柔盡而四維成焉。夫四時四維者，天地至大之謂也，凡言大者，無得而過之也。亦未始以大為自得，故能成其大，豈不謂至偉至偉者歟？〔註32〕

> 天生於動者也，地生於靜者也，一動一靜交，而天地之道盡矣。動之始則陽生焉，動之極則陰生焉，一陰一陽交而天之用盡矣；靜之始則柔生焉，靜之極則剛生焉，一柔一剛交而地之用盡矣。〔註33〕

天地之大的法則在陰陽與剛柔，天由陰陽呈現春夏秋冬之四時，地由剛柔顯現東西南北之四維，天之陰陽地的剛柔說明了天地之用。

> 極之前陰含陽也，有象之後陽分陰也；陰為陽之母，陽為陰之父，故母孕長男而為復，父生長女而為姤，是以陽始於復陰始於姤也。〔註34〕

〔註30〕《伊川擊壤集》卷十三，〈所學吟〉，頁199。
〔註31〕張載：《西蒙》。
〔註32〕《皇極經世書》，〈觀物內篇〉之一，頁119～120。
〔註33〕《皇極經世書》，〈觀物內篇〉之一，頁121。
〔註34〕《皇極經世書》，〈觀物外篇〉上，頁324。

一陰一陽之謂道，道無聲無形不可得而見也，故假道路之道而為名，
人之有行必由乎道，一陰一陽天地之道也，物由是而生，由是而成
者也。〔註35〕

莊子：「天地與我並生，而萬物與我為一。」〔註36〕，「一物其來有一身，
一身還有一乾坤。能知萬物備於我，肯把三才別立根。天向一中分體用，人於
心上起經綸。天人焉有兩般義，道不虛行只在人。」〔註37〕邵雍的「一物一乾
坤」，天地萬物各是陰陽兼具的實體，根據《易經》的說法，他將陰陽和合稱
為「乾坤」。「不知乾，無以知性命之理。」〔註38〕道在人行，人行在道，造作
有為乃「天人合一」之義。

人心先天天弗違，人身後天奉天時、體在天地後，用起天地先、需識天人
理，這是邵雍對天地解釋，配合元、會、運、世的推衍，用心觀察天地萬物，
天地萬物的規律與道，道在我中，順此道理而行，與天地合而為一。「夫分陰
分陽分柔分剛者，天地萬物之謂也。備天地萬物者，人之謂也。」〔註39〕天地
陰陽萬物由之以生，所以，人備天地萬物而靈於萬物。

第二節 「道為太極」之源頭

邵雍以「太極」為宇宙本根，所謂「象數之學」認為宇宙中有許多根本的
象，而象是宇宙中普遍根本的存在形態，宇宙的一切都是由根本的象，互相錯
綜變化而成的。

一、萬物之靈

《中庸》第二十二章：「誠者，天之道也。誠之者，人之道也。」「唯天下
至誠，能盡其性，能盡其性，則能盡人之性，能盡人之性，則能盡物之性，能
盡物之性，則可以贊天地之化育，能贊天地之化育，則可以與天地參矣。」能
夠盡知萬物的本性，便可以贊助天地萬物之間的化育，若能贊助天地萬物之間
的化育，人就可以與天地並進為三才。

〔註35〕《皇極經世書》，〈觀物外篇〉下，頁385。
〔註36〕《莊子‧齊物論》。
〔註37〕《伊川擊壤集》卷十五，〈觀易吟〉，頁229。
〔註38〕《皇極經世書》，〈觀物外篇〉上，頁349。
〔註39〕《皇極經世書》，〈觀物內篇〉十一，頁262。

（一）贊天地之化育

圖 2-1

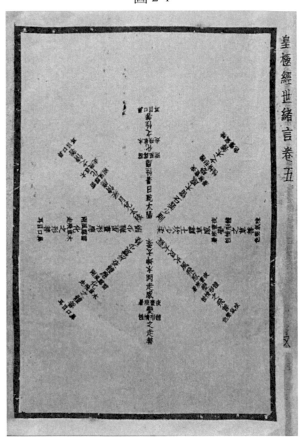

順萬物天性以盡其能，就能扶助天地化育萬物，又人可以補天地之不足，「化」是自有化無。然而，化育是妙無生有，人能代天行道、修道、悟道，使人盡其性，萬物得育，各得盡其性。

「人為萬物之靈，寄類於走。走陰也，故百二十。」「飛者食木走者食草，人皆兼之，而又實飛走也，故最貴於萬物也。」邵雍以「人為萬物之靈」的視角，萬物人道觀天地，則天地亦為萬物。

> 性情形體者，本乎天者也，走飛草木者，本乎地者也，本乎天者分陰分陽之謂也，本乎地者分柔分剛之謂也。夫分陰分陽分柔分剛者，天地萬物之謂也，備天地萬物者人之謂也。〔註40〕

蓋日月星辰猶人之有耳目口鼻，水火土石猶人之有血氣骨肉，故謂

〔註40〕《皇極經世書》，〈觀物內篇〉之十一，頁 262。

之天地之體。陰陽剛柔則猶人之精神，而所以主耳目口鼻血氣骨肉者也，故謂之天地之用。〔註41〕

邵雍「化」〔註42〕千變萬化的概念，質的變化 1＋1＝1，量的變化 1＋1＝2，說明宇宙萬物變化無窮的宇宙倫理。（圖2-1）解釋「備天地萬物者人之謂也」的內容：

「暑寒晝夜」為萬物性情形體之變，動植生命本身內在與外在的一體兩面；「風雨露雷」為萬物的走飛草木之化，生命具體實現形式。

雨化物──走，應雨而化者──走之性
風化物──飛，應風而化者──飛之性
露化物──草，應露而化者──草之性
雷化物──木，應雷而化者──木之性

「一物其來有一身，一身還有一乾坤。能知萬物備於我，肯把三才別立根。天向一中分體用，人於心上起經綸。天人焉有兩般義，道不虛行只在人。」，「道不遠于人，乾坤只在身，誰能天地外別去覓乾坤。」〔註43〕「一物一乾坤」天地萬物各是陰陽兼具的實體。

（二）「人是萬物之靈」的人觀

「何者謂之人？」曰：「目、耳、鼻、口、心、膽、脾、賑之氣全謂之人。心之靈曰神，膽之靈曰魄，脾之靈謂之魂，賑之靈曰精。心之神發乎目，則謂之視。賑之精發乎耳，則謂之聽。脾之魂發乎鼻，則謂之臭。膽之魄發乎口，則謂之言。八者具備，然後謂之人。」〔註44〕邵雍把「人」定義，為「目耳鼻口心膽脾腎」八者具備之氣動為「人」。

夫人也者，暑寒晝夜無不變，雨風露雷無不化，性情形體無不感，走飛草木無不應，所以目善萬物之色，耳善萬物之聲，鼻善萬物之氣，口善萬物之味，靈於萬物，不亦宜乎。〔註45〕

〔註41〕《皇極經世書》，〈觀物內篇〉之一，頁129。
〔註42〕《伊川擊壤集》中，邵雍「化」的詩句有三，〈思鄭州陳知默因感其化去不得一識面〉，〈傷二舍弟無疾而化二首〉之一，〈傷二舍弟無疾而化二首〉之二，「化」的概念，說明宇宙萬物變化無窮。
〔註43〕《伊川擊壤集》卷十，〈乾坤吟〉，頁172。
〔註44〕高安澤：《邵雍經世易圖觀物詩說集解》，新北市淡水區：育賢出版社，2011，頁387。
〔註45〕《皇極經世書》，〈觀物內篇〉之一，頁138。

> 人之所以能靈於萬物者，謂其目能收萬物之色，耳能收萬物之聲，鼻能收萬物之氣，口能收萬物之味。聲色氣味者，萬物之體也；耳目鼻口者，萬人之用也。體無定用，惟變是用；用無定體，惟化是體。體用交而人物之道于是乎備矣。〔註46〕

　　人和天地萬物合成一個宇宙，宇宙中的領導為天為人，人與天相合，遂有「天與人之道，一也。」人是萬物之一，雖是重要的一環，卻只不過是廣大宇宙歷程中的一部分，宇宙的運行或變化是由於「神」，神則數、數則象、象則器，整個演化歷程，依「理」而行並合乎自然的。而「與天合一」自然而然的功夫表現，人所追求不過是「贊天地之化育」。

　　「日為萬象精，人為萬物靈。萬象與萬物，由天然後生。」〔註47〕所謂「盈天地萬物者唯萬物」。邵雍認為「物」除了器物之外，將天地與人都包含在內，一切物質現象或一切事情，心中想像之境亦稱作「物」，天地是最大之物，人備有萬物又是最靈之物。「日月星辰天之明，耳目口鼻人之靈。」人為「靈於物」者，因為人能目收萬物之色，耳能收萬物之聲，鼻能收萬物之氣，口能收萬物之味，所以為萬物之物。

　　孟子「小體」是感覺之官，「大體」乃為心思之官，人的小體和禽獸相同，大體則為人超越禽獸之點。感官收物的聲色為人之用，聲色為物之體，體用相依，雖分亦合。邵雍認為體之用不是一成不變，用之體也非一成不變，物質的存在方式與人的感覺都具有變化性。因為，人的主體感覺和感覺器官的主客體，交融過程中不斷的進化和發展，得出「體用交而人物之道於是乎備矣。」之結論。

> 一氣才分，兩儀已備。圓者為天，方者為地。變化生成，動植類起。
> 人在其間，最靈最貴。〔註48〕
> 天地人物皆由道而生，人靈於物者也，靈於物故能宰萬物。〔註49〕
> 人為萬物之靈，寄類於走走陰也，故百有二十。〔註50〕

　　「人為萬物之靈」是人的感官靈於萬物，人能目收萬物之色，耳能收萬物之聲，鼻能收萬物之氣，口能收萬物之味，「聲色氣味者，萬物之體也。」以

〔註46〕《皇極經世書》，〈觀物內篇〉之一，頁139～140。
〔註47〕《伊川擊壤集》卷十一，〈偶得吟〉，頁173。
〔註48〕《伊川擊壤集》卷十七，〈觀物吟〉，頁222。
〔註49〕《皇極經世書》，〈觀物內篇〉之九，頁245。
〔註50〕《皇極經世書》，〈觀物外篇〉下，頁397。

人為主體對象的感覺描述,「耳目鼻口者,萬人之用也。」對人的感覺器官提升功能,「體無定用,惟變是用,用無定體,惟化是體」主客體功用之辨證,符合了邵雍所說:「人之類,備乎萬物之性。」〔註51〕人是靈於萬物,人性備有萬物性理與全能性的特徵,「性非體不成,體非性不生。」〔註52〕人具有萬能之性,而邵雍人學思想把「人」的地位提高了。

邵雍認為,「人是萬物之靈」的原因:

1. 人的「感官」靈於萬物,謂其目能收萬物之色,耳能收萬物之聲,鼻能收萬物之氣,口能收萬物之味。

2. 人的「心智」靈於萬物,能一心觀萬心,一身觀萬身,一物觀萬物,一世觀萬世。

3. 人的「觀物」能力靈於萬物,謂能上識天時、下盡地理,中盡物情,通照人事。聖人之所以能一萬物之情者,謂其能反觀也。

「人」雖是物然稱為「至物」,「聖」雖稱為人然稱為「至人」,至人和常人的不同,在於他擁有常人所有的一切,但他擁有的又比常人所有的更高。物、人、聖人的生命階層,人為至物,因為,「人」擁有「物」所有的一切,「人」所擁有的比「物」所有的一切更高,這是人與物的「內在關係」,至於人與物的「外在關係」是以人為靈,擁有對萬物的智識,並且能「以物觀物」。所以,人高於物性,又源於物性。

二、「道」內涵與發用

「道行之而成,物謂之而然。」路是走出來是「道」的常用義,老子:「無,名天地之始;有,名萬物之母。」〔註53〕「無」為天地形成的本始。「無之以為用」、「無名天地之始」,不能用言語文字來描述,「有」乃天地形成的根源。「天下物生於有,有生於無。」〔註54〕老子認為「有」從「無」生,「無」即是道,是「有」之本體。「有」生於「無」,窮盡一切的「有」,然後提升「無」,與數學上取極限的概念,都是追求最高的真相。「反者道之動,弱者道之用。天下萬物生於有,有生於無。」〔註55〕世間萬物依「道」循環往復地運行著,

〔註51〕《皇極經世書》,〈觀物外篇〉下,頁359。
〔註52〕《皇極經世書》,〈觀物外篇〉上,頁324。
〔註53〕《老子》第一章。
〔註54〕《老子》第四十章。
〔註55〕同上註。

然而「道」卻是千變萬化的。

（一）「道」是天地人物的共同根源

「何謂道？有天道，有人道。無為而尊者，天道也；有為而累者，人道也。主者，天道也；臣者，人道也。天道之與人道也，相去遠矣，不可不察也。」「漁父言事之不可強者，雖聖人亦不可強，此言有為無為之理，順理則無為，強則有為也。」〔註56〕「無為」是指不自私不用智，「有為」用智則不能明覺，有為與無為是不同的立場和情境，道家不全然強調無為。

「有物混成，先天地生。寂兮寥兮，獨立而不改，周行而不殆，可以為天下母。吾不知其名，強字之曰道，強為之名曰大。」〔註57〕老子認為「道」原始混沌，它是在天地產生前就已經存在的原始混沌是不依靠外力的，它是包含形成萬物的可能性。「道法自然。」〔註58〕「道常無為而無不為。」〔註59〕「道生一，一生二，二生三，三生萬物。萬物負陰而抱陽，沖氣以為和。」〔註60〕「道」生萬物，但它並不有意志和有目的的主宰萬物發展，最後，萬物回歸於道之中，它是世界之所以生成的終極原因。

（二）「道」是無形、無體與不可得見

> 一陰一陽之謂道。道無聲無形，不可得而見者也，故假道路之道為
> 名。人之有行，必由乎道。一陰一陽，天地之道也。物由是而生，
> 由是而成者也。〔註61〕

「道」具有無形無體，不可得見的特質，一陰一陽的動靜作用，判分天地與變化生成萬物。「物由是而生，由是而成者也。」這是天地之道，道本身無形象卻可經由陰陽的動靜變化，萬物生成過程了解生命的意義。

> 《易》曰：「窮理盡性，以至於命」所以謂之理者，物之裡也。所以
> 謂之性者，天之性也。所以謂之命者，處理性者也，所以能處理性
> 者，非道而何？是知，道為天地之本，天地為萬物之本。以天地觀
> 萬物，則萬物為萬物，以道觀天地，則天地亦為萬物。〔註62〕

〔註56〕《皇極經世書》，〈觀物外篇〉下，頁400。
〔註57〕《老子》第二十五章。
〔註58〕《老子》第二十五章。
〔註59〕《老子》第三十七章。
〔註60〕《老子》第四十二章。
〔註61〕《皇極經世書》，〈觀物外篇〉下，頁403。
〔註62〕《皇極經世書》，〈觀物外篇〉下，頁365～366。

「天地尚由道而生，況其人與物乎？人者，物之至靈者也，物之靈未若人之靈，物尚由道而生，又況人靈於物者乎？」邵雍認為，作為萬物之至靈的人，亦是物亦由道生，而道生天地人物，似乎是人與道的聯繫，比天的自然與道的聯繫更緊密，「道」生萬物具有某種與人相通的主觀精神。

「道無聲、無形、不可得而見者也。」，「道」作為本原和本體的特質，不能由感官來感覺它，它是超越經驗與感覺的。「夫道也者，道也，道無形，行之則見于事矣，如道路之道坦然，使千億萬年行之，人知其歸者也。」〔註63〕人可以通過行道從而在具體事物體道，人行走在道路上知道它的指向，「道」在時間上似乎永恆的存在。

《大學》：「物有本末，事有終始，則近道矣。」大自然的周期循環，歸於宇宙之間自然規律的運轉。「如知道只在人心，造化功夫自可尋，若說衣巾便為道，堯夫何者敢披襟。」〔註64〕由道返儒的性命之學，「萬物皆備於我」由己身入手，體察個人生命，自然能與天道冥合，反觀功夫，得知觀物如何的可能性。

（三）「道」是天地萬物產生的「一」

是知，道為天下之本，天地為萬物之本。以天地觀萬物，則萬物為物，以道觀天地，則天地亦為萬物。〔註65〕

道生一，一為太極；一生二，二為兩儀；二生四，四為四象；四生八，八為八卦；八卦生六十四，六十四具而後天地之數備焉。天地萬物莫不以一為本原，於一而演之以萬，窮天下之數而復歸於一。〔註66〕

老子：「道生一，一生二，二生三，三生萬物。」有無相生，不斷循環轉回。無為而不為。佛家強調一切皆空，空即色，色即空，緣起性空、從無到有，有即無。儒家主張「中庸之道」，喜怒哀樂之未發，為之中，發而皆中節，謂之和。

「天由道而生，地由道而成，物由道而形，人由道而行。「道」是天地人物的共同根源，人物出於「天」而言，對「道」而言，「天、地、人、物則異矣，其於由道，一也。」天地人物的性理皆是「一」也，所以，邵雍「道」是天地萬物產生出來的「一」。

〔註63〕《皇極經世書》，〈觀物外篇〉上，頁239。
〔註64〕《伊川擊壤集》卷十三，〈道裝吟〉之四，頁214。
〔註65〕《皇極經世書》，〈觀物內篇〉之三，頁148～149。
〔註66〕《皇極經世書》，頁107。

「道」觀念與「太極」觀念？邵雍：「道為太極」太極即是道，不變不動的道，即是「一」是變動、形而上的概念。「出入、有無、死生者，道也。」〔註67〕唐君毅認為出、有、生、動也；入、無、死，靜也，道的內容不外乎太極中的陰陽動靜，所以說：「道為太極」〔註68〕邵雍認為陰陽同為道和太極的內容，兩者異名同質。

《易傳》太極與道是有區別的，「道為天地之本，天地為萬物之本。」，此「道為太極」是邵雍將道與太極合而為一。

三、「心、道、一、氣、神」的太極觀

周敦頤《太極圖說》「萬物生生而變化無窮焉。唯人也，得其秀而最靈。」宇宙萬物衍生歷程，「物物一太極，萬物一太極。」朱熹認為，太極不是一個實體，只是抽象之理，太極不是在天地之先，「無極」和「太極」同指的是「理」，無極為太極的解釋。太極是理，理有動靜，自然之道與動靜之道來自天命；太極是理背後有天命、性命之理的不同解讀。邵雍以「太極」作為萬物的本體，「天地之心者，萬物之本也。」〔註69〕既是天地之心，又是人心，既是心法理念，又是氣之物質，既是萬物的本質，又蘊含於天地萬物中。邵雍「太極」的本質是靜止不動，透過運動「神」的變化莫測，從整體分割成為「數」的概念，性在物謂之理，一物成一物的理由，人之所以為人在於理，「生而成，成而生，易之道也。」邵雍以萬物之理為生生之理，背後蘊含「理」的性命之理。

（一）「心」為太極

> 心為太極，人心當如止水則定，定則靜，靜則明。〔註70〕
>
> 太極道之極也，太玄道之元也，太素色之本也，太一數之始也，太初事之初也，其成功一也。〔註71〕
>
> 先天學心法也，故圖皆自中起，萬化萬事，生乎心也。〔註72〕
>
> 心一而不分，則能應萬變，此君子所所以虛心而不動也。〔註73〕

〔註67〕《皇極經世書》，〈觀物外篇〉下。
〔註68〕唐君毅：《唐君毅全集》第七卷，中國哲學原論原教篇，台灣學生書局，輔仁大學圖書館，頁41。
〔註69〕《皇極經世書》〈觀物外篇〉下，頁396。
〔註70〕《皇極經世書》，〈觀物外篇〉下，頁402。
〔註71〕《皇極經世書》，〈觀物外篇〉下，頁402。
〔註72〕《皇極經世書》，〈觀物外篇〉下，頁374。
〔註73〕《皇極經世書》，〈觀物外篇〉下，頁360～361。

　　邵雍提出「心為太極」，認為人心靈明能與萬物相通，太極與心是相通的，「心」與「太極」皆是宇宙萬物的本原。「心一而不分，則能應萬變，此君子所以虛心而不動也。」人心當如止水而定，定則靜，靜則明。「太極」是無形無質不動不變的。「能循天理動者，造化在我也。」，「四象八卦具而未動，謂之太極。」，「太極既分，兩儀立矣。陽下交於陰，陰上交於陽，四象生矣。」，「觀乎天地以見聖人」是先求知天而後求易理，目的是由天而知人。

　　「有生天地之始者，太極也；有萬物之中各有始者，生之本也。」「萬物各有太極」萬物之所以存在的根據是宇宙本體論，「太極」具有宇宙本原和宇宙本體雙層意義，「心」只有與宇宙本原的意義，這是兩者的區別。「非謂由心創始天地萬物，乃謂自有人心後之天地萬物，皆隨人心而轉動，故人心遂為天地萬物之太極。」〔註74〕這是錢穆對於邵雍「心為太極」的解釋。

（二）「道」為太極

　　邵雍：「道為天地之本，天地為萬物之本。以天地觀萬物，則萬物為物，以道觀萬物，則天地亦為萬物。」邵雍認為天地萬物之轉運變化，由人心觀察而認識的。

> 天由道而生，地由道而成，物由道而形，人由道而行。天地人物則異也，其於由道則一也。
> 夫道也者，道也。道無形，行之則見之於事矣。如道路之道坦然，使千億萬年行之人知其歸者也。〔註75〕
> 以天地生萬物，則以萬物為萬物，以道生天地，則天地亦萬物也。
> 〔註76〕

　　「以道生天地。則天地亦萬物也，道為太極。」，「道為太極」如同老子主張，隱含宇宙實在「氣」，與天地法則「理」的兩種意義。

　　邵雍：「心為太極，又曰道為太極。」〔註77〕曰：「心為太極」，或曰：「道為太極」，未嘗於諸兩兩相對之象上，別出一太極〔註78〕，先天卦圖說：「一分為二，二分為四，四分為八，太極既分，兩儀立矣。」一動一靜之間，即太極

〔註74〕錢穆：《中國思想史》，台北：台灣學生書局，1995，頁181。

〔註75〕《皇極經世書》，〈觀物內篇〉之九，頁238～239。

〔註76〕《皇極經世書》，〈觀物外篇〉下，頁358。

〔註77〕《皇極經世書》〈觀物外篇〉上，頁351。

〔註78〕《唐君毅全集》第十二卷，中國哲學原論導論篇，第十三章原太極上：朱陸太極之辨與北宋理學中太極理氣思想之發展，台灣學生書局，頁440～444。

之所在。「太極者道之全體也，太極生兩儀，兩儀形之判也，兩儀生四象，四象生而後天地之道備焉。」〔註79〕太極是心與道的連繫，心、太極、道三者相通，屬同一層次的本體範疇。

「心為太極，又曰道為太極。形可分，神不可分。木結實而種之，又成是木而結是實，木非舊木也，此木之神不二也，此實生生之理也。以物喜物，以物悲物，此發而中節者。」〔註80〕按物之性理而動情，動乃中節。「萬物之中，各有始者，生之本也。」心居人之中，心為人之太極，先天學以「心」為宇宙本原的心學體系，「人居天地中，心居人之中。」彰顯人的本位，天由道而生，地由道而成，物由道而行，天地人物的差異，由「道」來推動。

（三）「一」為太極

太極，一也，不動，生二，二則神也，神生數，數生象，象生器。
〔註81〕

太一數之始也。〔註82〕

太極作為宇宙的本原，它是一，性質是不動的，一生二，太極生陰陽，變化運動的陰陽產生於靜止不動的太極，陰陽變化莫測故為神，神生數，數生象，象生器，宇宙萬物在陰陽變化的基礎產生，以太極為最後根源。

（四）「氣」為太極

一氣才分，兩儀已備；圓者為天，方者為地，變化生成，動植類起，人在其間，最靈最貴。〔註83〕

宇宙萬物，本一氣也，生則為陽，消者為陰，故二者一而已，四者二而已，八者四而已。

天以氣為主體，為次地以體為主氣，為次在天在地者亦如之〔註84〕

氣變而形化。〔註85〕

「造化在乎心」邵雍的心為太極，如同神為太極。邵雍：「若道先天無一

〔註79〕《皇極經世書》，頁 105～106。
〔註80〕《皇極經世書》，〈觀物外篇〉上，頁 351～353。
〔註81〕《皇極經世書》〈觀物外篇〉下，頁 392。
〔註82〕《皇極經世書》〈觀物外篇〉下，頁 402。
〔註83〕《伊川擊壤集》卷十七，〈觀物吟〉，頁 265。
〔註84〕《皇極經世書》，〈觀物外篇〉上，頁 359。
〔註85〕《皇極經世書》，〈觀物外篇〉上，頁 346。

事，後天方要著功夫。」傳統的天人關係之一，人是靈與貴，人獲得氣之精和氣之純，才會靈和貴，「以氣為神，唯人兼乎萬物，而為萬物之靈。」〔註86〕以此論證「氣」。

「人道觀天地，則天地亦為萬物。」理氣物理的哲學邏輯結構是形而上學的。「天以氣為主體，為次地以體為主，氣為次在天在地者亦如之。」〔註87〕，「氣」生「物」是一個不斷一分為二，朱熹肯定邵雍「一分為二」的思想，否定，他在講陰陽對立，不講陰陽統一關係。

（五）「神」為太極

氣一而已主之者乾也，神亦一而已。〔註88〕

神生數，數生象，象生器。〔註89〕

太極不動性也，發則神，神則數，數則象，象則器，器之變復歸於

神也。〔註90〕

形可分，神不可分。〔註91〕

「太極一也，不動生二，二則神也。」，「神無所在無所不在，至人與他心通者，以其本於一也，道與一神之強名也，以神為神者至言也。」〔註92〕神就是心與心的合一，神也可以稱為一或道，邵雍將此心或心之道之神的所在，即為太極所在，邵雍並不否定道或太極的客觀性，以此客觀性作為精神主體的活動，太極與心靈是密切的。

地以靜而方，天以動而圓。既正方圓體，還明動靜權。靜久必成潤，

動極遂成然。潤則水體具，然則火用全。水體以器受，火用以薪傳。

體在天地後，用起天地先。〔註93〕

邵雍之學是「以心為本」，言理推理盡天地人物之變化。張行成曰：「先天造物之初由心出，迹之學也。後天生物之後因迹求，心之學也。心虛而神，道亦虛而神，能出入於有無，死生在先天之初不為無，在後天之後不為有者，迹

〔註86〕《皇極經世書》，〈觀物外篇〉上，頁350。
〔註87〕《皇極經世書》，〈觀物外篇〉上，頁346。
〔註88〕《皇極經世書》，〈觀物外篇〉上，頁349。
〔註89〕《皇極經世書》，〈觀物外篇〉下，頁392。
〔註90〕《皇極經世書》，〈觀物外篇〉下，頁393。
〔註91〕《皇極經世書》，〈觀物外篇〉上，頁352。
〔註92〕《皇極經世書》，〈觀物外篇〉下，頁356。
〔註93〕《伊川擊壤集》卷十四，〈觀物〉，頁222。

亦不能礙本，無間斷故也。」〔註94〕「聖人了心，賢人了迹。了心無窮，了迹無極。」〔註95〕先天之學不可言傳，應以心意領會，後天之學文字可考，故有形迹可見。

「心」、「道」、「一」、「氣」、「神」是邵雍「太極」的內涵，出而有為生，入而無則死，此皆陰陽之所為，一陰一陽之謂「道」，這「道」就是世界存在的真理或模式。

第三節　「樂」哲學

引用《宋元學案上》〔註96〕之〈百源學案上〉卷九與《宋元學案上》之〈百源學案下〉卷十，說明邵雍《皇極經世書》的內容與哲學思維。

> 未見希夷真，未見希夷迹。止聞希夷名，希夷心未識。
>
> 及見希夷迹，又見希夷真。始知今與古，天下長有人。
>
> 希夷真可觀，希夷墨可傳。希夷心一片，不可得而言。〔註97〕

「何者堪名席上珍，都緣當日得師真。是知佚我無如老，惟喜放懷長似春。得志當為天下事，退居聊作水雲身。胸中一點分明處，不負高天不負人。」〔註98〕，明喻自己貫通經史諸子百家的醞釀過程，有如聚百料而成的「席上珍」食選，以「得志當為天下事，退居聊作水雲身」表達了自己平生志向。

一、談樂

「樂」在中國古代是指音樂、詠詩與歌舞，一種尚未分化的古代藝術綜合體。《說文解字》：「樂，五聲八音總名，象鼓鞞。木，虡也。」，《樂記》：「感

〔註94〕 高安澤：《邵雍經世易圖觀物詩說集解》，新北市淡水區：育賢出版社，2011，頁206。

〔註95〕 《伊川擊壤集》卷十四，〈心迹吟〉，頁221。

〔註96〕 《宋元學案上》之〈百源學案上〉卷九：本卷分述百源學案表，邵雍弟邵睦、邵雍之子伯溫，遠水講友，觀物內篇，觀物外篇、漁樵問對。《宋元學案上》之〈百源學案下〉卷十：先天卦位圖、八卦次序之圖、八卦方位之圖、六十四卦次序之圖、方圖四分四層之圖、卦氣圖、附先天圖辯、經世衍易圖、經世天地四象圖、經世卦一圖、經世既濟陽圖、經世既濟陰圖、經世聲音圖、附聲音論、康節與補、附錄、語錄。

〔註97〕 〔宋〕邵雍著，郭彧整理，《伊川擊壤集》卷十二，〈觀陳希夷先生真及墨迹〉，北京：中華書局，2013，頁188。

〔註98〕 《伊川擊壤集》卷十二，〈自述二首〉之一，頁192。

於物而動，故形於聲。聲相應，故生變。變成方，謂之音。比音而樂之，及干戚羽旄謂之樂。音下曰：宮商角徵羽，聲也。絲竹金石匏土革木，音也。樂之引伸為哀樂之樂。」鼙當作？「樂器多矣，獨像此者，鼓者春分之音。易曰：雷出地奮豫，先王以作樂崇德，是其意也。」

解說文字「樂」〔註99〕，包含禮樂、快樂、安樂及歡喜等意思，《伊川擊壤集》「樂」的出處計有34首及詩句有210條，論「悲」詩句僅有〈悲怒吟〉與〈悲喜吟〉兩首，「人言無事貴，身為無事人。」〔註100〕邵雍一生視富貴如浮雲與它無緣，最大的成就在於「樂」的哲學，闡明內在之樂與外在之樂的正誼。

（一）知樂

自我的基本特徵「知」〔註101〕即是認識自己，也認識其他的「非我」。有限者或人的知識，事物先存在，然後我們才能認識它們。

墨子非樂？「為樂非也」〔註102〕基於害民非美，利民為美，「非樂」的思想是從古代小生產極端狹隘的功利主義出發，確保實現功利之美的前提下，墨子認為音樂無用，在於它浪費錢財、不能使百姓擺脫貧窮、不能保護國家與讓人養成奢侈習慣。墨子因性有所偏，把「利」與「用」定義太狹隘了，也忽略時空背景的考量。

> 凡音者，生人心者也。樂者，通倫理者也。是故知聲而不知音者，禽獸是也；知音而不知樂者，眾庶者也；唯君子為能知樂。是故審聲以知音，審音以知樂，審樂以知政，而治道備矣。是故不知聲音者不可與言音，不知音者不可與言樂，知樂，則幾於禮矣。禮樂皆得謂之有德，德者得也。〔註103〕

《樂記·樂記》：「凡音者，生人心者也。情動於中，故形於聲，聲成文，

〔註99〕《伊川擊壤集》序，頁2。「鐘鼓，樂也；玉帛，禮也。與其嗜鐘鼓玉帛則斯言也不能無陋矣。必欲廢鐘鼓玉帛，則其如禮樂何？」，筆者對於「樂」的解讀，採用「樂」讀音ㄩㄝˋ，音樂、禮樂；「樂」讀音ㄌㄜˋ，快樂、安樂、樂（喜歡）於安樂窩中焚香、著書、飲酒、寫詩等活動，產生自得之樂。「樂」指音樂、禮樂；快樂、安樂；喜歡、歡喜的不同意涵。

〔註100〕《伊川擊壤集》卷三，〈游山二首〉之二，頁30。

〔註101〕葛慕蘭：《形上學》，台北縣新店鎮：先知出版社，1974，頁142～144。

〔註102〕墨子（約公元前480～公元前420）名翟，魯國人，主張非樂。

〔註103〕《禮記·樂記》，中國哲學書電子化計劃，https://ctext.org/liji/yue-ji/，（下載日期：2021/12/20）。

為之音。」音樂的本質源自人的內心深處，內心受外在因素所影響形成「聲」，聲相互呼應產生變化，將變化成一定格調轉成「音」，比照聲歌之音並配合樂器、伴跳舞時用具，遂產生了「樂」，受外物引介形成「聲」、「音」、「樂」的三個階段。

　　「聲音唱和」即是《四象天地之數圖》，正聲，平上去入、開發收閉，日月星辰、水火土石，它包含一聲至十聲，一音至十二音。宋張行成：「以聲音各十六等推萬物之數。元會運世者，氣之數，故以推天地；律呂者，聲之數，故以推萬物。二者一理而已。」，「邵康節的聲韻論」〔註104〕分載《皇極經世》第七、八、九與第十卷，計有四卷，每卷四篇計為十六篇。「故樂也者，動於內者也；禮也者，動於外者也。」個人到達內在精神飽滿，外在形貌恭順有禮，自然個人修養與人格得以完整發展。邵雍音韻出自其父邵古，朱子謂樂出虛，乃邵子心法，非至靜工夫不能得。周敦頤《樂上》章：「故樂聲淡而不傷，和而不淫。入其耳，感其心，莫不淡且和焉。」他認為淡的目的是為了和，和的前提必須是淡，「淡」與「和」兩者互為表裡。

　　音樂是人心的直接表現。音韻與「樂」，音韻乃推萬物之理、萬物之數。邵雍《經世聲音圖》化「聲音唱和」為數，將自然語言轉化為一種象數語言傳達信息，正音同文以端正人事，以達禮樂作用。「鐘鼓，樂也；玉帛，禮也。與其嗜鐘鼓玉帛，則斯言也不能無陋矣。必欲廢鐘鼓玉帛，則其如禮樂何？人謂風雅之道行於古而不行於今，殆非通論，牽於一身而為言者也。」〔註105〕，鐘鼓是樂的形式，玉帛是禮的形式，兩種禮樂形式不能完全廢除，不能泥古，而是要用變通的美育形式，體現禮樂精神透過教化來治理國家。

　　總言之，邵雍「知」樂而行，「樂」做為音樂時，詩歌是聲音藝術的表現，它的美刺與風雅之道，在現世仍然可以運用。「樂」做為禮樂制度時，人是否具有志向，自明不在廟堂、不在其位、「志士在畎畝」的心態，通過寫詩來宣揚勸惡明善的教化功能。

（二）萬物自得

　　「《擊壤集》，伊川翁自樂之詩也。非唯自樂，又能樂時，與萬物之自得

〔註104〕陳郁夫：《邵康節學記》，台北：天華出版事業股份有限公司，1979，頁 117
　　　　～147。張行成《皇極經世觀物外篇衍義》卷八，文淵閣四庫全書本。「邵康
　　　　節的聲韻論」，分載《皇極經世》第七、八、九與第十卷，計有四卷，每卷四
　　　　篇計為十六篇。
〔註105〕《伊川擊壤集》序，頁 2。

也。」〔註106〕「自樂之詩」無謂權貴、聲譽，只為追求真正快樂。樂己和樂時，依托外物的自然四時有序的美感經驗，自樂、樂時，萬物自得是詩歌的作用，也是邵雍對於「樂」的主張，由「以物觀物」的審美方法，獲得「其見至廣，其聞至遠，其論至高，其樂至大。」的審美愉悅。

> 吾常好樂樂，所樂無害義。樂天四時好，樂地百物備。樂人有美行，樂己能樂事。此數樂之外，更樂微微醉。〔註107〕

> 安樂窩中快活人，閑來四物幸相親。一編詩逸收花月，一部書嚴驚鬼神。一炷香清冲宇泰，一罇酒美湛天真。太平自慶何多也，唯願君王壽萬春〔註108〕

「樂天四時好、樂地百物備」擁有自然之樂，「樂人有美行、樂己能樂事」的人事之樂，邵雍居住洛陽，「夏居安樂窩，冬居云溪洞」享有居所之樂。成天與著書、飲酒、焚香、吟詩等四物相親。一編詩指《擊壤集》，一部書指《皇集經世》，一詩一書凝結成邵雍平生的思想感情，著書、飲酒、焚香、吟詩為其歡喜的「自樂」活動，樂不可支，「不佞禪伯，不諛方士。不出戶庭，直際天地，三軍莫凌，萬鐘莫致。為快活人，六十五歲。」〔註109〕邵雍自稱快活人。

> 日月星辰天之明，耳目口鼻人之靈。
> 皇王帝伯由之生，天意不遠人之情。
> 飛走草木類既別，士農工商品自成。
> 安得歲豐時長平，樂與萬物同其榮。〔註110〕

邵雍樂的本質是「心閒」，「尋樂」的形式是自樂、樂時與萬物自得，「懷其時則謂之志，感其物則為之情，發其志則為之言，揚其情則謂之聲，言成章則謂之詩，聲成文則謂之音。」以詩歌形成過程來呈現人有七情六慾的「七情」之樂。「歲時耕稼，僅給衣食」生活的自然自在，「月到天心處，風來水面時。一般清意味，料得少人知。」〔註111〕蘊含自然大美的暢神，清雅之趣顯少人能領悟，詩態也呈現了生命愉悅。

〔註106〕 《伊川擊壤集》序，頁1。
〔註107〕 《伊川擊壤集》卷九，〈樂樂吟〉，頁129。
〔註108〕 《伊川擊壤集》卷九，〈安樂窩中四長吟〉，頁133。
〔註109〕 《伊川擊壤集》卷十，〈安樂吟〉，頁225。
〔註110〕 《伊川擊壤集》卷十，〈樂物吟〉，頁150。「伯」讀音霸。
〔註111〕 《伊川擊壤集》卷十二，〈清夜吟〉，頁180。

邵雍對於「樂」的認知作用，「心」感受到無樂、有樂、真樂的不同形式，「以我觀物」主觀性的感性情感經驗，「自樂」容易讓自己陷入「溺於情好」與「傷性害命」的困境，「自得」之樂不僅存在心性之間，經過某種體驗所獲得的心理感受。「樂」的理性認知，萬物自得之樂，提升與萬物同其榮的審美理性，自然本性與萬物合為一體的道是「物我同一」的境界。

（三）「樂」的層次

蘇軾：「心閒手自適」表現平和淡遠、超然脫俗，周敦頤重視「淡」、「和」，主靜審美心胸。「平生不做皺眉事，天下應無切齒人，斷送落花安用語，添裝舊物豈須春。」邵雍自稱「居落陽三十年，未嘗皺過眉頭」，內心存有「樂」的念力，外貌呈現「閒」〔註112〕脫離世俗的憂慮和慾念的心境。

> 祇恐身閒心未閑，心閒何必住雲山。果然得手情性上，更肯白頭利害間。動止未嘗防忌諱，語言何復著機關。不圖為樂至于此，天馬無蹤自往還〔註113〕。

> 閒人亦也有官守，官守一身四事有。一事承曉露看花，一事迎晚風觀柳。一事對皓月迎詩，一事留佳賓飲酒。從事于茲二十年，欲求同列誰能否〔註114〕

《論語・子張》：「大德不踰閑，小德出入可也。」《書經・畢命》：「雖收放心，閑之惟艱。」，「天下之事皆以道致之，則休戚不能至矣。」有精游藝，予嘗觀奕棋。……樂極則悲至，恩交則害携。事無可奈何，舉目誰與比。」邵雍提出「心為太極」，人心當如止水則定，定則靜，靜則明，「心靜虛明」心靜與心閒，長短、停滯期間樂在其中，又樂在不知其樂的不同狀態，卻擁有安樂窩的快樂十年時光。

「予自壯歲發于儒術，謂入世之樂何嘗有萬之一二，而名教之樂固有萬萬焉，況觀物之樂復有萬萬者焉。」〔註115〕名教之樂固有萬萬焉，況觀物之樂，物各付物，後有萬萬者焉，觀物之理。「人世之樂」屬於功利界眾俗之樂，「名教之樂」屬於道德界，君子居仁由義享有人倫之樂，「觀物之樂」屬於宇宙界，進入物我合一的境界，三個樂的不同漸進層次。

〔註112〕 「閒」與「閑」釋義，「閒」是審美主體對審美過程的心理狀態。
〔註113〕 《伊川擊壤集》卷十八，〈思山吟〉，頁291。
〔註114〕 《伊川擊壤集》卷之九，〈林下局事吟〉，頁120。
〔註115〕 《伊川擊壤集》序，頁2。

　　邵雍認為，「入世之樂」是人的自然性，萬不得一二，為學首重擺脫名韁利鎖，進而享有「名教之樂」是道德人格之樂，萬倍於入世之樂。「物理人情自可明，何嘗感感向生平。卷舒在我有成算，用捨隨時無定名。滿目雲山俱是樂，一毫榮名不須驚。侯門見說深如海，三十年來掉臂行。」〔註116〕卷舒在我有成算，滿目雲山俱是樂，不僅在道德界而是已進入宇宙界。

　　邵雍取「觀物之樂」以求真（美），北宋五子其他四人，則取「名教之樂」以求善。「雖生死榮辱轉戰於前，曾未入于胸中，則何異四時風花雪月一過乎眼也。誠能以物觀物，而兩不相傷者焉。蓋其間情累都忘，去爾所未忘者，獨有詩在焉。」〔註117〕若以「以物觀物」可得人間至樂，即是天理之樂。「天下言讀書者不少，能讀書者少。若得天理真樂，何書不可讀？何堅不可破？何理不可精？」，「得天理者，不獨潤身，亦能潤心。不獨潤心，至于性命亦潤。」，「能循天理動者，造化在我也。」，「天下之事皆以道致之，則休戚不能至矣。」〔註118〕邵雍認為「以物觀物」可以得到人間的至樂。

二、觀「心」體「樂」

　　許慎《說文解字》：「觀，諦視也」；「諦，審也。」，「觀」是主動地觀察活動，詩歌欣賞是一種觀其所由的認識活動，「觀樂」具有認識功能、藝術評鑑與道德反省，尤以藝術對民俗、風俗的改良作用。

　　彖辭：「大觀在上，順而巽，中正以觀天下。觀，盥而不薦，有孚顒若。下觀而化也。觀天下之神道而四時不忒，聖人以神道設教而天下服矣。」，朱子：「觀者有以中正示人而為所仰也。」，聖人觀察四時的自然變化，下觀其上，順其自然而大化流行，聖人依照上天的神性律，建立在良心律和道德律而教化人民，天下人心自然會歸順信服的。

（一）觀水對話

　　子貢問曰：「君子見大水必觀焉，何也？」

　　孔子曰：「夫水者，君子比德焉。遍予而無私，似德；所及者生，似仁；其流卑下句倨，皆循其理，似義；淺者流行，深者不測，似智；其赴百仞之谷不疑，似勇；綿弱而微達，似察；受惡而不讓，似包

<hr>

〔註116〕　《伊川擊壤集》卷三，〈龍門道中作〉，頁30。
〔註117〕　《伊川擊壤集》序，頁2。
〔註118〕　《皇極經世書》，〈觀物外篇下〉，頁365～367。

蒙；不清以入，鮮潔以出，似善化；至量必平，似正；盈不求概，似度；其萬折必東，似意。是以君子見大水觀焉爾也。」

孔子觀於東流之水，子貢問曰：「君子所見大水必觀焉，何也？」

孔子對曰：「以其不息，且徧與諸生而不為也。夫水有似乎德，其流也，則卑下倨拘必循其理，此似義；浩浩乎無屈盡之期，此似道，流行赴百仞之谿而不懼，此似勇；至量必平之，此似法；盛而不求概，此似正；綽約微達，此似察；發源必東，此似志；以出以入，萬物就此化絜，此似善化也。水之德有若此，是故君子見必觀焉。」〔註119〕

孔子曰：「夫水者，君子比德焉。」，細察水的流動，相映水具有「德、義、道、勇、法、正、察、善、志」的九種德性，君子遇水必觀，它是立身處世的學習楷模。

孔子觀察何以水一定東流出口，水德各個角度滋養生命且默默奉獻，「逝者如斯夫，不舍晝夜。」感嘆生命的流失與短暫。老子：「上善若水，水善利萬物而不爭。處眾人之所惡，故幾於道。」水性柔順、滋養萬物、水流向下、低卑自處等特性，象徵人的美德。

（二）魚樂之辯

莊子與惠子游於濠梁之上，莊子曰：「鰷魚出游從容，是魚之樂也。」

惠子曰：「子非魚，安知魚之樂？」莊子曰：「子非我，安知我不知魚之樂？

惠子曰：「我非子，固不知子矣；子固非魚也，子之不知魚之樂，全矣。

莊子曰：「請循其本。子曰：『女安知魚樂』云者，既已知吾知之而問我，我知之濠上也。」〔註120〕

莊子觀賞「魚之樂」，惠子帶著懷疑眼光：「子非魚，安知魚之樂？」，莊子：「我從漾水出游從容知道魚的快樂」，惠子：「我不是你，當然不知道你，但是，你不是魚，你也不會知道魚，更不會知道魚的快樂。」莊子與惠子魚樂之辯的對話，初觀，這是人與魚的關係，莊子由鰷魚從容出游樣子，判斷魚是快樂的，惠子認為莊子不是魚怎知它是快樂呢？這是，觀者對於魚認知的不

〔註119〕《孔子家語・三恕》，參考：中國哲學書電子化計畫，https://ctext.org/pre-qin-and-han。

〔註120〕《莊子・秋水》篇。

同。再觀，人與人的關係，人的立場的不同，莊子不能體驗魚，因為不是魚的原故，體驗魚是惠子之樂，不能體驗惠子，因為不是惠子。

魚樂之辯的對話，惠子可能基於「如人飲水，冷暖自知」個人體驗是無法回應與表達，莊子從鰷魚出游審美感知，判斷魚是快樂的，這是莊子與惠子感官認知與個人體驗立場的不同罷了。因為，審美經驗是一種觀看和傾聽內心，從中獲得極其愉悅的經驗。

（三）川上觀魚

「夫所以謂之觀物者，非以目觀之也，非觀之以目而觀之以心，非觀之以心而觀之以理也。」〔註121〕邵雍認為觀物者，「目觀」見物之形、「心觀」看到物之情、「理觀」盡物之性，不同觀物層級。

「自下觀上，無限富貴。自上觀下，無限賤貧。自心觀物，何物能一。自物觀心，何心不均。」〔註122〕「觀物」有所觀之觀，萬物道之為物，「觀無」無所觀之觀，存在本身、無物、無、愛的情感。「以身觀萬物，萬物理非遙。」〔註123〕自心觀物是以心觀物，這心具有同一的主觀性，自物觀心是以物觀物，以物的本性觀物，只要不被物移，心當然有不均的客觀性。

> 天氣冷涵秋，川長魚正遊。雖知能避網，獨恐誤吞鉤。
> 已絕登門望，曾無點額憂。因思濠上樂，曠達是莊周。〔註124〕
> 莊子與惠子游於濠梁之上，莊子曰：鰷魚出遊從容是魚樂也，此盡
> 己之性，能盡物之性也，非魚則然天下之物皆然，若莊子者可謂善
> 通物矣。〔註125〕

邵雍以魚的悠游自在，表明自己不在乎登門，魚未躍龍門時，必須點額而還，比喻仕途失意，落地而歸。

邵雍「知」樂而行，自樂、樂時與萬物自得是「尋樂」方式，觀物的層次，觀之以心，觀之以目的感官知覺，「觀魚」的審美活動，基於藝術心態的觀照，觀者與被觀者（人魚）的立場與情境不同，孔子觀水、魚樂之辯、川上觀魚的不同審美經驗。

〔註121〕《皇極經世書》，〈觀物內篇〉之十二，頁275。
〔註122〕《伊川擊壤集》卷十六，〈上下吟〉，頁256。
〔註123〕《伊川擊壤集》卷九，〈和聞來〉，頁126。
〔註124〕《伊川擊壤集》卷四，〈川上觀魚〉，頁54。
〔註125〕《皇極經世書》，〈觀物外篇下〉，頁397。

　　心對於樂的認識，知樂、尋樂與觀心體樂的審美經驗，自成邵雍樂的體系，得知，邵雍之樂的日常體驗源於生活，塑造真樂攻心的生活情境。

三、「樂」範疇

（一）審美向度

　　邵雍「天數五，地數五，合而為十，數之全也。」〔註126〕，「數」的概念、理學美學的本體論與境界論為基石，「樂」作為審美核心，分別就生命的時間、空間、與物不同形式作為審美對象，產生四個審美向度：（1）樂與審美生、心理的感官認知，七情、五官、五行、五音，形成「身心合一」的身體觀。（2）樂與物理形成「萬物合一」物理觀。（3）樂與審美形成「天人合一」的審美觀。（4）樂與文化形成「獨樂與眾樂」文化觀。本文企圖將邵雍「樂」的哲學，由局部調整充實為「樂」的審美範疇。

圖 2-2：邵雍「樂」的審美範疇

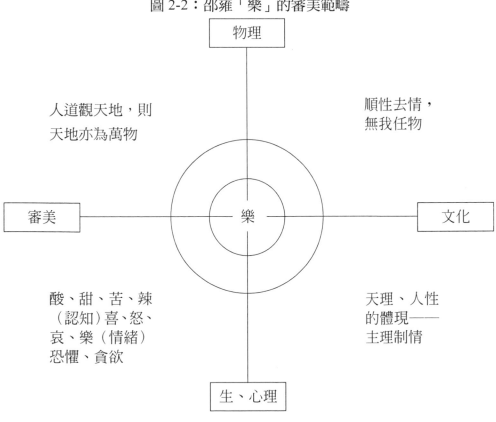

〔註126〕《皇極經世書》，〈觀物外篇〉上，頁285。

本文「樂」的審美範疇，就是把「多樣性」化為四個審美向度；化約並非整體觀點，僅僅是單向的化約，就是把「多」變成「一」，把一些原本複雜的事情，簡化為簡單的概念，把一切化約為物質之後，很難再用物質來解釋一切。引用化約概念，不同於哲學找到「一」之後，再有一個還原步驟，重新用「一」來解釋「多」，用「樂」的部分哲學概念，獲得「樂」整體審美。

1.「萬物合一」物理觀

「性」在物謂之「理」，一物成一物的理由，人之所以為人在於理。「理」兼具真、善，理與情統一不是外在的統一。「理」包含物理，但重要和根本的卻是「倫理」，若物理的展現有礙倫理的表現，主張超越物理的展現，求得倫理的展現，「人道觀天地，則天地亦為萬物。」理氣物理的哲學邏輯結構是形而上學的。

孔子：「思無邪」，「發乎情，止乎禮義。」禮樂並重，《毛詩序》《中庸》：「天命之謂性。」，「誠者，天之道也。誠之者，人之道也。」莊子：「天地與我並生，萬物與我為一。」，「乘天地之正，而御元氣之辯，以遊無窮。」，「乘雲氣，御飛龍，而遊乎四海之外。」孟子：「盡心知性，則知天。」「人心」既兼天性即物理，故只要盡人心，即可盡天性，盡物理「天人合一」。荀子：「故人心譬如槃水，正錯而勿動，則湛濁在下，而清明在上，則足以見鬚眉兒察理。」〔註 127〕人的自由行為，由理智的知識指導意志，意志決定行止，發動內外行為官能以成行為。

邵雍從宇宙物理世界的消息盈虛變化，推論出人世的盛衰興亡，即是「皇極經世」的歷史觀。邵雍：「天開於子，地闢於丑，人生於寅。」，「在物謂之理」〔註 128〕，「意亦心所至，言須耳所聞。誰云天地外，別有好乾坤。道不遠于人，乾坤只在身，誰能天地外別去覓乾坤。」〔註 129〕，「天地之道，萬物之理也。」〔註 130〕

> 物理窺開後，人情照破時。一身都是我，瘦了又還肥。
>
> 物理窺開後，人情照破時。能將函谷塞，只用一丸泥。
>
> 物理窺開後，人情照破時。能將一箇字，善解百年迷。

〔註 127〕《荀子解蔽》。

〔註 128〕唐君毅：《唐君毅全集》第十二卷，中國哲學原論導論篇，台灣學生書局，輔仁大學圖書館書，頁 70。

〔註 129〕《伊川擊壤集》卷之十七，〈乾坤吟〉，頁 280。

〔註 130〕《皇極經世書》，〈觀物內篇〉之一，頁 135。

物理窺開後，人情照破時。情中明事體，理外見天機。

物理窺開後，人情照破休。止堪初看望，不可久延留。

物理窺開後，人情照破時。欲知花爛漫，便是葉離披。〔註131〕

窺開物理照破人情，以明事體得以見天機，邵雍「天人之學」在於照破人情時，不為其所蒙蔽，方能窺開物理以見天機。「天地與我並生，萬物與我為一。」〔註132〕，這種與時空萬物合而為一的經驗，它是個體「小我」融入萬物「大我」的精神體驗。

「人而無學，則不能燭理；不能燭理，則固執而不通。」人若不學習，就不能明白事理，不明白事理，就會固執而不知變通。「物理之學，或有不通，不可以強通。強通則有我，有我則失理而入于術。」〔註133〕邵雍強調物理不能夠強通，所謂「強通」加進了我的主觀臆斷，並不符合物之「理」而流於「術」，儒家學者不齒「術」的不入流手段，追求的是「理」而非「術」，邵雍同儒家學者一樣，具有儒者的本質，對於「術」是君子所不齒，應是「天下之數出於理，違乎理則入于術。」

2.「身心合一」身體觀

邵雍：「所以謂之性者，天之性也，所以謂命者，處理性者也。所以能處理性者，非道而何」。人性受天道、太極所決定，以天命為主宰。身物心性的主從關係上，以性為體，以心為用。「宇宙在乎手，萬物在乎身。綿綿而若存，用之豈有勤。」〔註134〕「人身」是實現天人相與的憑藉，論證人能把握天機。「性者，道之形體，心者，性之郛廓，身者，心之區宇」。性為宇宙精神真理之外形，身心為性之無形範疇與活動作用。

意識（Conscientious）同西方語言良心或良知相同名字，但非指良心而是另一種知識。意識指的是就是對自己內心事態的一種認識。審美意識是人對現實生活中具有審美價值的客體對象能動的反映，還須作為「人」為審美主體，對美感〔註135〕的感受，審美感受是審美意識的基礎，也是構成審美意識的核

〔註131〕《伊川擊壤集》卷之十九，〈窺開吟〉，頁306～307。

〔註132〕《莊子·齊物》。

〔註133〕《皇極經世書》，《觀物外篇》下，頁360。

〔註134〕《伊川擊壤集》卷十六，〈宇宙吟〉，頁259。

〔註135〕《美學與藝術鑒賞》頁52。

　　美感有廣義與狹義之分，廣義美感是指審美意識，包含審美理想、審美觀念、審美趣味、審美判斷與審美感受等，及各種的表現形態。狹義美感則只

心。萬物受性於天而名為其性,「有我」是人情偏愛之私。宋人「集體無意識」
〔註136〕而「意識」是儒、釋、道三教的調和與合一。邵雍:「興來如宿構,未
使用雕鐫。」物對於心的自然感受,心對於物的自然契合。

《毛詩序》《中庸》第一章:「喜怒哀樂之未發謂之中,發而皆中節謂之
和。」喜怒哀樂是人心的感觸情緒的表達,感觸是一種情,情未發時沒有情,
人心也沒有動,稱為「中」;邵雍:「人得中和之氣則剛柔均,陽多則偏剛,陰
多則偏柔」。「唯天有二氣,一陰而一陽。陰差產蛇蝎,陽和生鸞鳳。安得蛇蝎
死,不為人之殃。安得鳳凰生,長為國之祥。」〔註137〕「以物喜物,以物悲
物,此發而中節者也」〔註138〕心理之用要虛心不動,還要發而中節。「不我物
則能物物」,在物我之間,不因物而喜悲,必可中節。「心一而不分,則能應萬
變,此君子所以虛心不動也。」心一不分與虛心不動,即為全心全性,即是孟
子所謂的「不動心」。

感覺是感官的動作,感覺對於自然美與藝術美的認識是必要的,老子:「五
色令人目盲,五聲令人耳聾,五味令人口爽,馳騁畋獵令人心發狂,難得之貨
令人行妨,是以聖人為腹不為目,故去比取此。」〔註139〕審美五官包含眼、
耳、鼻、舌、身,五音,五行,五氣:水、火、木、金、土,老子所說棄聖絕
智,無為而自然,反對人造制度,不談仁義禮樂。張彥遠:「意在五色,則物
象乖矣。夫畫物,特忌形貌采章歷歷俱足,甚謹甚細,而外露巧密。」創造本
體發於天然,述作為客體。天與天之四象為五,地與地之四象為五,與耳目口
鼻為五,身與髓血骨肉為五。「酸甜苦辣」是感官知覺的認知,「愛恨情仇」是
對性情、情緒的感受。

對美事物的感受,即審美主體對客觀存在的某一審美對象所產生的具體感
受,它是一種感知、想像、情感、理解等多重心理因素所構成的複雜心理現
象。

〔註136〕楊瑩,〈以黃庭堅為例淺論宋詩對唐詩的模仿與創新〉,寧波大學人文與傳媒
學院,2019 年 10 月第 5 期,楊瑩發表學報一文認為,宋人具有普遍的無意
識,推崇唐詩並且持肯定態度,宋人對於唐詩的模仿與創新的角度,呈現的
一種藝術規律的概念。筆者對於宋人「集體無意識」觀點,以榮格心理學上
無意識的原型理論為基礎,指出人類集體無意識是一種原型,當此原型理論
應用到神化或詩歌時,看出神話中的英雄崇拜原型,是人類集體無意識的心
理活動,對應於詩歌中也可看到相同心理。

〔註137〕《伊川擊壤集》卷七,〈唯天有二氣〉,頁 99。

〔註138〕《皇極經世書》,〈觀物外篇〉下,頁 353。

〔註139〕《老子》第十二章。

「人多求洗身，殊不求洗心。洗身去塵垢，洗心去邪淫。塵垢用水洗，邪淫非能淋。必欲去心垢，須談無弦琴。」〔註140〕邵雍要求身心健康，必先洗心，因為物而不能任我，淨心而不可用情，內重外輕，始能保健。邵雍主張「乘氣養性」，由樂天知命而養心，因養性而性全、養神而神全。

邵雍自述的「胸中一點分明處，不負高天不負人。」〔註141〕，「握固如嬰兒，作氣如壯士。二者非自然，皆出不容易。心為身之主，志者氣之帥。沉珠于深淵，養自己天地。」〔註142〕，「買石尚饒雲，買山當從水。雲可致無心，水能為鑑止，性以無心明，情由鑑止已。二者不可失，出彼而入此」〔註143〕正心使人良心正確，還要使意志按照良心去做便是誠意了，「天學修心，人學修身。身安心樂，乃見天人。天之與人，相去不遠，不知者多，知之者鮮。身主於人，心主於天，心既不樂，身何由安。」〔註144〕邵雍認為，人心先天，人身後天，心與身分立，天人相去不遠，「天人合一」的傳統確立，這是心學的觀點，也是理學的基礎。

所以，審美生理「形體身用」為身之樂。審美心理「性體心用」為心之樂。「養心養性」是「身心合一」的身心之樂。

3.「天人合一」審美觀

「天亦有喜怒之氣，哀樂之心，與人相副。以類合之，天人一也。」《春秋繁露·陰陽義》，「儒者則因明致誠，因誠致明；故天人合一，治學可以成聖，得天未始遺人。」《正蒙·乾稱》

「天人合一」〔註145〕的意義，以天為最高實體，只有儒家和天主教，「天人合一」的「天」不作為，它絕對實體的至上神明，而是作為生命的終極目標。「天人合一」的意義，就是人有至善終極目標的人生，然而人命的目標是要返歸自己的根源。

儒家的「天」即道是自然規律，儒家「天人合一」是天人合其德，是心靈精神生活，人的精神同天地的精神相和，人心和於天地之心，因是合於造物者

〔註140〕《伊川擊壤集》卷十八，〈洗心吟〉，頁291。
〔註141〕《伊川擊壤集》卷十二，〈自述二首〉，頁192。
〔註142〕《伊川擊壤集》卷十九，〈攝生吟〉，頁320。
〔註143〕《伊川擊壤集》卷四，〈重遊洛川〉，頁320。
〔註144〕《伊川擊壤集》卷十八，〈天人吟〉，頁286。
〔註145〕羅光：《中西天人合一論》，台北縣新莊市：輔仁大學出版社，2001，頁113～127。

上天的心，於是人心歸根，天人合德為倫理方面的結合，人心同天心在好生之德相結合。道家的「天」即命是人性來源，道家的「天人合一」為人的元氣通於天地的元氣而為一，回歸自己的根源，人的生命和天地相合，並將與天地長終，天行有常主張任天無為。

佛家的「天人合一」為見性成佛，宇宙一切都是空、假，我自己也是假，乃是假我之所成。人的假我溶化在佛內，人就是佛，即入涅槃，入了涅槃，乃有常樂我淨，永久常在。天主教的「天人合一」為人的生命融會天主的生命，人心和天主的心相印，融會天主的生活中，度基督生活，心常歸於天主。在超性界，天主以自己的德能使人分享祂本體的生命，這是天主的奧妙，人可以享受但非語言可以解釋的。精神性的人，觀賞天主本性的真善美為生活為幸福，本體沒有和天主本體相合，人還是人，天主還是天主，在生活的能力中相結合，人活在天主的生活永遠幸福。

「天人合一」指個體身心（人）之融會合一於超越個體之對象（天）。邵雍以四數為體，天有四時，聖人有四經（禮與樂在其中），以天之際會而闡明「天人合一」之道，天人合一揭示人與自然的關係。「天聽寂無音，蒼蒼何處尋，非高亦非遠，都只在人心。」〔註146〕，「人心」兼具天性與物理，只要盡人心就可盡天性盡物理，達到「天人合一」的境界聖人以「誠」修德成聖之道，聖人「天人合一」之道，主張身心雙修才能至和諧安樂之道。

總言之，「天人合一」物人天的統一，物我情理的統一，道、太極、理、一，「萬物合一」窺知物理，物理推性命，使人心的意念，恢復其本然狀態與「道」合一。

4.「獨樂」與「眾樂」文化觀

《周易・賁・彖傳》：「觀乎人文，以化成天下。」以既有文化來感化天下，形成一個化成的傳統。「唯上智與下愚不移」〔註147〕孔子所說「不移」是指「習相遠也」的變移。只有上智與下愚的兩種人不受習慣所影響，因為上智的人對善惡習性非常清楚，下愚的人對善惡習性不知如何分辨，這兩種人，完全按照自己的喜好去做事，不受他人的影響。老莊主張反璞歸真，放浪行駭，追求真人的至樂。

〔註146〕《伊川擊壤集》卷十二，〈天聽吟〉，頁184。
〔註147〕《論語・陽貨》。

　　儒家：「誠」至「善」，道家：「虛」至「真」儒、道審美文化的獨樂與共
樂。孟子：「獨樂樂，與人樂樂，孰樂？曰：不若與眾。……今王與百姓同
樂，則王矣。」〔註148〕與民同樂，可以稱王天下的道理，仁道為美的美學
觀。

　　「樂」和審美文化滋生「獨樂」與「眾樂」。劉向《說苑・修文》：「韶樂
方作，孔子至彼，聞韶三月不知肉味。故樂非獨以自樂也，又以樂人；非獨以
自正也，又以正人矣哉！於此樂者，不圖為樂至於此。」悅樂修德，自樂到眾
樂，「與民偕樂，故能樂也。」〔註149〕孟子認為與老百姓一起快樂才是真正的
快樂，仁義道德為美的審美愉悅性。《莊子・至樂》：「吾以無為誠樂也。」莊
子強調獨樂，清靜無為之道為美。「眾人之所樂，所樂為囂塵。吾友之所樂，
所樂唯清芬。」、「不能買茲樂，自餘惡足論。」〔註150〕邵雍強調眾人之樂屬
於塵囂世俗之樂，朋有之樂是清芬脫俗之樂，自樂、獨樂、眾樂皆可接受，可
見，邵雍真樂在心與無處不樂的性情之人。

　　筆者認為，邵雍對於「樂」的詮釋：第一層：知樂（音樂、禮樂），鐘鼓
代表樂、玉帛是禮的形式，主張禮樂相約及美育教化。第二層：尋樂，樂（喜
愛）於著書、飲酒、焚香、吟詩等活動，產生自樂與自得之樂。第三層：快樂，
消極快樂避免痛苦，積極快樂當快活人，第四層：安樂，「若聖與仁雖不敢，
樂天知命又何疑。」順應安身立命之道。樂的四層意涵與結構，自成邵雍樂的
體系。

（二）邵雍生命「樂」與「悲」的審美現象

　　伊川《河南程氏外書》：「邵堯夫在急流中，被渠安然取十年快樂。」邵雍
「樂」的背景在他所處北宋的國泰民安時期，享有安樂窩十年生活安定無慮。
邵雍52歲所寫《天津感事二十六首》〔註151〕平生交友生活內容，分述樂與悲
的不同氛圍。

　　筆者彙整《伊川擊壤集》的詩句，談「樂」論「悲」開始，以「樂」喻「悲」
及「樂」與「悲」的昇華，「樂」與「悲」在邵雍生命審美現象，藉生命力的
運轉，闡明他生命的不同境遇。

〔註148〕《孟子・梁惠王下》。
〔註149〕《孟子・梁惠王上》。
〔註150〕《伊川擊壤集》卷八，〈履道會飲〉，頁111。
〔註151〕《伊川擊壤集》卷四，〈天津感事二十六首〉，頁48～51。

1. 談「樂」論「悲」

「有物輕醇號太和，半醺中最得春多。靈丹換骨還如否，白日升天得似磨。儘快意時仍起舞，到忘言處只謳歌。賓朋莫怪無拘檢，真樂攻心不奈何。」詩句表達對「樂」的初始認知，以心作為認識根源，邵雍「真樂」到「攻心」的程度，「形跡雖拘檢，世事澹無心」〔註152〕無須拘束檢點，達到「無所不言，無言不是道」詩歌的悟道境界。

「對比」〔註153〕是指許多現實物或潛能在一個攝受中的綜合狀態。各現實物或永恆對象相互都是不相同但又相關，因此，在一次綜合中所表現的差異又統一的狀態，懷德海稱為「對比」。雜多之所以成為雜多，是因諸多堆積的現實物缺乏對比的狀態。例如，哀樂的情緒、意向、厭惡、意識等主觀形式，也能配合主觀目的之時，在差異中趨於統一，形成對比達到主觀的和諧。

「得自苦時終入苦，來從哀處卒歸哀。既非哀樂中間得，此樂直從天外來。」〔註154〕「樂來畢之，哀又繼之。」所為安化，即是內化而外不化，不為哀樂情之所局限。邵雍：「雖曰吟詠情性，曾何累與性情哉。」沒有喜怒哀樂之情，僅有道德性命之性，偏執與矛盾於「身之休戚，發於喜怒；時之否泰，發於愛惡。」壓抑七情之樂，喜怒哀樂自然情感的流露與體驗，邵雍對於樂與悲的情感經驗，樂與悲形成對比，對比以增益方式存在，所以，「邵雍之悲」乃知「邵雍之樂」。

邵雍：「雖曰吟詠情性，曾何累與性情哉。」沒有喜怒哀樂之情，僅有道德性命之性，偏執與矛盾集中於「身之休戚，發於喜怒；時之否泰，發於愛惡。」，壓抑喜怒哀樂自然情感的流露與體驗，「邵雍之悲」是知「邵雍之樂」。

〔註152〕〔唐〕韋應物〈南園陪王卿遊矚〉，教育部重編國語辭典修訂本。拘檢，拘束檢點。

〔註153〕東海大學哲研所，主編：《中國哲學與懷德海》，台北：東大圖書股份有限公司，1989。

沈清松：對比、懷德海與《易經》，頁21～36。

沈清松認為「對比」指統一和差異、配合與分歧，採取距離與共同隸屬之間的交互運作，藉以構成經驗、歷史、至存有的結構和動力。

「雜多」（multiplicities）是指在分散狀態的許多現實物，或是許多現實物僅在表面上有所聚集，實際毫無社會秩序的堆積。

〔註154〕《伊川擊壤集》卷十一，〈自謝用此樂直從天外來〉，頁165。

2.「樂」喻「悲」

> 皇帝王伯者《易》之體也，虞夏商周者《書》之體也，文武周召者
> 《詩》之體也，秦晉齊楚者《春秋》之體也。〔註155〕
> 意言象數者《易》之用也，仁義禮智者《書》之用也，性情形體者
> 《詩》之用也，聖賢才術者《春秋》之用也。〔註156〕
> 用也者，心也。體也者，迹也。心迹之間有權存焉者，聖人之事也。
> 〔註157〕

「先天下之憂而憂，後天下之樂而樂」〔註158〕的審美角度，強調的是「寓教於樂」，邵雍劃分皇、帝、王、伯「為政者」的四個等級，「皇」在位者，道德功力為化，能盡人之聖，用無為尚自然。「帝」領導者主張為教（教化），人之賢，尚謙讓。

「王」主導者為勸（勸勉），人之才，公正尚用人。「伯」上位者為率（法度），人之術，智力爭霸。

「吳起初辭魏，張儀乍入秦。西河蒙惠久，南楚受欺頻。」〔註159〕這首〈悲喜吟〉詩句不見悲喜字詞，卻暗藏憂國的情愫。「邪正異心，家國同體。」憂患意識充滿以德治國、以德治民的情操，不同的快樂因互斥或衝突，引發樂極生悲的現象發生，正是，邵雍「樂」的憂患意識喻「悲」的現象。

3.「樂」與「悲」的昇華

「好景未嘗無興咏，壯心都已入消磨。」〔註160〕、「曲幾靜中隱，衡門閒處開。壯心都已矣，何事更縈懷。」〔註161〕壯心都被磨掉，流露出隱而不仕悲情。

> 世態其如與願違，必須言進是無知。遍將底事閒思處，不若西街論
> 極時〔註162〕。
> 機能識是吾儕，慎勿輕為世俗哈。把似眾中呈醜拙，爭如靜里且談

〔註155〕《皇極經世書》，〈觀物內篇〉之四，頁158。
〔註156〕《皇極經世書》，〈觀物內篇〉之四，頁159。
〔註157〕《皇極經世書》，〈觀物內篇〉之四，頁160。
〔註158〕范仲淹《岳陽樓記》，《桐廬郡齋書事》。
〔註159〕《伊川擊壤集》卷十三，〈悲喜吟〉，頁199。
〔註160〕《伊川擊壤集》卷二，〈謝富丞相招出仕二首〉，頁26。
〔註161〕《伊川擊壤集》卷二，〈初秋〉，頁28。
〔註162〕《伊川擊壤集》卷六，〈代書答開封府推官姚輔周郎中〉，頁86。

　　諧〔註163〕。

　　邵雍自認世態不容許他出，與其窘態出醜，不如在家談諧，並非把事情推開去享樂。

　　「道」是生命最高意義和本真的存在，「浮生日月仍須惜，半老筋骸莫強夸。就此岩邊宜筑室，樂吾真樂樂無涯。」〔註164〕日常生活的快樂達到極點，所謂「樂極生悲」真的樂死人或悲死人動機有所不同，死人生命終結的結果是相同的，同一絕不等於相同，相同趨向無區別，因此，樂與悲是相通，生與死象徵生命是同一的。

　　物物各具太極之理，每一形體都有與天地同構的本體，世間萬物無不是心本體的產物。「一物其來有一身，一身還有一乾坤。能知萬物備於我，肯把三才別立根。天向一中分體用，人於心上起經綸。天人焉有兩般義，道不虛行只在人。」〔註165〕此「一中」的「一」指得是一陰一陽、一動一靜之前成「太極」的本體。人從心上起經綸，所有「一」泛指「同一」的貫徹「天人焉有兩般義」，道在人行，人行在道，蘊藏天人合一的意涵。

> 人雖不堪憂，己亦不改安。閱史悟興亡，探經得根源。
> 有客謂予曰，子獨不通權。清朝能用才，聖主正求賢。
> 道德與仁義，不徒為空言。功業貴及時，何不求美官。
> 此所謂男子，志可得而觀。又何必自苦，形容若枯鱣。
> 蓋懼觀朵頤，敢忘責丘園。深極有層波，峻極有層嶺。〔註166〕

　　莊子「鼓盆而歌」超然境界，思想的深度與情感的力度所形成的。邵雍述說自己建立皇帝王霸的歷史模型，「道德與仁義，不徒為空言。功業貴及時，何不求美官。」不出仕的選擇，自由的真實生活，「至理」洞察人類社會發展的規律，進而善待自己的人生際遇，獲得精神上的安樂。

　　邵雍藉「吟」的詩歌體裁，將生命情感由悲切轉化為樂天，生命歷程中哲學思想轉為情感力量，使邵雍樂與悲的意識，呈現無有、對比、融合與昇華的生命情懷的審美現象。

〔註163〕　《伊川擊壤集》卷七，〈先機吟〉，頁86。
〔註164〕　《伊川擊壤集》卷五，〈十四日留題福昌縣宇之東軒軒〉，頁65。
〔註165〕　《伊川擊壤集》卷十五，〈觀易吟〉，頁229。
〔註166〕　《伊川擊壤集》卷一，〈寄謝三城太守韓子華舍人〉，頁6。

表2-1：《伊川擊壤集》談「樂」論「悲」的詩句

談　樂	論　悲	對　比	融　合	昇　華
真樂 「賓朋莫怪無拘檢，真樂攻心不奈何。」 「天和將酒養，真樂用詩勾。」 「樂無真樂樂無涯」〔註167〕	悲時、自悲 「獨步獨吟人莫會，時時鷗鷺下汀洲。」〔註168〕 「請觀今日長安道，抵暮行人獨往來。」	樂極悲至 「人有精游藝，予嘗觀奕棋。……樂極則悲至，恩交則害携。事無事奈何，舉目誰與比。」〔註169〕	憂國之情 「吳起初辭魏，張儀乍入秦。西何蒙惠久，南楚受欺頻。」〔註170〕	
生活之樂 「安樂窩中快活人，閑來四物幸相親。」〔註171〕	少知音之悲 「獨不獨吟仍獨坐」 「無機類閒物，愈覺少知音。」〔註172〕		悲與喜 興廢不同世，盛衰不同時，奈何人當之許	樂從天外來 「既非哀樂中間得，此樂直從天外來。」〔註173〕 「清風吹動半醺酒，此樂直從天外來。」〔註174〕。
讀書講學之樂 「學不至於樂，不可謂之學也。」 交遊賢俊，講學為樂，仁智之樂。	家園之悲 功名不就——志士轉向隱士的心態邵雍的「遠遊訪學」，黃公紹在《題北游吟記》曰：「少時讀康節詩有『束書萬里舊	五樂與五喜 「生身有五樂，居落有五喜。人多輕習常，殊不以為事。吾才無所長，吾識無所紀。其心之泰然，奈何人了此。」〔註175〕	悲喜交融 「興廢不同世，盛衰不同時。奈何人當之，許多喜與悲。」〔註176〕	

〔註167〕《伊川擊壤集》卷五，〈十四日留題福昌縣宇之東軒〉，頁65。
〔註168〕《伊川擊壤集》卷四，〈天津感事二十六首〉之一，頁48。
〔註169〕《伊川擊壤集》卷一，〈觀棋大吟〉，頁1～5。
〔註170〕《伊川擊壤集》卷十三，〈悲喜吟〉，頁199。
〔註171〕《伊川擊壤集》卷九，〈安樂窩中四長吟〉，頁133。
〔註172〕《伊川擊壤集》卷三，〈至福昌縣作〉，頁32。
〔註173〕《伊川擊壤集》卷十一，〈自謝用此樂從天外來〉，頁165。
〔註174〕《伊川擊壤集》卷九，〈自和打乖吟〉，頁138。
〔註175〕《伊川擊壤集》卷十，〈喜樂吟〉，頁151。一樂生中國，二樂為男子，三樂為士人，四樂見太平，五樂聞道義。一喜多善人，二喜多好事，三喜多美物，四喜多佳景，五喜多大體。
〔註176〕《伊川擊壤集》卷十，〈四道吟〉，頁145。

	山川』之句，嘗恨此生不見斯事。」〔註177〕，寄寓作者的家園之悲。			
人倫之樂 「堂上慈親八十餘，階前兒女戲相呼。旨甘取足隨豐儉，此樂人間更有無？」 清樽有酒慈親樂，獨得階前戲彩衣。〔註178〕	隱中悲 「好景未嘗無興咏，壯心都已入消磨。」〔註179〕 「曲幾靜中隱，衡門閒處開。壯心都已矣，何事更縈懷。」〔註180〕		盛後必衰的歷史哲學（樂喻悲） 「惟有感麟心一片，萬年千載若丹青。」〔註181〕	
顏回之樂 「踐形有說常希孟，樂內無功可比回。」〔註182〕	失親之悲 「手足恩情重，塤篪歡樂長。要知能忘處，坟草兩荒涼。」〔註183〕			
曠達之樂 「因思濠上樂，曠達是莊周。」〔註184〕				
得道之樂 「樂道襟懷忘檢束，任真言語省思量。」〔註185〕				

〔註177〕黃公紹《在軒集》，文淵閣四庫全書本。
〔註178〕《伊川擊壤集》卷二，〈春遊五首〉，頁16。
〔註179〕《伊川擊壤集》卷二，〈謝富丞相招出仕二首〉，頁26。
〔註180〕《伊川擊壤集》卷二，〈初秋〉，頁28。
〔註181〕《伊川擊壤集》卷十五，〈觀春秋〉，頁230。
〔註182〕《伊川擊壤集》卷四，〈新春吟〉，頁42。
〔註183〕《伊川擊壤集》卷六，〈又一絕〉，頁76。
〔註184〕《伊川擊壤集》卷五，〈川上觀魚〉，頁54。
〔註185〕《伊川擊壤集》卷五，〈後園即事三首〉，頁55。

交游之樂 「朋游相得甚， 何樂更如之。」 〔註 186〕			
無涯樂 「煙嵐欲極無 涯樂，軒冕何嘗 有暫閒。」 〔註 187〕			
閒中樂 「功名歸酒盞 器業入詩篇，料 得閒中樂，無如 我得全。」 〔註 188〕			

　　擊壤三千首，行窩十二家。樂天為事業，養志是生涯。

　　出入將如意，過從用小車。人能如此樂，何必待紛華。〔註 189〕

　　（表 2-1）:《伊川擊壤集》談「樂」論「悲」的詩句），邵雍何以篇篇都說樂的哲學，作詩觀物蘊涵的理趣與至理。筆者從《伊川擊壤集》的一千四五百九十三首〔註 190〕彙整邵雍生命有關樂與悲不同感受、對比、融合、昇華的不同生命境遇。

第四節　生命美學

　　「美學」（Aesthetics）〔註 191〕是關於美、審美態度及審美經驗問題的解釋，美學與倫理學同屬價值論的範圍。「生命美學」的源起，以理學美學的本

〔註 186〕　《伊川擊壤集》卷五，〈訪姚輔周朗中月陂西園〉，頁 59。

〔註 187〕　《伊川擊壤集》卷五，〈和祖龍圖見寄〉，頁 60。

〔註 188〕　《伊川擊壤集》卷十七，〈蒼蒼吟〉，頁 276。

〔註 189〕　《伊川擊壤集》卷十七，〈擊壤吟〉，頁 273。

〔註 190〕　丁治民：《邵雍擊壤三千首考》，杭州：浙江大學出版中心，2009，頁 1。擊壤三千首考論，《永樂大典》中發現《前定數》，其詩共存一千四百九十三首。詩歌在數量上與邵雍所稱相一致，其內容和語言等方面與《伊川擊壤集》和《皇極經世》具異曲同工之妙。

〔註 191〕　劉昌元：《西方美導論》，台北：聯經出版社，2005，頁 1～15。美學是西方哲學的一個部門，美學之父包佳頓（Alexander Baumgarten，1714～1762），首先使用 Aesthetics 這個字。

原、本體論進路看待，邵雍之於生命哲學，相對於邵雍的生命美學。

邵雍「樂」哲學與審美範疇作為研究線索，「人是萬物之靈」的人觀，「心學」作為原點，橫向進行「心」、「樂」、「道」、「美」宏觀〔註 192〕（macroscopic）的描述，「心」、「命」、「道」、「福」作縱向微觀〔註 193〕（microscopic）的質問分析，形成橫向與縱向的研究網，無非說明「生命」是有機體，藉由宏觀描述與微觀質問，對於邵雍「生命美學」生成變化的動態歷程分析有整體的了解。

一、理學美學〔註 194〕

理學〔註 195〕影響詩論與畫理，宋代理學與美學比較，「天」與「人」不僅具有理性一面，也具有情感面的審美境界。思辨對象、觀念內容、理論等外在差異外，它們在精神結構、思維與研究方法更具深層、內在的特徵，兩者是親緣的、共相與互動的。寬和嫻靜、溫柔、明媚的陽柔之美成為時人的審美理想，重「神」輕「形」、重「意」輕「象」的審美傾向，審美功利性轉向審美無功利化，審美方式也由直觀式轉向品味方式。

程頤提出「作文害道」與「玩物喪志」，《程顥語》：「學者先學文，鮮有能至道。」普遍地視道學為至高無上，同時貶低美的藝術創造意義與價值，表現出道學家的理念並排斥藝術的傾向。

（一）理學美學本原論

「理學美學本原論」是指美的本原在於人心，美通過正心養性以直覺體驗，對單純理性認識的超越，注重審美主體內在心性的反省與體悟，獲得關於宇宙人生精神體驗。

周敦頤：「見其大則心泰，心泰則無不足。」這是一種審美體驗，源自於「心泰」，當心超越富貴功名的利害關係時，內心穫得充裕自足的快樂和享

〔註 192〕ON WHITEHEAD 懷德海，世界思想家譯叢，〔美〕菲利浦・羅斯著 PHILP ROSE，張世英、趙敦華主編，李超杰譯者，北京：中華書局，2002，頁 42～50。

〔註 193〕ON WHITEHEAD 懷德海，世界思想家譯叢，〔美〕菲利浦・羅斯著 PHILP ROSE，張世英、趙敦華主編，李超杰譯者，北京：中華書局，2002，頁 42～50。

〔註 194〕吳中杰，張岩冰、馬馳、王振復副主編：《中國古代審美文化論》（第一卷史論卷），上海：上海古籍出版社，頁 297～305。

〔註 195〕鄧喬彬：《中國繪畫思想史》，貴陽：貴州人民出版社，2001，頁 353～368。

受。程頤：「正其心，養其性而已。」〔註196〕，美的本原在人心，「盡心知性，反身而誠」達到聖人境界，「直內是本」的心性之學相符的，聖人精神境界也是美學所追求的最高境界。

（二）理學美學主體論

「理學美學主體論」強調自我體驗、直觀消除主客的對立，形成參贊化育的「物我合一」狀態，注重主體內在精神的陶冶，道德力量的培育，通過人心的存養心性，將人的道德意志提升到宇宙本體的形而上高度，進而為「天地立心」。

二程〔註197〕的理學本體論美學思想，程頤《易傳序》：「至微者，理也；至著者，象也。體用一源，顯微無間。」說明宇宙自然和人的一切存在現象與本體關係，也為美學本體論奠定哲學基礎，「至著者，象也」的審美現象是「理」的顯現，兩者體用一源。程顥《遺書》卷二：「仁者以天地萬物為一體，莫非己也。」「仁」是本體上一種最高的精神境界，這境界將自己與宇宙萬物視為一整體的概念，即是「與萬物為一體」、「渾然與萬物同體」。

「不以我觀物者，以物觀物之謂也。以物觀物，又安有我於其間哉？」以物觀物的「反觀」，即是向內求性，反對用情，順物的自然物性，程顥：「以物待物」，兩者觀念一致。張載主張「民胞物與」、「視天下無一物非我」，是儒家對宇宙人生的闡明，只要識得「仁之體」便能得到最大的快樂。程顥認為必須切實感受到自給真正與萬物一體，這就是所謂「實有諸己」。

（三）理學美學境界論

理學美學注重內求自得，理性反省的外在表現。所謂「理學美學境界論」以心性為樂，涵養主體心性，以達「天人合一」人與自然和諧統一的境界。

邵雍美學思想在其著作鮮少被談論，僅能從他易學、哲學、理學、詩學的思想推敲與探源，目的在找尋其美學思想的影響因子，藉以了解邵雍整體的美學觀，所謂「至理之學，非至誠則不至。」〔註198〕其美學與哲學相通，以及被包容的。

〔註196〕程頤：《顏子所好何學論》，《河南程氏文集》卷八，《二程集》，頁 577。
〔註197〕葉朗主編，朱良志副主編，《中國美學通史》——（宋金元卷）潘立勇、陸慶祥、章輝、吳樹波著，南京：江蘇人民出版社，2014，頁 154～165。
〔註198〕《皇極經世書》，〈觀物外篇〉下，頁 360。

「學不至於樂，不可謂之學。」此「樂」是一種人與自然合一，所得到的審美體驗。「花貌在顏色，妙在精神。」展現精神美與詩的哲理趣味，安貧樂道的性格及對生命熱忱，摒除理學家輕視文藝的刻板印象。

二、「心—樂—道—美」的描述與宏觀分析

邵雍生命歷程哲學，對於「心」、「樂」、「道」、「美」哲學思想因子的描述，將宏觀分析「生命」有機體的過程與實在。

（一）「心」與「樂」

「生命」是有機體，以宏觀的角度，一個現實事態始終與構成其一般環境的現實事態領域相關，以「心」—「樂」—「道」—「美」的描述，了解它們過去、現在、未來全部事態出現的連續性的框架其間的特徵與關係，類比觀念代表事物的共同特徵，也代表個別的特徵。

1. 天地之心

所謂先天心法是其計數劃卦時之二分推衍法。它是一套「加一倍法」的計數方式，形成由數成象的序列，將邵雍的易圖呈現極有規律，自己頭腦運思的理解出的心法說為先天之學，而先天之學即是邵雍心學。

「先天之學，心也，後天之學，迹也。出入有無死生者，道也。」，「先天學心法也，故圖皆自中起，萬化萬事生乎心也。」先天之學的心法者，先天之學轉出先天易圖，有別於漢易以後之圖，並將它稱之後天之圖。季通嘗云：「康節若做，定是四公、八辟、十六侯、三十二卿、六十四大夫，都是加倍法。」〔註199〕邵雍看見天下之事，才上手來，便成四截了。其先後緩急，若不有定，動中機會，事到面前，便處置精明。可見其善處事，也須有些機權術數。

邵雍的先天易學思想體系是建立在陳傳「先天圖」的基礎上，「先天之學」是天學為宇宙之學，天學修心。「後天之學」則指人學、性命之學、心性之學，人學修身。「身生天地後，心在天地前，天地自我出，自餘何足言。」〔註200〕邵雍認為「心」是「身」的主宰，主導人與事物之間的交際往來。

〔註199〕《朱子語類》卷第一百，邵子之書，頁 2542。「加倍法」可見其善處事。康節甚喜張子房，以為子房善藏其用。以老子為得《易》之體，以孟子為得《易》之用，合二者而用之。

〔註200〕《伊川擊壤集》卷十九，〈自餘吟〉，頁 309。

「人心先天天弗違，人身後天奉天時。身心相去不相遠，只在人誠人不推。」〔註201〕，先天出於自然原始狀態，觀物方法成就其先天之學，天下之心是他先天學的核心。「若問先天一字無，後天方要著工夫」〔註202〕後天用功夫復迫先天太虛無，體契天理大道真至此境界，「道不遠於人，乾坤只在身。誰能天地外，別去覓乾坤。」〔註203〕即是先天而天弗違，後天而奉天時，奉天逢吉，違天則逢兇。

「心」為認識天地萬物運轉變化，佛教以為「萬物唯一心，心外無別法」的主觀唯心論。「心在人驅號太陽，能於事上發輝光。如何皎日照八表，得似靈臺高一方。」〔註204〕心在為人身之主，可以施於事，「皎日照八表」的認知，與客觀事物為對象感官認知的「心知」有所不同的。

「無心」是先天之心，「有心」是後天之心跡，「身在天地後，心在天地前，天地自我出，自餘何足言。」〔註205〕「心」與「人」的身體是互相分離的，兩者是先天和後天的關係，先天為體，大易之魂為心法，心法就是自然、人倫、道德的大法，邵雍將「心」與「迹」的對舉來說明先天後天的性質，無形的心是先天存在，有形迹的心是萬事萬物後天生成的，以體（迹）用（心）來詮釋「道」。

《太玄》九日當兩卦，餘一卦當四日半。

揚雄作《玄》，可謂天地之心者也。〔註206〕

天地之心者，生萬物之本也，天地之情者，情狀也與鬼神之情狀

同。〔註207〕

老子：「無名天地之始，有名萬物之母。故常無欲，以觀其妙；常有欲，以觀其徼。此兩者同出而異名，同謂之玄。玄之又玄，眾妙之門。」〔註208〕，

〔註201〕《伊川擊壤集》卷十八，〈推誠吟〉之二，頁284。

邵雍引《周易‧乾卦‧文言》：「先天而弗違，後天而奉天時。」「身心相去不相遠，只在人誠人不推。」意境相同，《中庸》：「誠者非自成己而已，所以成物也。成己，仁也；成物，知也。性之德也，合內外之道也，故時措之宜也。」

〔註202〕《伊川擊壤集》卷十七，〈先天吟〉，頁270。

〔註203〕《伊川擊壤集》卷十七，〈乾坤吟〉，頁280。

〔註204〕《伊川擊壤集》卷十四，〈試筆〉，頁280。

〔註205〕《伊川擊壤集》卷十九，〈自餘吟〉，頁309。

〔註206〕《皇極經世書》，〈觀物外篇〉下，頁368。

〔註207〕《皇極經世書》，〈觀物外篇〉下，頁396。

〔註208〕《老子》第一章。

妙與徼同出於玄,玄才是道。邵雍用元經會大小運數,肯定揚雄《太玄》〔註209〕
是依據太初曆而作,讚揚它揭示天地運行的規律。

「天地之大窟在夏,人之神則存於心。」〔註210〕心同於神。「神統於心,
氣統於腎,形統於首,形氣交而神主乎其中三才之道也。」〔註211〕「惟神能
變化之」,「生生之謂易,生生之用則神也。」性體、神體、氣體,異名同謂,
邵雍認為性氣神三者合而為一。人的生理結構與物類形態,小身是小宇宙,宇
宙為大人身,以身統貫三才之道。聖人「心代天意,口代天言,手代天工,身
代天事。」身與天地通為天地立心,人心合於天心的好生之德,參贊天地的化
育。

「用天下之心為己之心,其心無所不謀矣。」邵雍將天下之心歸於己之
心,「心」便具有主觀精神而具有無所不謀的色彩。「天地之心」是生萬物之
本,把天地之心作為本原時,「心」便是客觀的精神實體。把心分為「以己之
心」為代表主體之心,在己之心以外「天下之心」為客體之心,「心」既是在
己之心,又是天地之心;既是一心又是萬心。那麼,「心」便同時具有主觀和
客觀精神的雙重屬性。

2. 心性一元,萬物一體

> 性者,道之形體也,性傷,則道亦從之矣。心者,性之郭郭也,心
> 傷,則性亦從之矣。身者,心之區宇也,身傷,則心亦從之矣。物
> 者,身之舟車也,物傷,則身亦從之矣。〔註212〕

邵雍「心者,性之郭郭也。」心是性的城郭,性是心的實體。心就是性,
性就是心,兩者是一而二,二為一的。心是人的主體直覺,包含內外的感應,
表現出人的七情六慾,覺知是非善惡、念頭和情緒。「性」能使心感知是非善
惡的東西,所謂的「價值意識」,它是行為的依據和價值觀的起源。「心」的作
用透過念頭和「性」的感知是非善惡後,指導我們的言行舉止。

〔註209〕 鄭萬耕:《揚雄及其太玄》,台北:藍燈文化事業股份有限公司,1992,頁38。
邵雍評論《太玄》:「洛下閎改顓帝曆為太初曆,子雲準太初曆作《太玄》,凡
八十一卦。九分其兩卦,凡一五隔一四,細分之則四分半當一卦。氣於中心,
故首中卦。《太玄》九日當兩卦,餘一卦當四日半。揚雄作《玄》,可謂天地
之心者也。」
〔註210〕 《皇極經世書》,〈觀物外篇〉下,頁368。
〔註211〕 《皇極經世書》,〈觀物外篇〉上,頁332。
〔註212〕 《伊川擊壤集》序,頁2。

　　心為主，身為外，身從屬於物，又是物的主宰。「身者，心之區宇也」，用鏡子來比喻「性」的作用，「性」與「鏡」它們的共同點，具有照物的功能永遠不會消失，恆定在那裡，只是外物來來往往，動靜變化罷了。心性兩分，心上升、下降，盡心以成性。心性初二分，終歸於一通於道神，即是，道、神是「一」的概念。

　　論「性」性氣不即不離，兼以性同於神，「氣則養性，性則乘氣」，「氣一而已，主之者神也」，形可分，神不可分，邵雍主張神氣二分，性善情惡，生生之理即是神，即是性，「道與一，神之強名也。」道體即是神體，誠明天莫之為而為，非我所必，但當順受而已，天人之間亦有幸與不幸，人的幸與不幸，由人的善惡決定。

　　聖人為「人之至」者，「言以虛靜推於天地，道通於萬物，此之謂天樂。天樂者，聖人之心，以畜天下也。」〔註213〕，「我性即天」我行使天道，即是我的天命，「天即我」天道就是我行的道，「求之不勝難，得之至容易。千人萬人心，一人之心是。」〔註214〕，邵雍「聖人之心」能觀萬心、萬身與萬物之動靜與更迭，以出入有無死生，而其神不可測者，斯可言「造化在乎心」〔註215〕，「心」隨順物之象而更迭，非屬於我主體的自己之心，可與我主體的自己之一切道德實踐不相關的客觀心，類似莊子神人、聖人、至人那種「無待」的逍遙遊，擁有「遊於萬化之心」，順萬物之性，遊於變化之中，到達遼闊自由的境界。

　　邵雍「道是在矣」就是回頭看內心，私心以感物是滿足私慾之心，本心之貞定為無私，不受私己之累是心是本然之心，情是本然之情。自私用智是有為行為，無私為無為行為，無樂有樂因為無心有心而有感受不同，心不可動搖而自得其樂。「自得」之樂不僅存在心性之間，經過某種體驗所獲得的心理感受。佛家認為仁者心動，「心一而不分，則能應萬變，此君子所以虛心不動也。」

　　3.「樂」為「心」事業

　　「樂」是人對自然感受和情感體驗，通過自我心靈直覺所得到審美享受和審美體悟，人與自然合一所得到審美體驗，屬於審美範疇的概念。

〔註213〕《莊子‧天道篇》。
〔註214〕《伊川擊壤集》卷九，〈自古吟〉，頁129。
〔註215〕唐君毅：《唐君毅全集》第十二卷，中國哲學原論導論篇，台灣學生書局，輔仁大學圖書館，頁443～444。

「樂莫樂於無事業」〔註216〕，「若聖與仁雖不敢，樂天知命又何疑。」〔註217〕得知他心事業，即是「樂天知命」的窮理盡性。「已把樂為心事業，更將安作道樞機。」〔註218〕，邵雍是苦讀悟道並找到正確的治學讀書人，確定自己的人生志向，使自己享有安適與快樂。

> 吾常好樂樂，所樂無害義。樂天四時好，樂的百物備。樂人有美行，
> 樂己能樂事。此數樂之外，更樂微微醉。〔註219〕

> 生身有五樂，居落有五喜。人多輕習常，殊不以為事。吾才無所長，
> 吾識無所紀。其心之泰然，奈何人了此。〔註220〕

生在中國、樂生為男人、身為讀書人、樂見天下太平、樂閒道義，喜多善人、喜多好事、喜多美物、喜多佳景、喜多大體等十大樂事，除了「樂天四時好，樂的百物備」自然之樂、「樂人有美行，樂己能樂事」人事之樂，更樂於微醉，自成樂的體系。

「近日學者有厭拘檢，樂舒放，惡精詳，喜便簡便者，皆欲慕邵堯夫之為人。」〔註221〕朱熹認為邵雍腹中之學，包括宇宙、終始古今，學到不惑之處，能放得下。其詩「日月星辰高照耀，皇王帝伯大舖舒。」可謂人豪。「始知心者氣之帥，心快沉痾自釋然。」〔註222〕，「吾道本來平，人多不肯行。得心無厚味，失腳有深坑。」，「天和將酒養，真樂用詩勾。」〔註223〕從「心」的認識作用，認識無心無樂，有心有樂，轉換無樂有樂的感性知覺，表達真樂的感覺，「里閈閒過從，身安心自逸。」〔註224〕幸逢三十年的太平日，「快活」是「樂」為「心」事業的表現，也是樂的目的。

（二）「道」與「美」

形上學的對象？任何經驗與件都能做為形上學的初步質料對象。人的知

〔註216〕《伊川擊壤集》卷二十，〈首尾吟〉之四十五，頁332。
〔註217〕《伊川擊壤集》卷二十，〈首尾吟〉之九十六，頁343。
〔註218〕《伊川擊壤集》卷二十，〈首尾吟〉之七十三，頁338。
〔註219〕《伊川擊壤集》卷九，〈樂樂吟〉，頁129。
〔註220〕《伊川擊壤集》卷十，〈喜樂吟〉，頁151。
　　　　一樂生中國，二樂為男子，三樂為士人，四樂見太平，五樂聞道義。一喜多
　　　　善人，二喜多好事，三喜多美物，四喜多佳景，五喜多大體。
〔註221〕《朱子語類》卷第一百，邵子之書，頁2542。
〔註222〕《伊川擊壤集》卷十一，〈病起吟〉，頁170。
〔註223〕《伊川擊壤集》卷七，〈逍遙吟〉，頁97。
〔註224〕《伊川擊壤集》卷十三，〈四事吟〉，頁215。

識從經驗開始，經驗包含客觀與主觀、外在與內在兩種，經驗指直接的認識，例如，我看我的手錶、我的盆栽，這就是經驗，至於，知悉製造錶工手錶的精細度，陶磁花盆的質感，這不是經驗而是推論的結果。

1.「一」、「真」、「善」〔註225〕的存有特徵

存有觀念極抽象又極不抽象，因為它是極不清晰的，以「浮泛」的方式代表而不分任何區別，由於它以浮泛的方式代表一切，被稱為「內涵不清晰的直觀」〔註226〕。葛慕蘭在《形上學》書中認為，中國道家所說「道」與存有觀念的明確內涵相似，只是，道家將「浮泛」解釋為事物的特徵，而非視它為觀念的特徵。

美是實有「一」、「真」、「善」等特徵的綜合，人由物質與精神的結合所構成，凡有的，既然存在，是單一、真、善皆是美，實有越豐富，其美的程度也越大。

以「一」統「多」是一種化約主義〔註227〕（Reductionism）的立場，即是把多樣性化為一個最根本因素；化約主義非整體觀點，僅僅是單向的化約，就是把「多」變成「一」，因為，它把一些原本複雜的事情，簡化為簡單的概念，把一切化約為物質之後，很難再用物質來解釋一切。如此，化約主義不同於哲學找到「一」後，再有一個還原步驟，重新用「一」來解釋「多」。再有一個還原步驟，重新用「一」來解釋「多」，「一」與「多」的對立，「分享」〔註228〕即是對於此問題的基本解決。

2.「真」、「善」、「美」〔註229〕的形上詮釋

「凡存在，皆為實有」，實有的關係分為對立、符合、外在與內在四種，「真」是與理智符合的外在關係，「善」與意志符合外在關係，意識由理智和意志所構成，符合關係包含兩個屬性，凡為實有，論其有而言，可理解或可知的，即是「真」；且為可愛的，即是「善」。

　　對立關係→分明性→與「虛無」外在的對立關係。

　　　　　　　完整性→與不同成份的內在的對立關係。

　　符合關係→相似性→論有，與其他任何實體符合的外在關係。

〔註225〕葛慕蘭：《形上學》，台北縣新店鎮：先知出版社，1974，頁66～74。
〔註226〕同上註，頁40。
〔註227〕掌握整體觀點（二）──哲學家的思考模式：「以一統多」，頁148。
〔註228〕葛慕蘭：《形上學》，台北縣新店鎮：先知出版社，1974，頁157。
〔註229〕同上註，頁75～86。

　　真→與理智外在的符合關係。

　　善→與意志外在的符合關係。

　　「真」與「善」成全主體，認識與願望各以不同方式成全主體。認識是向主體內的精神活動，認識行為將客體盡可能移到精神之內，客體以非物質、透明隔離方式，在精神中存在，即是將客體精神化。願望屬主體向外的精神活動，願望是主體傾向客體，它關係事物本身。從「善」本身而言，當目的獲致後，傾向目的即是滿足，願望成為享有進而產生愉悅。萬物的本質是有限與殊多的，該本質分享無限實有的美善，即是，結果分享其原因的美善。

　　葛慕蘭認為，「善」與「惡」的關係，即是惡的本質。善與實有同一，「惡」是「善」的反面，可知惡的本身不是實有。「惡」是因實體本性所要求的美善不存在，才產生惡的，「惡」是「善」的一種缺乏。

　　「天下皆知美之為美，斯惡矣；皆知善之為善，斯不善矣。故有無相生，難易相成，長短相形，高下相傾，音聲相和，前後相隨。」〔註230〕老子將「美」與「善」兩個概念，明確地加以區別，美產生愛，醜產生惡，「美」相對於「惡」、「醜」對立物而存在。美與醜、善與惡、有與無、難與易等概念，都是相互比較、依賴關係而存在。

　　「知之者不如好之者，好之者不如樂之者。」〔註231〕知曉道理的人，不如愛好道理的人，愛好道理的人，又不如追求道理為樂的人，勉勵人以追求學問道德為樂，強調美善相樂，「至於道，成於樂」，「質勝文則野，文勝質則史，文質彬彬，然後君子。」〔註232〕君子應文質兼顧，道德精神與文飾統一，使人敬畏並樂於相處，這是孔子心目中做人理想。「可欲之謂善，有諸己之謂信，充實之謂美，充實而有光輝之謂大，大而化之謂聖，聖而不可知謂神。」〔註233〕，「所謂信者有以見天地之心乎，在人則誠也，故天地聖人之心，至信至誠悠久而不息，所以為天地人之至妙。」〔註234〕「善」、「信」為生命發展的基石，充實它便是美。

〔註230〕《老子》第二章。

〔註231〕《論語·雍也篇》。

〔註232〕《論語·雍也篇》。

〔註233〕羅光：《生命哲學的美學》，台北：台灣學生書局，1999，頁62～63。
　　　　「可欲之謂善，有諸己之謂信，充實之謂美，充實而有光輝之謂大，大而化之謂聖，聖而不可知謂神。」《孟子盡心下》，羅光認為「善」、「信」是生命發展的原則，它們發展生命到達充實境地，表現出來便是美。

〔註234〕《皇極經世書》，《觀物內篇》之五，頁184～185。

「元亨利貞之德，各包吉凶悔吝之事，雖行乎德若違于時亦或凶矣。」〔註235〕，「利」為審美無目的的，「闉跂支離」全人為醜，醜人為美。殘醜視為德充之符是審美多元、靈動，《齊物論》：「是非之彰也，道之所以虧也。道之所以虧也，愛之所以成。」《養生主》：「臣之所好者道也，進乎技矣。」，「道」運用此技的方法或規律的認識，技藝抽象的提高，乃為養生之理、處世之理。

三、「心─命─道─福」的質問與微觀分析

程頤：「在天為命，在人為性。」視性命為一體。「可委者命，可憑者天。人無率爾，事不偶然。」〔註236〕「經綸亦可為餘事，性命方能盡所為。」〔註237〕邵雍可謂一生男子事。「如知道只在人心，造化功夫自可尋，若說衣巾便為道，堯夫何者敢披襟。」〔註238〕由道返儒的性命之學，「萬物皆備於我」由己身入手，體察個人生命，自然能與天道冥合。

（一）「命」的概念與分際

人是理性動物，它指出人與其他相似之處，同時也指出與它們的區別。「目、耳、鼻、口、心、膽、脾、脤」之氣全謂之人，人是萬物之靈，以「人」為天地之靈者，也視「聖人」為理想人物，性、命與理作為他的基本問題，人即物也是我，人是物之至，聖人是人之至。

《易》之為書，將以順性命之理者，循自然也。性命之理即是自然之「道」，「道」在人為性，「命」由天決定並附予人，為人所具有的，命之在我之謂「性」，「我」是有主體性自我意識的人。

邵雍：「《易》曰：窮理盡性，以至於命。所以謂之理者，物之理也。所以謂之性者，天之性也。所以謂之命者，處理性者也。所以能處理性者，非道而何。」，窮理盡性以至於命是謂真知，人性受天道、太極所決定，以「天命」為主宰。

「性命」〔註239〕就廣義而言，包含天地萬物，狹義指得是人。「萬物受性

〔註235〕《皇極經世書》，《觀物外篇》上，頁343。
〔註236〕《伊川擊壤集》卷十四，〈天命吟〉，頁221。
〔註237〕《伊川擊壤集》卷二十，〈首尾吟〉之五十四，頁334。
〔註238〕《伊川擊壤集》卷十三，〈道裝吟〉之四，頁214。
〔註239〕「生命」與「性命」的意思差不多，一般英漢字典，life 的註解便是生命、性命並列：倒回來查漢英字典，生命、性命的註解都是 life。現在，性命已少用，流行使用生命，有心的是性命，無心的生命，所謂「今之學者為人，古

於天，而各為其性也。在人則為人之性，在禽獸則為禽獸之性，在草木則為草木之性。」〔註240〕，「不知乾，無以知性命之理。」〔註241〕人性就是物性，人之類備乎萬物之性，萬物之靈是指人性高於物性，「惟人兼乎萬物，而為萬物之靈。」，「春秋盡性之書」〔註242〕，「如知道只在人心，造化功夫自可尋，若說衣巾便為道，堯夫何者敢披襟。」〔註243〕由道返儒的性命之學。

（二）「心」與「命」

邵雍的天人之學包含先天與後天之學，「窮理盡性以至於命」為了求取真知，「理」、「性」、「命」為天人之學的核心，先論先天然後論後天，先論物理然後論性命，推天道、先天（體）、物理是為了明人道、後天（用）、性命，先天後天是體用不離，統一天人之道及道的變化過程。

《周易‧說掛傳》第一章：「窮理盡性以至於命」，《中庸》「天命之謂性，率性之為道，修道之為教。」，人能「窮理」，即是窮究宇宙事物之理，「盡性」則是發揮上天賦予的善良本性，故與禽獸不同，人能明理且能發揮天性，所以，人能成為萬物之靈的理念。

「天下之物，莫不理焉，莫不有性焉，莫不有命焉。」，廣義的性、命、理，「性」為天所賦予，「命」指一切自然運作與變化的道理。《易經‧乾卦‧彖曰》：「乾道變化，各正性命。」哲學上指萬物的秉性天賦。「我」可為人、萬物，各有天命之性，人獸草木各有其所受天命有其性，以性為每一個人所受的天命，順天命而行。「性」在物謂之理，一物成一物的理由，人之所以為人在於理，皆是秉道而生，然而有各異人性、獸性、草木存在之性。

綜上所論，歸納「命」包括性、心、身、物，「物」具有身、心、性、道，「道」則是性、心、身、物的根源，道，物、身、心、性五者相互間制約關係，「性者，道之形體也，性傷則道亦從之矣；心者，性之郭郭也，心傷則性亦從之矣；身者，心之區宇也，身傷則心亦從之矣；物者，身之舟車也，物傷則身亦從之矣。」性是道的形體，心是性的城郭，身是心的區宇，物是身的舟車，

〔註240〕之學者為己。」這是生命性命之學，有「為人」和「為己」之別，「心」在性命佔有重要地位，不管是無心、有心、將心比心、共心，性命是安邦之理，也是生命美學的基石。

〔註240〕《皇極經世書》，〈觀物外篇〉上，頁346。
〔註241〕《皇極經世書》，〈觀物外篇〉上，頁349。
〔註242〕《皇極經世書》，〈觀物外篇〉下，頁379。
〔註243〕《伊川擊壤集》卷十三，〈道裝吟〉之四，頁214。

邵雍認為「道」為最高的綜合主體，統領性、命、理於一體。

　　道的外延和內涵大於性。

　　「性、心、身、物、道」之關係

　　存有觀念的外延〔註244〕，按三段論證：

　　大前提：觀念的內涵愈小，其外延也愈大。

　　小前提：存有觀念的內涵最小的。

　　結論：所以存有觀念的外延是最大的。

　　外延〔註245〕性〈心〈身〈物

　　內涵性〉心〉身〉物。

邵雍認為天地萬物皆由道所生，「道」賦予天地萬物各有理和性，稱之為「命」，「理」是萬物之所以成為萬物的道理，例如，物理與化學，讓我們知道每種物質存在許多原理，生物學使我們知道生物也存在很多的原理，這些原理就是邵雍所謂的「理」。各物有各物的理，「性」便是道賦予萬物特殊的理，主要指各物的潛能，以「人性」來說，指得是人天生而來的一切潛能。

　　物之大者無若天地，然而亦有所盡也。天之大，陰陽盡之矣，地之

　　大，剛柔盡之矣。陰陽盡而四時成焉，剛柔盡而四維成焉。夫四時

　　四維者，天地至大之謂也」〔註246〕

由四象四體相交而生動植物與人類，為宇宙生物「生命」的起源。邵雍從空間講天地何所盡，他認為天是氣，地是質，氣分陰陽，質分剛柔。所以，陰陽剛柔便盡了天地萬物。

　　人者，其天地之德，陰陽之交，鬼神之會，五行之秀氣也。〔註247〕

　　不良之人，稟氣非正。蛇蝎其情，豹狼其性。至良之人，稟氣清明，

　　金玉其性，芝蘭其情。〔註248〕

人是什麼？《禮記·禮運》：「人，天地之心，五行之端。」人是由天地萬物最精粹的五行之秀氣所構成的。周敦頤認為「惟人也得其秀而最靈」，人是得其氣之秀而生。「不良之人，稟氣非正。」〔註249〕邵雍以為「氣」有秀與不

〔註244〕葛慕蘭：《形上學》，台北縣新店鎮：先知出版社，1974，頁54～61。

〔註245〕張其成：邵雍：從物理之學到性命之學，《孔子研究》，2000年第5期。

〔註246〕《皇極經世書》，〈觀物內篇〉之一，頁119～120。

〔註247〕《禮記·禮運》。

〔註248〕《伊川擊壤集》卷十九，〈不善吟〉，頁304。

〔註249〕《伊川擊壤集》卷十九，〈不善吟〉，頁304。

秀之分，秀氣中有正與不正之差別。若是天地復有外，依然是氣與質，還是陰陽剛柔，天地指的是氣質，陰陽剛柔則指德性，我們重視德性，應盡氣質與重視天地的德性，用以印證自己的存在。

> 問先生說：命有兩種，一種是貧富貴賤死生壽夭，一種是清濁偏正愚智賢不肖一種屬氣，一種屬理。已個觀之，兩種似皆屬氣，蓋智愚賢不肖清濁偏正，亦氣之為也。曰：固然，性則是命之理。〔註250〕

朱熹認為兩種命都屬於「氣」，貧富壽夭隨著人的氣而成，智愚賢不肖是清著的氣的結果，這些稱為「命」。命出自人的性或心，命的力量不是人所抵抗乃是「天命」，人的自然命限，即是上天之命，人之所以為人的性。

> 天下至富也，天子至貴也，豈可妄意求而得之也。雖曰天命，亦未始不由積功累行，聖君艱難以成之，庸君暴虐以壞之，是天歟，是人歟？是知人作之咎，固難逃已。天降之災，穰之悉益？積功累行，君子常分，非有求而然也。有求而然者，所謂利乎仁者也。君子安有餘事其間哉！然而有幸有不幸者，始可以語命也。〔註251〕

王植曰：「先言富貴在天，天下至富以下，言至富至貴，由積功累行，尤非可妄求，反覆警醒至因有所求，而積功累行一層更極深切。」〔註252〕子夏：「死生有命，富貴在天。」〔註253〕朱熹：「命稟於有生之初，非今所能移。非我所必，但當舜受而已。」〔註254〕，「天生此身人力寄，人力盡兮天數至。」〔註255〕「積功累行，君子常分，非有求而然也，有求而然者。」邵雍強調「積功累行，君子常分」，命在天功德在人。「然而有幸有不幸者，始可以語命也。」天人之間亦有幸與不幸，人的幸與不幸，由人的善惡決定。邵雍認為須善盡人事的常分，方可談論「命」，所謂「人力盡兮天數至」的天命論，不可未盡人事就妄言天命論。

「人生固有命，物生固有定，豈謂人最靈，不如物正性。」〔註256〕孔子：

〔註250〕 〔宋〕黎靖德編，王星賢點校：《朱子語類》，卷四。
〔註251〕 《皇極經世書》，〈觀物內篇〉之六，頁193。
〔註252〕 高安澤：《邵雍經世易圖觀物詩說集解》，新北市淡水區：育賢出版社，2011，頁79。
〔註253〕 《論語·顏淵》
〔註254〕 《邵雍經世易圖觀物詩說集解》，頁79。
〔註255〕 《伊川擊壤集》卷十九，〈天人吟〉，頁304。
〔註256〕 《伊川擊壤集》卷十六，〈靜坐吟〉，頁173。

「朝聞道，夕死可矣。」莊子：「未形者有分，且然無間，謂之命。」〔註257〕
這裡「未形者」是指「道」，「知之能登假於道者。」生命存在的價值在於對道
的追求，「道」是生命最高意義和本真的存在。

（三）「道」與「福」

> 天之道，非禍萬乘而福，匹夫也，謂其禍無道而福有道也。人之情，
> 非去萬乘而就匹夫也，謂其去無道而就有道也，萬乘與匹夫相去有
> 間矣。然而有時而代之者，謂其直以天下之利害有所懸之耳。〔註258〕

無道是禍，有道是福，人之情在於順乎天而應乎人，「命」幸不幸，「福」
追求幸福享有持續的快樂，「道為行，其命在天」道的行與不行在天不在人，
富貴在天不在人，「道」在心性之上，道德領域在善，自然領域在真，道的體
驗對象是自然之美，道是萬有與人，始元目的是樂，追求幸福行善避惡，美至
善，美善相樂。

> 樵者曰：有為善而遇禍，有為惡而獲福者，何也？
>
> 漁者曰：有幸與不幸也，幸不幸命也，當不當分也。一命一分，人
> 其逃乎。
>
> 曰：何為分？何謂命？
>
> 曰：小人之遇福，非分也，有命也，當禍，分也，非命也。君子之遇
> 禍，非分也，有命也。當福，分也，非命也。〔註259〕

「禍福兆時皆有漸，不由天地只由人。」〔註260〕，「分」是君子行善當福，
小人行惡當禍，理之應然，性在物謂之理，一物成一物的理由，人之所以為人
在於理。「君子作福，小人作威。作福福至，作威禍隨。」〔註261〕，「命」中
小人行惡遇福，君子行善遇禍，這是可能的。小人遇上福氣不是他應得，而是
他的命使然，君子碰到災禍，不是他應得，而是他的命，碰上福氣是他應得，
不是他的命。

（四）「命」由「道」出

邵雍把生死問題，轉為一個宇宙生化規律的問題，在物類變化的「數」中

〔註257〕《莊子・天地》。
〔註258〕《皇極經世書》，〈觀物內篇〉之八，頁230。
〔註259〕《皇極經世書》外書，〈漁樵問對〉，頁418。
〔註260〕《伊川擊壤集》卷十九，〈至論吟〉，頁316。
〔註261〕《伊川擊壤集》卷十六，〈君子吟〉，頁262。

呈現，人雖為萬物之靈，但受制於數，與其他萬物無異。心、性、理、道、太極為「一」，「命」包括性、心、身、物，「道」則是性、心、身、物的根源，命由道出，道是天地人物的共同跟源。

「究天人之際，通古今之變，成一家之言。」超越時空的情懷，「天命」的肯定、信天、順天，無道是禍，有道是福，人之情在於順乎天而應乎人，「命」幸不幸，修福禳災，「福」講求是圓滿。

表2-2：邵雍「命」由「道」出，心性身物之關係簡表

命： 心性身物	關係： 心性身物	「命」由 「道」出	外　延	內　涵
性	道的形體	性傷 道亦從之，以道的立場看性。	性＜心＜身＜物	性＞心＞身＞物。
心	性的郛郭	心傷 性亦從之，以性的立場看心。		
身	心的區宇	身傷 心亦從之，以心的立場看身。		
物	身的舟車	物傷 身亦從之，以身的立場看物		

邵雍無法化解命定論系統的德福不一致理論困境，最後，還是「命」的力量在現實中成為主宰，由此可見，邵雍「天生此身人力寄，人力盡兮天數至。」非一般的宿命論，「以道化民者，民亦以道歸之，故尚自然。」〔註262〕以道化民者尚自然、行無為、不固為不固有，故能廣大的三皇境界。以老子無為為境界與孔子仁義價值合一者，這是充滿義理的天命論。

本文以「心─樂─道─美」的宏觀描述，分析邵雍生命元素。邵雍心性二分，後為心性一元，（論述心性一元，萬物一體的概念），質問「心─命─道─福」的生命歷程，微觀分析心性身物之關係，導出「命」由「道」出，理學美學視角進入邵雍生命美學的場域。

〔註262〕《皇極經世書》，〈觀物內篇〉之四，頁162～163。

第三章 「心─樂─道─美」歷程與
審美理想

　　承第二章，邵雍「心─樂─道─美」思想因子的宏觀描述，從邵雍心性哲學的觀點，微觀分析本章：第一節「心」至「樂」的心性歷程，第二節「樂」至「道」的審美歷程，「詩」的教化與美育，第三節「道」至「美」的倫理歷程，第四節追求合一於「道」的審美理想。

圖 3-1：邵雍「心」至「樂」的心性歷程

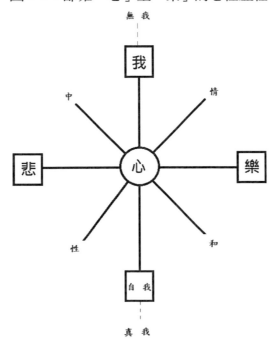

圖解（圖3-1）：源自邵雍八卦圖，八卦相錯、交錯為六四卦的構思、《皇極經世書》備天地萬物者人之謂也、陰陽剛柔，則猶人之精神。本文將以本圖作為論述本章審美歷程及各節的思路：

主體（我）與客體（物）建構審美關係，「心」與「樂」的橫向分析，「無樂」、「有樂」、「至樂」的審美現象，主體（我）樂由心生的感知，為「情」所困而不具理性，遂有「我」的觀念。「心」與「我」縱向審美心理分析，「無」、「有」與存在形上問題，「境」美學概念，有我、無我之境，「性」自然天性，「情」乃人的喜怒哀樂等七情之欲，若能屏除感官慾望，「性」與「情」是一種天然，人的真正的有我，性情體用，「和諧」則是自然全美的審美理想。

第一節 「心」至「樂」的心性歷程

宋朝審美文化對於「美」較少談論，宋人「樂」的視野看似「美」的追求。邵雍「樂」的哲學作為認識其理學美學的開始，「入興貴閒」的審美感興，感於物而興於「理」的審美存在。可以，類比邵雍認識論主張放棄主體的「我」，有我（假我）的觀點，不是「以我觀物」的主觀去觀物，而是無我（真我）的概念，「以物觀物」用物的本性觀物，人心「反觀」自心，心中見到自己的性理，自己的性理直觀到萬物的性理，它既是主觀又是客觀的「理」。

一、「以我觀物」與「以物觀物」

「夫所以謂之觀物者，非以目觀之也，非觀之以目而觀之以心也，非觀之以心而觀之以理也。」「以目觀物見物之形，以心觀物見物之情，以理觀物盡物之性。」〔註1〕，邵雍提出「目觀、心觀、理觀」三觀說，仍以周公「大觀在上」及「觀，盥而不薦」的超越思想為至高境界。

（一）「目觀、心觀、理觀」三觀之說

1.「目觀」見物之形

邵雍「觀物」思想認知過程中，「是知，我亦人也，人亦我也，我與人皆物也。」〔註2〕體悟到人與人是一樣，人與物也一樣，彼此都是物。聖人「能一萬物之情」是因為善於「反觀」，即是「以物觀物」，消除「我」對認知蒙蔽，

〔註1〕《皇極經世書》，〈觀物內篇〉之十二，頁275。
〔註2〕《皇極經世書》，〈觀物內篇〉之十二，頁278。

則人物無別，萬物一體，互相認知自然達到「其見至廣，其聞至遠，其論至高，其樂至大。」的審美愉悅。

> 性者，道之形體也，性傷，則道亦從之矣。心者，性之郭郭也，心傷，則性亦從之矣。身者，心之區宇也，身傷，則心亦從之矣。物者，身之舟車也，物傷，則身亦從之矣。是知，以道觀性，以性觀心，以心觀身，以身觀物，治則治矣。然猶未離乎害者也，不若，以道觀道，以性觀性，以心觀心，以身觀身，以物觀物，則雖欲相傷，其可得乎。〔註3〕

「以目觀物者，見於前而忘其後，得於近而遺於遠烏，足以盡天下之物哉。」〔註4〕「故善觀者必以物善，觀物者必以道謂得道，而忘物則可矣，必欲遠物而求道不亦妄乎。有物之大莫若天地，然則，天地安從生道生天地而太極者道之全體也。」〔註5〕

表3-1：道、心、身、物之關係

性者	道的形體	性傷	道亦從之，以道的立場看性。
心者	性的郭郭	心傷	性亦從之，以性的立場看心。
身者	心的區宇	身傷	心亦從之，以心的立場看身。
物者	身的舟車	物傷	身亦從之，以身的立場看物。

所以，「以目觀目」得以見物之形，可知「道」、「心」、「身」、「物」相互制約的關係。若要遠離災害，應是以道觀道，以性觀性，以心觀心，以身觀身，以物觀物，若萬物各付予本位，將發現「萬物並育而不相害」，個人雖死生榮辱轉戰於面前，而哀樂之情未曾入於心中。

2.「心觀」見物之情

「心」觀物之象，同化於物，則實為「至妙至神」之心固可。神之所在，太極之所在。「故古之聖人以一心而推萬心，以一物而觀萬物，以一世而知萬事者，蓋由斯道也。」〔註6〕感官知覺的是外面的實體，不是感官的印象。「口之於味也，目之於色也，耳之於聲也，鼻之於臭也，四肢之於安逸也，

〔註3〕《伊川擊壤集》序，頁2。
〔註4〕《皇極經世書》，〈觀物內篇〉之十二，頁281～282。
〔註5〕《皇極經世書》，頁105～106。
〔註6〕《皇極經世書》，頁152。

性也。」〔註7〕此處的性為人的天能，人的感官具有認識自己對象的本能。「以心觀物者，有所忿嚏則不得其正，有所恐懼則不得其正，有所好樂則不得其正，有所憂慮則不得其正，烏足以蓋天下之物哉。」〔註8〕即是，以道觀性，以性觀心，以心觀身，以身觀物。

3.「理觀」盡物之性

「察其心，觀其迹，探其體，潛其用，雖億萬千年亦可以理知之也。」〔註9〕心為先天，迹為後天。研究分析古人之心與迹，當以「以古自觀」，理觀即以道觀道，以性觀性，以心觀心，以身觀身，以物觀物。

> 以理觀物則是是非非善善惡惡，無遠無近無前無後，無得而逃於吾之所觀矣，無得而逃於無之所觀，則天下之理皆得矣。天下之理皆得，所以能窮理盡性以至於命也，理者窮之而後，知性者盡之而後，知命者至之而後，知此三知者，聖人之真知也，知是三者則其於天下之事，何所不知矣。〔註10〕

何謂「真知」？莊子認為「真知」是要了解萬物變化流轉真象，洞察萬物的變化，如同〈至樂篇〉的「觀化」，說明人與自然的不可分割與親和的關係。

> 人或告我曰：「天地之外，別有天地萬物，異乎此天地萬物」，則吾不得而知之也。非唯吾不得而知之也，聖人亦不得而知之也。凡言知者，謂其心得而知之也。言言者，謂其口得而言之也。既心尚不得而知之，口又惡得而言之乎？以心不可得知而知之，是謂妄知也。以口不得言而言之，是謂妄言也。吾又安能從妄人而行妄知妄言者乎？〔註11〕

邵雍認為由「心」得知之知，始可稱為「真知」，反之，則為「妄知」。天地萬物被肯定是因它被「心」所認識，異乎此天地萬物的另一天地，因不被「心」所認識就不能肯定它是否存在，然而不「妄知」必有「主靜」功夫。所以，天地萬物非是由心而生，而是由心認識的具體實在的宇宙。

然而，觀物不僅要「目觀」、「心觀」、「理觀」，還要有「反觀」功夫。邵

〔註7〕《孟子·盡心下》。
〔註8〕《皇極經世書》，〈觀物內篇〉之十二，頁282。
〔註9〕《皇極經世書》，頁146。
〔註10〕《皇極經世書》，〈觀物內篇〉之十二，頁282。
〔註11〕《皇極經世書》，〈觀物內篇〉之二，頁146～147。

雍總結：「天下之物，莫不有理焉，莫不有性焉，莫不有命焉。所以謂之理者，窮之而後可知者也；所以謂之性者，盡之而後可知也；所以謂之命者，至之而後可知也。此三者，天下之真知也，雖聖人無以過之，而過之者，非所以謂之聖人也。」邵雍觀物思想影響後人，例如，朱熹訓格物為窮理與王陽明「致良知」學說。

「以我觀物」與「以物觀物」兩者的區別，在於前者用一般人的「心」觀物，是一種「有限」的觀物，「觀之以目」與「觀之以心」屬於「以我觀物」，後者以萬物之「理」觀物，以「道心」〔註12〕觀物是一種「無限」的觀物方法，「觀之以理」就是「以物觀物」。

（二）「我」與「物」的關係

柳宗元（773～819）：「美不自美，因人而彰。」，美具有照亮生命、創造與生成的作用，美不能離開人的審美活動，審美活動是一種精神與文化的活動，然而審美活動的核心，是以「審美意象」為對象的人生體驗，人的精神超越「自我」的有限性，獲得自由和解放，回到人精神層面確認自我的存在。

「自我」既是觀察者，也是參與者，透過不斷學習與他人互動，經由藝術創造過程，不陷入過往經驗走出自我的框架。例如，揚雄《法言·問神》：「畫者從於心者也」，「文，心學也」，「書，心畫也」。書法通過傳神寫意表現個性，筆墨性情中顯現「自我」的存在。

「何謂我？何謂物？」曰：「以我徇物，則我亦物也，以物徇我，則物亦我也。」〔註13〕「我」是認識主體，「物」是客體，「物我一體」的修養。「以物觀物」是我（主體）與物（客體）呈現「主客合一」，「以我觀物」我呈現是無我境界，「人我合一」無我是能無我，作天地之主宰。「聖人利物無我」，人、物與我的眾觀與自觀的視野有所不同，在藝術創造中找到「自我」，「無遁形」邵雍看到畫與詩的造型，「無遁情」邵雍看到畫與詩的抒情藝術，「無我」則是「天人合一」的藝術境界。

> 夫古今者，在天地之間猶旦暮也。以今觀今則謂之今矣，以後觀今則今亦謂之古矣，以今觀古則謂之古矣，以古自觀則古亦謂之今矣。是知古亦未必為古，今亦未必為今，皆自我而觀之也。安知千古之

〔註12〕《書·大禹謨》：「人心惟危，道心惟微。」，道心就是天理，義理，人心就是人欲。

〔註13〕《皇極經世書》，〈漁樵問對〉，頁410。

前，萬古之後，其人不自我而觀之也。〔註14〕

「以我觀物」著重我的色彩表現主義的審美方法，「以我觀物」在藝術創作中找到自我。「以物觀物」是物我交融不分的境界。「花妙在精神，精神人莫造。」，賞花之妙以「神」不以「貌」，應是「物的精神」是「人的精神」的對象化。

邵雍時間觀具有古今、自我、不自我的相對觀。現時生命的詮釋，相對於康德的審美靜觀對於它的對象之存在還是不存在是全然的不關心。「以物觀物，性也；以我觀物，情也。性公而明，情偏而暗。」，「任我則情，情則蔽，蔽則昏矣；因物則性，性則神，神則明矣。」因性情之分遂有觀物之別，以物觀物因性之性，神而明，以我觀物任我之情，蔽而昏，依性制情的觀物功夫，以物觀物情累俱忘，自得天理真樂。

「天地亦萬物也，萬物亦我也，我亦萬物也，何物不我，何我不物，如是，則可以宰天地，可以司鬼神，而況于人乎？況于物乎？」，「萬物無所不稟，則謂之曰命。萬物無所不本，則謂之曰性。萬物無所不主，則謂之曰天。萬物無所不生，則謂之曰心，其實一也。古之聖人窮理盡性，以至于命盡心，知性以知天，存心養性以事天，皆本乎此也。」〔註15〕反躬內心，「以物觀物」排除個人情感去體察萬物，窮理盡性知命，取得各物之「理」、「性」、「命」的「真知」後，即能形之於外，「聖人」得以實踐天地，所賦之形而合之於天，由此「心物合一」貫通「天人合一」的路徑。

「天下之物莫不有理焉。」，邵雍認為物理、天理是人的本質對象化，這是他所不取「以我觀物」的結果。「以物觀物」又安有於其間哉，與康德「無利害」〔註16〕審美觀相似，鑑賞是通過不帶任何利害的愉悅或不悅，而對一個對象或一個表象做評判的能力，這樣的愉悅的對象就叫做「美」。「以物觀物」的本質「以神為神」，觀物者非以目觀之，非觀之以心而觀之以理，「以物觀物」觀之以目、觀之以心、觀之以理。「莊子齊物未免乎較量，較量則爭，爭則不

〔註14〕《皇極經世書》，頁173。
〔註15〕《皇極經世書》，頁130。
〔註16〕曹俊峰：《康德美學導論》，台北：水牛圖書出版事業有限公司，2003，頁184～248。
康德《叛斷力批判》一書，審美判斷四個契機學說，審美判斷的第一要點：審美無利害，審美無利害的確切提法是「規定鑑賞的快感是沒有任何利害關係的」，康德要說的是，不是美的事物（客體）沒有利害關係，而是說美情感沒有利害關係。

平，不平則不和，無私無為者，神妙致一之地也。所謂一以貫之，聖人以此洗心，退藏于密。」〔註17〕邵雍：「若道先天無一事，後天方要著功夫。」唐君毅〔註18〕認為，後天功夫歸於以物觀物的功夫，若全歸於以物觀物，將歸於先天無一事，如是觀物之事，非儒者所重視「成己成物」的實踐精神，除了觀物之外，實無工夫可用之說的觀點。

「以物觀物」自能「以物喜物，以物悲物」，與天地萬物融而為一。然而達於聖人一心觀萬心，一身觀萬身，一世觀萬世的境界，「先天學，心法也。圖皆從中起，萬化萬事生於心也。」，「物莫大於天地，天地生於太極，太極即是吾心，太極所生之萬化萬事，即吾心之萬化萬事也。故曰天地之道備於人。」從心學下功夫，才能以天道體驗人事，人事體驗天道。

「觀物」以天地為物，人對物是人為用而物為體，我即是萬物，萬物即是我，「是知，我亦人也，人亦我也，我與人皆物也。」〔註19〕「日月星辰天之明，耳目口鼻人之靈。皇帝王伯由之生，天意不遠人之情。飛走草木類既別，食衣工商品自承。安得歲豐時長平，樂與萬物同其榮。」〔註20〕等同於人是我是物，自然之理是日月星辰，人的「耳目口鼻」是人的「血氣骨肉」為天地之用，邵雍自樂與自得，陷入溺於情好、傷性害命的困境，表明自己樂於與「萬物同其榮」的理想。

「一氣纔分，兩儀已備。圓者為天，方者為地。變化生成，動植類起。人在其間，最靈最貴。」〔註21〕「唯天有二氣，一陰而一陽。」〔註22〕直述邵雍觀物思想。周敦頤《太極圖說》：「五行之生也，各一其性，二五之精，妙合而凝，乾道生男，坤道生女。二氣交感，化生萬物。萬物之生生，而變化無窮焉。」〔註23〕一即太極，二即陰陽，陰陽二氣與五行之氣，因為動靜交感而生萬物。「惟人也，得其秀而最靈，形既成矣，神智發矣，五性感動，而善惡分，萬事出矣。聖人定之以中正仁義而主靜（無欲故靜），立人極焉。故聖人與天合其德，日月合其明，四時合其序，鬼神合其吉凶。君子修之吉，小人悖之兇。故

〔註17〕《皇極經世書》，〈觀物外篇〉下，頁398。

〔註18〕唐君毅：《唐君毅全集》第十二卷，中國哲學原論導論篇，台灣學生書局，1991年，頁444。

〔註19〕《皇極經世書》，〈觀物內篇〉之十二，頁278。

〔註20〕《伊川擊壤集》卷之十，〈樂物吟〉，頁150。

〔註21〕《伊川擊壤集》卷之十七，〈觀物吟〉，頁265。

〔註22〕《伊川擊壤集》卷七，〈唯天有二氣〉，頁99。

〔註23〕黃公偉：《宋明清理學體系論史》，幼獅書店，台北：1971，頁59。

曰：立天之道曰陰與陽，立地知道曰柔與剛，立人之道曰仁與義，「原始反終，故知生死之說。大哉易也，斯其至矣。」〔註24〕

「天人一本」表明人的地位，並不低屬於天。「天由道而生，地由道而成，物由道而形，人由道而行，天地人物則異也，其于由道一也。」「嘗謂萬物莫不由之，之謂道，天地人物皆由乎道者也。」〔註25〕天地人物各不相同，卻同出於道，所以「道」具有萬物的本原。

何謂我？何謂物？

曰：「以我徇物，則我亦物也，以物徇我，則物亦我也，我物皆致意，由是明天地亦萬物也，何天地之有焉？萬物亦天地也，何萬物之有焉？萬物亦我也，何萬物之有焉？我亦萬物也，何我之有焉？何物不我，何我不物，如是，則可以宰天地，可以司鬼神，而況於人乎！況於物乎！〔註26〕

當「我」與「物」為一，「我亦人也，人亦我也，我與人皆物也。此所以能用天下之目為己之目，其無所不觀矣；用天下之耳為己之耳，其耳無所不聽矣；用天下之口為己之口，其口無所不言矣；用天下之心為己之心，其心無所不謀矣。」〔註27〕不分物我之時，以天下之心為己心，以天下之情為己情，以天下之理為己理，進而達到天下之大理，無所不謀，此為聖人。

邵雍的「我」與「物」合一，便是超越一己的「我」，進入「道」的境界，也是「聖人」境界。《尚書·大禹謨》：「人心惟危，道心惟微，惟精惟一，允執厥中。」所謂「道心惟微」，此處「微」表示微妙之微，我們要以無聲無臭這個道心，駕御千變萬化的人心。「物有聲色氣味，人有耳目口鼻。萬物於人一身，反觀莫不全備。」〔註28〕即以道觀性，以性觀心，以心觀身，以身觀物，因閒觀時、因靜照物，閒靜觀天時，觀者（人）與被觀者（物）的主客合一。「天下目為目，謂之明四目。天下耳為耳，謂之達四聰。」〔註29〕莊子：「聽之以耳，聽之以心，聽之以氣」，邵子：「觀之以目，觀之以心，觀之以理。」，「以心觀心」達到心性融合，惟精惟一的境界。道心是天地自然之心，「以物

〔註24〕同上註，頁59。
〔註25〕《皇極經世書》，〈觀物內篇〉之九，頁238。
〔註26〕《皇極經世書》，〈漁樵問對〉，頁410～411。
〔註27〕《皇極經世書》，〈觀物內篇〉十二，頁278～280。
〔註28〕《伊川擊壤集》卷十九，〈樂物吟〉，頁317。
〔註29〕《伊川擊壤集》卷十一，〈唐虞吟〉，頁175。

觀物」便是以「道心」觀物。

「莊子與惠子游于濠梁之上，莊子曰：鰷魚出游從容，是魚樂也。此盡己之性，能盡物之性也，非魚則然，天下之物皆然，若莊子者可謂善通物矣。惠子曰：「子非魚，安知魚之樂？」莊子道：「子非我，安知我不知魚之樂？」〔註30〕我是萬物，萬物即我，基於同理心立場，融入天地萬物的「共情」。「以天地觀萬物，則萬物為萬物，以道觀天地，則天地亦為萬物。」〔註31〕「天地豈無情，草木皆有實。物本不負人，人自負於物。」〔註32〕邵雍贊同莊子「天地與我並生，萬物與我為一」〔註33〕，這是審美心胸的最高境界。

《中庸》：「莫見乎隱，莫顯乎微，故君子慎其獨也。」慎獨為了允執厥中。「纖鮮不足留，此失一生休。放你江湖去，寬渠鼎鑊遊。更宜深避網，慎勿誤吞鉤。天下多庖者，無令落庶羞。」〔註34〕放小魚逃生，象徵上達「自然即自由」之境，邵雍將它視為人與自然的和諧共處，把握真心體悟天人合一的境界。

（三）「我」與「境」的層次

劉禹錫：「境生於象外。」〔註35〕意境的形式為虛與實、有與無的有機結合，譬如，畫一幅山水畫的虛實相應，留下空白處，呈現咫尺有萬里之勢。「意境」的內涵比「意象」豐富，「意象」的外延大於「意境」。因此，不是一切審美意象都是意境，只有取之象外，才能創造意境，「以物觀物」的「無我」之境，「以我觀物」的「有我」之境，皆是對於人與自然的審美鑑賞。

王國維在《人間詞話》提出「有我之境」與「無我之境」〔註36〕的區分：

> 有「有我之境」，有「無我之境」。「淚眼問花花不語，亂紅飛過鞦韆去」，「可堪孤館閉春寒，杜鵑聲裏斜陽暮」，有我之境也。
> 「採菊東籬下，悠然見南山」，「寒波澹澹起，白馬悠悠下」，無我之境也。有我之境，以我觀物，故物皆著我之色彩。無我之境，以物觀物，故不知何者為我，何者為物。

〔註30〕《皇極經世書》，〈觀物外篇〉下篇，頁397。
〔註31〕《皇極經世書》，〈觀物內篇〉之三，頁148～149。
〔註32〕《伊川擊壤集》卷之三，〈秋懷三十六首〉，頁150。
〔註33〕《莊子·齊物》。
〔註34〕《伊川擊壤集》卷七，〈放小魚〉，頁99。鮮，四部叢刊本、四庫本作鱗。
〔註35〕劉禹錫《董氏武陵傳記》。
〔註36〕葉朗：《中國美學史》，台北：文津出版社，2011，頁327～333。

　　「有我之境」是以我觀物，故物皆著我之色彩；「無我之境」是以物觀物，故不知何者為我，何者為物。「以物觀物」借由客觀詩人的審美觀照方式，即是以「物」的立場，客觀的認識物，「以我觀物」是從「以情累物」的主觀認識方法，「以物觀物」前面的「物」指的是客觀物理，兼指主觀理性，做為認識主體，客觀物理立場來觀物，實際上仍以主觀理性的本位觀物。

　　「有我之境」與「無我之境」區分的美學意義？邵雍針對「我」、「境」觀物思想有不同的理解，「物」存在於天地間一切人事物的通稱，指「我」以外的一切人事境界，相對於「我」而言，指的是作品或言談中的內容。審美主體的「我」，「以我觀物」一己之我沒有完全超越，所以是「有我」，「以物觀物」一己之我被完全超越而與物合一，「自我」消失了變成「無我」。以物觀物，不知何者為我，何者為物，無我之境屬於形上靜觀下的產物。

　　王國維提出「有我之境」與「無我之境」區分的美學意義？葉朗認為他企圖通過審美觀照的分析，進行審美意象的分類，新的嘗試可能是不成功，王國維嘗試本身對於美學思想發展的推動，具有積極意義。王國維「有我之境」與「無我之境」同樣是建立在這種「觀物」思想的理論基礎上，只是他嘗試以審美觀照的分析，來對審美意象做分類。

　　邵雍認為，客觀物理與主觀理性是二位一體，「以物觀物」表述為「觀物以理」，「以物觀物」後面的「物」指得是物的精神而非物的形貌，「花妙在精神」與「從物見微妙」均有事物的妙處，「自然美」全在此的意涵。物我兩忘強調人與自然同一。

　　莊子：「無聽之以耳，而聽之以心；無聽之以心，而聽之以氣。」〔註37〕「聽之以耳」出自感性認知，「聽之以心」是理性認知，「聽之以氣」是虛而待物者也。「以物觀之」自貴而相賤，「以俗觀之」貴賤不在己。物我生命融合，具象與抽象，物與我，情與景，形式法則與主觀情趣的統一。

　　「兩忘」是忘卻主客體的區別，「物我兩忘」自然生命運動本身具有自在自為的整體性的「大美」境界。孔子：「天何言哉，四時行焉，百物生焉，天何言哉？」天地的大美就在四時輪迴與百物的繁衍中發展，莊子：「天地有大美而不言。」〔註38〕天地之下可以無所不美，每個人將發現自己存在的特殊性。沈約《郊居賦》：「惟至人之非己，固物我兼忘。」，「物我兩忘」用於學習

〔註37〕《莊子‧人世間》。
〔註38〕《莊子‧知北遊》。

修練的各種技藝，詩學古典美學，創作時藝術家主體與創作對象的客體渾然為一而兼忘的境界。

例一，「若一志，無聽之以耳而聽之以心，無聽之以心而聽之以氣。聽止於耳，心止於符。氣也者，虛而待物者也，唯道集虛。虛者，心齋也。」〔註39〕當心能以「虛」〔註40〕集道，就能聽見「天籟」，做到心齋了。

例二，庖丁「以我觀物」所見無非全牛也，牛與庖丁成為陌生的對立物，他沒有自由的感覺。「以物觀物」則因時間流「未嘗見全牛」，牛與他的對立消解了，庖丁技藝達到「以神遇而不以目視，官知止而神欲行。」他解牛的動作依乎天理，處處合乎自然規律，「庖丁解牛」藉技藝創造出神入化，心與物化，目的在於談道，專注而忘我，「刀」象徵精神，得道的審美趣味。

例三，蘇軾：「與可畫竹時，見竹不見人。豈獨不見人，嗒然遺其身。其身與竹化，無窮出清新。莊周是無有，誰知此凝神。」，身與竹化乃視竹為與自身心靈相通的君子，人與竹的精神聯繫，達到「物我合一」的境界。

上述三個例子，說明「物我兩忘」，「君子可以寓意于物，而不可以留意于物。寓意于物，屬微物足以為樂，屬尤物不足以為病；留意于物，屬微物足以為病，屬尤物不足以為樂。」〔註41〕「游於物之外」不為物役，類比莊子「逍遙遊」觀點，寓意於物而不留意於物，無論物的美醜、大小、貴賤都可獲得審美愉悅。「游於物之內」為情所累，不能享受美的愉悅。

「人之所欲無窮，而物之可以足吾欲者有盡」，蘇軾隨遇而安，隨物而樂的任性之樂，任性之樂就是不必刻意去追求，與某種外在於「性」的道的合一順性而為，使自己的行為順應並符合性的發展，所謂「應物」一種無執的心靈，平生以道，「自其不變者觀之，則物我皆無盡也。」專以待外物之變，展現「人生如寄，寓意於物而不留意於物。」的性命自得。

漁者曰：「以我徇物，則我亦物也，以物徇我，則物亦我也。我物皆致意，由是明天地亦萬物也，萬物亦我也，我亦萬物也，何物不我，何我不物，如是則可以宰天地，可以司鬼神，而況于人乎！況于物乎！」〔註42〕物我一體是無

〔註39〕《莊子・人世間》。
〔註40〕 「虛」指的是無色、無味、無明、無暗、無形、無勢（大小、高低、長短、遠近）、不將就、不迎合，所以可以包納萬物，可入色、入味、穿明、穿暗、能依勢，可被將就、迎合，一切源自天地正氣的運作，就是無處不在的「道」。
〔註41〕 蘇軾（1037～1101），字子瞻，號東坡居士，眉山（今四川）人，《蘇軾文集》卷一，〈寶繪堂記〉。
〔註42〕《皇極經世書》，〈觀物外篇〉下，頁410。

我之境，無我便能作天地的主宰。「以道觀道，以性觀性，以心觀心，以身觀身，以物觀物。」，邵雍以自然美進行審美觀照，詩歌具有整體性、真實性、多義性、獨創性的意象特點，「以神理相取，在遠近之間。」的詩境。

「興」的本質是物對於心的自然感受，心對於物的自然契合。「感興」為感於物而興，「詩者，吟詠情性也。」，「詩者人之志，非詩志莫傳。人和心盡見，天與意相連。論物生新句，評文起雅言。興來如宿構，未使用雕鐫。」〔註43〕邵雍以「心」虛靜不動，自覺進入的空明澄靜的精神世界，「閒」以無意為之的閒適心態，進入「是以四序紛回，而入興貴閒。」的審美感興，為物我交融、物我合一與萬化冥合,我與世界的體驗為高層次的見至廣、聞至遠、論至高、與樂至大的境界。

「經道之餘，因閒觀時，樂而未嘗淫，雖曰吟詠情性，曾何累於性情哉！」，「情」是無喜怒哀樂之情，實質上是指道德性命的「性」，邵雍理學美學的視角，「明心見性」代替了文學上的「言志舒情」。

邵雍何以寫許多的安樂、逍遙詩，盡享「入世之樂」的順其本性逍遙自適。「以物觀物」情累都忘〔註44〕？潘立勇認為，邵雍以「觀物之樂」的心態去對待「入世之樂」，例如，喝酒順其自然，交游只在靜觀、作詩只求自得、為學不求刻意只在於樂，都是以一種以物觀物、情累都忘的人生態度，最後，追求還是觀物之樂，兩者似乎存在矛盾，並且解釋不清。

邵雍取「觀物之樂」以求真（美），北宋五子其他四人，則取「名教之樂」以求善，筆者以為「名教之樂」是道德境界，只是，邵雍生命態度與審美態度的認知有所不同。

二、心性為本

徐復觀《中國藝術精神》認為道德、藝術與科學是人類文化的主流，中國文化是「心」的文化，心是道德和藝術的主體，也是人心價值的根源，中國藝術精神不僅僅是藝術，也融入了道德實踐。

中國哲學思想與山水藝術思想貼近，皆源於儒、道、佛三家之心學思想，形而上的心性問題，自荀子、孟子開其端，宋明後漸入精微，自始稱為「心學」。理學家大都以心是性的具體化，心是能知能主宰。

〔註43〕《伊川擊壤集》卷十八，〈談詩吟〉，頁299。
〔註44〕葉朗主編，朱良志副主編，《中國美學通史》──（宋金元卷）潘立勇、陸慶祥、章輝、吳樹波著，南京：江蘇人民出版社，2014，頁141～147。

　　「心性」指人之所以為人究極的道德主體性，從自我盡心知性的實踐到覺悟的動態歷程中，自覺、自悟與自證。「察其心，觀其跡，探其體，潛其用，雖億萬千年可以理知之也。」，「以目觀物，見物之形，以心觀物，見物之情，以理觀物，見物於性。」，「天下之物莫不有理焉，莫不有性焉，莫不有命焉。」，「所以能窮理盡性以至於命也」〔註45〕，謂之理者，窮之後而可知，謂之性者，盡之後而可知，謂之命者，至之後而可知，得此三知，在於求取之「真知」。

　　邵雍、程顥、陸王，依「心即理」以為本體論，主張「用由體見」發為內傾的人生觀。孟子「心」談的是本心，萬物皆備於我。荀子「虛壹而靜」之心，心為精神體。張載《正名》「性之喜怒哀樂謂之情」的「心統性情」。論「性」〔註46〕，「性即理」性亦只是理。論「心」〔註47〕對心性言，心是氣之靈。論「情」〔註48〕對心性情而言「心統性情」。

（一）盡性

　　李翱（B.C772～B.C841）《復性書》：「人之所以為聖人者，性也；人之所以惑其性者，情也。喜、怒、哀、懼、愛、惡、欲七者，皆情之所為也。情既昏，性斯匿矣。非性之過也，七者循環而交來，故性不能充也。」，情昏匿性，七情循環而交，「情」不作為充性與明性，聖人是有情而無情，無思無慮之思，可以去情之昏者。李翱認為「性」善「情」惡，「情昏而性匿」、「情不作而性充」，主張抑情復性，而「復性」即「盡其性」。性情對立，人欲復性有賴無思、無慮滅熄其情，使「心」之神明不耀不動於外，以物至而後知為格物，自保其心之清明廣大。

> 《易》之為書，將以順性命之理者，循自然也。孔子絕四，從心，一以貫之，至命者也。顏子心齋，屢空，好學者也。子貢多積以為學，臆度以求道，不能割心滅見，委身於理，不受命者也。《春秋》循自然之理而不立私意，故為盡性之書也。〔註49〕

〔註45〕《皇極經世書》，〈觀物內篇〉之十一，頁282。
〔註46〕蔡仁厚撰述，《宋明理學：南宋篇，心體與性體義旨述引》，台北：臺灣學生書局，1983，頁190～193。
〔註47〕同上註，頁193～196。
〔註48〕同上註，頁196～201。
〔註49〕《皇極經世書》，〈觀物外篇〉下，頁379。

「春秋盡性之書也。」〔註50〕、「老子知易之體者也。」〔註51〕邵雍認為，《易》、《春秋》兩書指示學者尋求自然之理，生命的形成後人就有自己的人性，以為個人性命的價值必須在宇宙自然的整體脈絡下來認識，「性之在物之謂理」，只有在人者謂之性，人能使個體的性理與天地之理合而為「一」，這是他「盡性」的方式。

「天理性理」皆為實理？宋明理學家中直接將性與理連說始於程頤、程顥〔註52〕，邵雍：「在物謂之理」，周敦頤在《通書》：「禮曰理」，張載：「義命合一存乎理」，此「理」是指人生行為的當然之理，並非名理或空理，未明言性即理。

程頤：「己與理為一」即是「性即理」，程顥：「天所付與之謂命」、「稟之在我之謂性，見於事業之謂理」、「在義為理」這種「理」成為人的正當行為事業的當然之理，與天性命相通貫為「一」者，朱子講理雖及物理，主要談仁義禮智之性理。陸象山言心即理，此「心」指「宇宙即吾心」的本心，王陽明以良知即天理，良知的好惡是人心中之天理的流行。王夫之：「氣之化而人生焉，人生而性成焉。」〔註53〕「命自降而性日生」，性因天命而成，物體因性而成。王夫之認為天地人物皆一氣所化生，不同特性與性質不同，理亦不同，生命具有高低程度的實體，其成因是氣的清濁，但氣的清濁由於單體的限制在於天命之理。

「自然而然者，天也。惟聖人能索之效法者，人也。若時行時止，雖人也，亦天也。」〔註54〕「生者性天也，成者形地也。」〔註55〕邵雍認為「性」最初始萬物的生命本質或性命理則，例如，木之性，指的是它生命的自然本質與活動理路，「我性即天，天即我」，人心兼天性即為物理，故只要盡人心，便可盡天性，「人之類，人備乎萬物之性」天地的道理具備於人，萬物的道理具備於

〔註50〕 《皇極經世書》，〈觀物外篇〉下，頁379。
〔註51〕 《皇極經世書》，〈觀物外篇〉下，頁398。
〔註52〕 《唐君毅全集》第十二卷，中國哲學原論導論篇，第二章原理下：空理性理與事理，台北：台灣學生書局，1991年，頁70～75。
〔註53〕 錢憲民：《快樂的哲學——中國人生哲學史》，台北：洪葉文化事業有限公司，1996，頁203～207。
王夫之（1619～1692），字而農，號薑齋，學者稱船山先生。《讀四書大全說》卷十。
〔註54〕 《皇極經世書》，〈觀物外篇〉下，頁347。
〔註55〕 《皇極經世書》，〈觀物外篇〉下，頁347。

身，變化的道理具備於神，天下的各種道理都具備，還有什麼可以思慮，由此可見邵雍重視人性。

　　「理」、「性」、「命」作為邵雍哲學的核心，對於心性義理的理解，處於自然造化的整體宇宙觀，反觀，「天地萬物之道」皆備於我，「如知道只在人心，造化功夫自可尋，若說衣巾便為道，堯夫何者敢披襟。」〔註56〕這是賦予每個人「天人合一」的最高可能性。人是物之靈，聖人是人之至者，聖人能以一身觀萬物，以一物觀萬物，推至本體天與人同出於太極的「氣」，聖人知「物理天性盡之於人」後，天與人同於太極的「理」，道就是理，那麼，「天理」就是「性理」，「道」與「理」是意義相同的概念。

（二）順「性」去情

　　「情」和「性」是否有相連的哲理？「性」為人的天能，人的感官具有認識自己對象的本能，「情」是人情感快樂的表現。

　　《正蒙‧乾稱》：「感者性之神，性者感之體」，「妙萬物之謂神，體萬物為之性。」，張載「體物」是依氣之清通而往體物之性，引出「就物之所然，而觀其所然，以為其所然。」〔註57〕為性的意涵，《張載集‧性理拾遺》：「發於性則見於情，發於情則見於色，以類而應也。」色情相應，情性相應，性動則有情，情便是性之動。張載反對「生之為性」與「食色性也」告子主張的人性論，他將人性區分「天地之性」和「氣質之性」，「形而後有氣質之性，善反之，則天地之性存焉。故氣質之性，君子有弗性者焉。」〔註58〕此「形而後」是說「氣質之性」是人成形後才有的，而「善反之」是說「天地之性」是人先前就有的，成了知禮成性變化氣質之道。

　　何謂「以物觀物」性之說？順人之「能體物，而然物之所以然」，得以見人的人性，順物所然而體之，觀之以道，性是「道之形體」〔註59〕人有此性人心能遍物之所然，客觀的觀察後，人就能超出主觀自我昏暗私情的限制，其心是公而明，任性不任情，性公而明，情偏而暗，入聖人之途者，性情兩相比較，一公一私，一明一暗。

〔註56〕《伊川擊壤集》卷十四，〈道裝吟〉，頁 221。
〔註57〕《唐君毅全集》第十三卷，中國哲學原論原性篇——中國哲學中人性思想之發展，台北：台灣學生書局，1991 年，頁 352～353。
〔註58〕《正蒙‧誠明篇》。
〔註59〕《唐君毅全集》第十三卷，中國哲學原論原性篇——中國哲學中人性思想之發展，台北：台灣學生書局，1991 年，頁 352～353。

　　唐君毅認為，邵雍以順性充其「以物觀物」的心知，使其神運於「一」，所觀之物的象之中，正是自拔於情的昏暗之道，意謂順性以此心知為思慮為主，所以觀物為格物。不同於李翱的要求事先無思慮，以滅其情，唯有等待物之至而後知，以自保其心清明的廣大之論。

　　「踐形治性，踐跡治情。賢人踐跡，聖人踐形。」〔註60〕「以物觀物，性也；以我觀物，情也，性公而明，情偏而暗。」〔註61〕「以物觀物」與「以我觀物」的區別，是性情對立，「任我則情，情則蔽，蔽則昏矣；因物則性，性則神，神則明矣。」〔註62〕就是把審美觀照，限制於純粹、不帶意志的認識，邵雍論述是為了驅逐情感〔註63〕。

　　問：「顏子之學，莫是先於性情上著功夫否？」曰：「然。凡人之學，亦須先於性情上著功夫。非獨於性情上著功夫；行步坐立，亦當著功夫。」〔註64〕謨錄云：「學者固當存養性情。然處事接物，動止應酬，皆是著功夫處，不獨性情也。」

> 情之溺人也，甚于水。古者謂水能載舟，亦能覆舟。是覆載在水也，不在人也。載則為利，覆則為害，是利害在人也，不在水也。不知覆載能使人有利害耶？利害能使水有覆載耶？二者之間必有處焉。就如人能蹈水，非水能蹈人也。然而有稱善蹈者，未始不為水之所害也。若外利而蹈水，則水之情亦由人之情也；若內利而蹈水，則敗壞之患立至於前，又何必分乎人焉水焉，其傷性害命一也。〔註65〕

　　邵雍把「情」溺於「人」，譬作「水」與「舟」，水能覆舟亦能載舟，載為利覆為害，利害之間視「人」的處理而定，以水喻情，任性不任情，就不會為水所害。屏除利害心外利而用，情害不成其為害，「利害」之心化為個人私情與合道之情，這是邵雍對於精神生命的闡釋。

（三）反身而誠

　　「誠者，天之道；誠之者，人之道也。誠者不勉而中，不思而得，從容中

〔註60〕 《伊川擊壤集》卷十四，〈性情〉，頁221，四部叢刊本、四庫本作〈性情吟〉。
〔註61〕 《皇極經世書》，〈觀物外篇〉下，頁357。
〔註62〕 《皇極經世書》，〈觀物外篇〉下，頁355。
〔註63〕 葉朗：《中國美學史》，台北：文津出版社，2001，頁326～332。
〔註64〕 《朱子語類》卷五十九。
〔註65〕 《伊川擊壤集》序，頁1～2。

道，聖人也。誠之者，擇善而固執之者也。」〔註66〕「誠」本是一種合內外之道，也可以是一種合天人之道，誠是天之道，人若能誠便與天合一。

1.「誠」人之天理

《中庸》:「誠者，自成也;而道自道也。誠者，物之終始，不誠無物，是故君子誠之為貴。」〔註67〕,「誠，使人自成，誠之道即率性之道，為人自成之道。誠，纔能盡性，物不盡性即性不全，物即不成。人不誠，人不盡性，即不成其為人。」「自誠明，謂之性，自明誠，謂之教。」〔註68〕「誠」是本體不依賴外物，「道」本不是由外物決定而是自給決定自己的，表示「誠」與「道」是一自存、自有的實體，這本體是一切存在物所以能存在的根據。

「不誠無物」道德生活來引證與體會，例如，孝親敬長的行為，必須要有真誠的孝敬之心，其行為才有道德價值，否則，雖有孝敬行為卻無孝敬之心，只是作偽罷了，可推想天地萬物的存在都是以「誠」為根據，誠是一切的實現之理。

> 誠者，主性之具，無端無方者也。〔註69〕
> 先天學主乎誠，至誠可以通神明，不誠則不可得道。〔註70〕
> 言發於真誠，則心不勞而逸，人久而信之作偽，任數一時或可以欺
> 人，持久必敗。〔註71〕
> 人也，得之與否天也，得失不動心所以順天也，強取必得是逆天理
> 也，逆天理者患禍必至。〔註72〕

《中庸》:「天命之謂性。」性即物種之理，其限制來自天命，天命流行是「理」的實行，不落空虛乃稱為「誠」，因此，「理」的實行即是「誠」。

2.「誠」百行之源

宋代理學家認為「理」是人的天性，性者理也。「誠」〔註73〕百行之源。

〔註66〕《中庸》第二十章。
〔註67〕《中庸》第二十五章。
〔註68〕《中庸》第二十一章。
〔註69〕《皇極經世書》,〈觀物外篇〉下,頁403。
〔註70〕《皇極經世書》,〈觀物外篇〉下,頁374。
〔註71〕《皇極經世書》,〈觀物外篇〉下,頁370。
〔註72〕《皇極經世書》,〈觀物外篇〉下,頁382。
〔註73〕陳榮捷編著,譯者:楊儒賓、吳有能,朱榮貴、萬先法,《中國哲學文獻撰編》
　　　　(下冊),台北:巨流圖書公司,1993,頁599,注〔27〕誠:它的義涵不僅
　　　　是狹義的指誠,也含有信、寡過、敬、盡己之性,盡物之性,真實無妄等意涵。

誠者，主性之具，無端無方者也。「目見之為識，耳聞之謂知。奈何知與識，天下亦常稀。」〔註74〕，邵雍重視耳目經驗起於內心的真誠，「人之耳所聞，不若目親照，耳聞有異同，並棄耳目官，專用舌口較，不成天下功止成。」

「聖，誠而已矣。誠，五常之本，百行之源也。靜無而動有，至正而明達也。五常百行，非誠非也，邪暗賽也，故誠則無事矣。」〔註75〕「禮，理也；樂，和也，陰陽理而後和。君君臣臣、父父子子、兄兄弟弟、夫夫婦婦，萬物各得其理，然後和，故理先而樂後。」〔註76〕周敦頤提出「聖希天，賢希聖，士希賢。」，認為每個人都能夠也應該修養己性而成聖，使其性展現「誠」的完滿道德。聖人唯「誠」，「誠」為道德五常的本源，意指道德價值蘊藏在順乎自然大道之理中，「禮」即「理」也，這是將具有道德規範的禮樂秩序，等同於宇宙文化的理則，自然人文一元論的世界觀來看是可以被理解的。

周敦頤所創理學是倫理學的形上基礎，黃宗羲：「周子之學，以誠為本，從寂然不動處握誠之本，故曰主靜立極。」〔註77〕周敦頤以《太極圖說》建立萬物化生的系統，主張動靜互為其根本，《通書》提出《中庸》的「誠」，以誠為生生的理由，人既是最靈最秀生活當以誠為原則，以「誠」為百行之源，主靜無欲，無欲故明心，遂明心見性。

「孔子生知非假羽，孟軻先覺亦須修。誠明本屬吾家事，自是今人號外求。」〔註78〕發明本性，不假外求。「人也，得之與否天也，得失不動心所以順天也，強取必得是逆天理也，逆天理者患禍必至。」〔註79〕得失不動心，人所以順天也，強取必得是逆天理也，逆天理者患禍必至。「天雖不語人能語，心可欺時天可欺。天人相去不相遠，只在人心人不知。人心先天天弗違，人身後天奉天時。身心相去不相遠，只在人誠人不推。」〔註80〕天理者，天人之學，天理與人欲相對，「同道道亦得，先天天弗違。窮理以盡性，放言而遺辭。」〔註81〕邵雍所謂君子從天不從人，從道不從法，意誠、正心、不動心自得天理。

〔註74〕《伊川擊壤集》卷八，〈知識吟〉，頁114。
〔註75〕《通書》。
〔註76〕《通書·樂第十三》。
〔註77〕《宋元學案·卷十二·濂溪學案下》。
〔註78〕《伊川擊壤集》卷四，〈誠明吟〉，頁52。
〔註79〕《皇極經世書》〈觀物外篇〉下，頁382。
〔註80〕《伊川擊壤集》卷十八，〈推誠吟〉，頁284。
〔註81〕《伊川擊壤集》卷一，〈觀棋大吟〉，頁1。

　　《禮記・中庸》:「順乎親有道,反諸身不誠,不順乎親矣;誠身有道,不明乎善,不誠乎身矣。」反身就是內省的意思,誠為實而不虛,反身而誠意謂以至誠立身行事。孔子:「殺身成仁。」〔註82〕孟子:「仁,人之安宅也」、「舍生取義」〔註83〕雖然,犧牲生命卻用「成、取」兩字,似乎大有收獲。「萬物皆備於我矣,反身而誠,樂莫大焉。強恕而行,求仁莫近焉。」〔註84〕反省諸身而後能真實無妄,直覺一切道德之理在本心,感受到與萬物一體,萬物之理我都具備了,反身而誠便是仁心的呈現,仁心一體是不可分割,免於氣性私欲之雜念,做到「仁、義、智、禮、樂」之後,「不知足之蹈之,手之舞之。」〔註85〕的田地時就會快樂起來,孔子所謂「恕」是「己所不欲,勿施於人。」推己及人的恕道去做,強恕而行只為能夠求實踐「仁」的工夫。

　　「所謂誠其意者,毋自欺也,如惡惡臭,如好好色」〔註86〕「毋自欺」意謂不自欺也不欺人,從意識到身修是個人自我實現的過程,有始有終的一稟至誠,才能「誠於中,形於外。」全然不欺的「慎獨」。「誠者,真實無妄之謂,天理之本然也。」天本是「真實無妄」,無須藉修道過程來實現,但常人因私欲有不誠之處,必須「修道以立其誠」,擇善固執然後明善,人若能做到至誠境界,可以參贊天地之化育,由人道通達天道。

　　《中庸》:「莫見乎隱,莫顯乎微,故君子慎其獨也」謹慎獨處時心口言行如一,體現人的本質與靈魂,強調毋自欺。周敦頤《通書・慎動》:「動而正曰道,用而和曰德。匪仁、匪義、匪禮、匪智、匪信,悉邪也。邪動,辱也;甚焉,害也,故君子慎動。」「動而未形有無之間者,幾也。」說明人的一切行動,先動在心,未形諸事為,雖看不出此一動的有與無,但是,心早已動的那時也分了善惡,一切功夫全貴在心,此心無欲,窺見周敦頤重視行為與實踐。《通書・誠上》:「誠者聖人之本。」以「主靜」與「慎動」修養工夫,成就「誠」的「純粹至善」。

　　邵雍「不多求故得,不染學故明。欲得心常明,無過用至誠。」〔註87〕誠是天附予人的本性,追求人心之誠,人有真實的本心也知天道,人以自身之誠

〔註82〕　《論語・衛靈公》。
〔註83〕　《孟子・告子上》。
〔註84〕　《孟子・盡心上》。
〔註85〕　《孟子・離婁上》。
〔註86〕　《大學・傳六章・釋誠》。
〔註87〕　《伊川擊壤集》卷四,〈至誠吟〉,頁52。

推到天道之誠，推誠與道合一。「萬物皆備於我矣，反身而誠樂莫大焉，欲當大任須是篤實。」〔註88〕「毋自欺」才能「誠於中，形於外。」全然不欺的「慎獨」，「君子貴慎獨，上下不愧屋漏。人神亦吾心，口自處其後。」〔註89〕慎獨作為誠意的一部份，窺見邵雍「表裡如一」獨善其身的修養功夫。反省自己做到真誠，不為任何利益損害道義，維持「善」就是人與人之間良好關係，即是類推「反身而誠」。保持光明坦蕩的心胸，才能體會「樂莫大焉」。

三、「心為太極」的「至神至妙」之美

《易》以「中」、「正」、「仁」、「義」為道心，「乾元剛健中正」，「中正」的表象為心。「心源」指「心」之本體或本性，美感發生與藝術創作的根源。植物因吸收水分而開花結實，人因水發育成長創造一切，在其滋養而富有生機，「心源」成為藝術思想，例如，宗炳（公元 375 年～公元 443 年）「眷戀衡盧，契闊荊巫」建立心與山水合一的楷模。宋米友仁論畫：「子雲以字為心畫，非窮理者，其語不能至是，是畫之為說，亦心畫也。」康節之學似揚子雲〔註90〕。揚雄「心畫說」把「言」稱之心聲，「書」稱之「心畫」，強調「心」在藝術創作的作用。

（一）天地人之至妙者

《繫辭傳》：「陰陽不測之謂神」，這裡「神」是宇宙萬物微妙變化的規律，《說卦傳》：「神也者，妙萬物而為言者也。」，孟子：「聖而不可知之之謂神。」〔註91〕此處「神」指聖人的道德修養，達到化育天下的神秘境界。故常「無」，欲以觀其妙；常「有」，欲以觀其徼。此兩者，同出而異名，同謂之玄。「妙」〔註92〕體現「道」的無規定性和無限性。「玄之又玄，眾妙之門。」道法自然，

〔註88〕《二程遺書》卷十一。

〔註89〕《伊川擊壤集》卷四。

〔註90〕《朱子語類》卷第一百，邵子之書，頁 2545～2546。康節之學似揚子雄。揚雄（前53年～18年），《太玄》擬《易》，方、州、部、家，皆自三數推之。玄為之首，一以生三為三方，三生九為九洲，九生二十七為二十七部，九九乘之，斯為八十一家。首之以八十一，所以準六十四卦，贊之以七百二十有九，所以準三百八十四爻，無非以三數推之。康節之數，則是加倍之法。

〔註91〕《孟子·盡心下》。

〔註92〕葉朗：《中國美學史》，台北：文津出版社，2011，頁 21～23，「妙」這個範疇是老子第一次提出，《老子》第一章：道可道，非常「道」；名可名，非常「名」。無，名天地之始；有，名萬物之母。故常「無」，欲以觀其妙；常「有」，欲以觀其徼。此兩者，同出而異名，同謂之玄。玄之又玄，眾妙之門。

「妙」源於自然。

「無極之前陰含陽也，有象之後陽分陰也。」〔註93〕陽占卻陰分數。「太極道之極也，太玄道之元也，太素色之本也，太一數之始也，太初事之初也，其成功則一也。」〔註94〕「遊心於淡，合氣於漠，順物自然，而無容私焉，而天下治矣。」〔註95〕邵雍認為先天地而存在的是「一氣」，「一氣分而天地判」，「萬物各有太極、兩儀、八卦之次，亦有古今之象」〔註96〕，道生天，天生地。「道為太極」，太極見於一動一靜之間，「出入有無，死生而不測者」為神或道或易。

> 人皆知天地之為天地，不知天地之所以為天地，不欲知天地之所以為天地則已，如其必欲知天地之所以為天地，則捨動靜將奚之焉？夫一動一靜者，天地之至妙者歟？夫一動一靜之間者，天地人之至妙至妙者歟？〔註97〕

> 夫易者，聖人長君子消小人之具也。及其長也，闢之未然；及其消也，闔之未然。一消一長，一闢一闔，渾渾然無跡，非天下之至神，其孰能與此？〔註98〕

> 天有四時，地有四方，人有四肢，是以指節可以觀天，掌文可以察地，天地之理，具乎指掌矣，可不貴哉。〔註99〕

「天地萬物人」同源共存的「有機體」，「天地人之至妙者」。聖人是掌握天地萬物的知識，藉由易學的進路了解宇宙知識體系，以陰陽的變化原理了解天地變化的知識。「一動一靜之間者」即是太極，即是本體。本體顯現陰陽，陰靜而陽動，邵雍以動靜落實到現象，天地為最大二物，天只有動地只是靜，「天地人之至妙者」人能兼動靜，妙於天地處。「人者，天地之心」，天地之心即是聖人之心。人是形雖是器，言其運用處卻是道理，身是形耳，所具道理皆是形而上的。

〔註93〕《皇極經世書》，〈觀物外篇〉上，頁324。
〔註94〕《皇極經世書》，〈觀物內篇〉之五，頁181。
〔註95〕《莊子·應帝王》。
〔註96〕《皇極經世書》，〈觀物外篇〉上，頁344。
〔註97〕《皇極經世書》，〈觀物內篇〉之五，頁181。
〔註98〕《皇極經世書》，〈觀物外篇〉下，頁373。
〔註99〕《皇極經世書》〈觀物外篇〉上，頁332。

（二）「太極」之形上美

說文解字：「美，甘也，從羊從大……善與善同意，美的本義為「甘」，從華從大，指肥大的羊肉味是甘的，美與善同意。」，告子：「食色，性也。」食、色人類生存所必需的，性也是喜歡美好事物，也是人的天性。《禮記‧禮運》：「飲食男女，人之大欲存焉。」孔子對於飲食民生問題，男女康樂問題的人生形而下的看法，「思無邪」的思想通過文化薰陶與美育作用步入正道。「人法地，地法天，天法道，道法自然。」〔註100〕、「希言自然。」〔註101〕、「道之尊，德之貴，夫莫之命而常自然。」〔註102〕老子以人為本，「自然」是指事物本真的存在方式，有任其自然的方式，這種合乎本性存在方式就是「道」所要求的存在方式，老子論「美」在於本真。

「太極」為中國淵源，將美學帶入哲學的範疇，中國美學淵源萌生在《繫辭傳》第十章：「易之為書也，廣大悉備。有天道焉，有人道焉，有地道焉。兼三才而兩之，故六。六者，非它也，三才之道也」天、地、人三才，乃太極之變，即美的三律。「形而上者謂之道，形而下者謂之器，化而裁之謂之變，推而行之謂之通。」道、器、變、通是美的原理與方法。

「太極」作為美的母體，陰柔有剛陽，又剛陽有陰柔，從兩面一體、一體兩面與美的意象來看，「美」仍是完整圓滿的。美學的觀點來分析美的因子，生成皆於太極，外緣是太極皮相，內層是太極的變數，核心是太極的種子。

田曼娟《美學》一書認為，「氣」是太極飄忽、隱約的氣氛，我們可以用揣摩虛構的思緒來想像，如同佛家觀念的如夢、如幻，以「美」去界定「氣」的存在，似乎是不完整，且無法描繪它具有的神秘美。「質」是太極雛型的開始，「象」與「形」交配的結果，實（廣義）與質所表現的是自然美，氣與質同時活動的形，與氣質並列的形，它的氣息與實質可以任意雕塑稱為人工美。人類感官能感覺的美感約為三部：「色」含色聲與色形，「聲」含聲色與聲形，「形」含形色與形聲。依據美的三律，色、聲、形三部美的外在元素，加上心靈的探索，形成美的認知與美感經驗。

邵雍太極「至妙至神」美的歷程，類比太極美統領下的歷程。

〔註100〕《老子‧二十五章》。
〔註101〕《老子‧二十三章》。
〔註102〕《老子‧五十一章》。

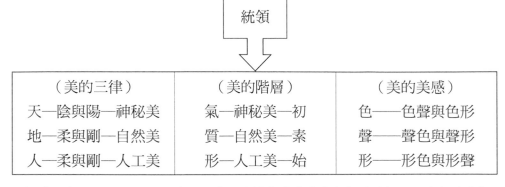

圖解（3-2）〔註103〕：說明美的三律、階層與美感皆在太極的統領下，生之於太極，成之於太極。

色、聲、形是我們感官所能察覺的美感，老子：「為無為，則無不治。」順應自然，以「無為」才能「無不為」，不亂為、妄為做到無為而治。孔子：「養其身以有為。」由味、嗅、觸、視、聽感覺到心覺至神會，表現出美與審美活動的理解。

「人之所以能靈于萬物者，謂其目能收萬物之色，耳能收萬物之聲，鼻能收萬之氣，口能收萬物之味。聲色氣味者，萬物之體也；耳目鼻口者，萬人之用也。體無定用，惟變是用；用無定體，惟化是體。體用交而人物之道于是乎備矣。」〔註104〕「體」借以特定意蘊的歷史之迹，「用」性情體用，「色聲氣味」萬物之體，「目耳鼻口」萬物之用，天地萬物的各種變化，作用於人的各種感官而得以為人所體認。人的各種內在精神變化，又都體現為感性活動。

目耳鼻口—萬物之用　目—能收萬物之色　色聲氣味—萬物之體
　　　　　　　　　　耳—能收萬物之聲

〔註103〕田曼詩：《美學》，台北：三民書局，1982，頁 219～222。
　　　　田曼詩以太極作為美的母體，正如「列子」「天瑞」——太初者，氣之始也，——太始者，形之始也，——太素者，質之始也。美的構成氣、形、質三者的晶體。作者認為中國美學有神秘美、自然美與人工美三個層次。以氣、形、質三個放射線解說美的哲學中太初、太始、太素三個光源，形成—氣—神秘美—初，質—自然美—素，形—人工美—始，三個階梯。人類感官能感覺的美感約為三部：色——含色聲與色形，聲——含聲色與聲形，形——含形色與形聲。筆者依美的三律，色、聲、形三部美的外素，加上心靈的探索，形成美的概圖說明美的認知、美感經驗在太極美統領下的歷程。
〔註104〕同上註，頁 139～140。

鼻—能收萬物之氣

口—能收萬物之味

所以，不管他們所表達的美、形、聲、色等各有不同，邵雍的「目耳鼻口」之用，「色聲氣味」之體，感官體用合一。「色聲氣味」之體，感官體用合一。以哲學觀點來看「治」的美境是相同的。

（三）至神至妙

何以太極是至神至妙之美？著眼於太極與心靈關係，強調心為太極，道、心、太極是「一」至神至妙美的歷程。

太極與心靈關係？李震〔註105〕認為太極與心靈關係密切，「心為太極」，「心」意指人心靈明，能與萬物相通，也是與太極相通，邵雍不否定道或太極的客觀性，而是以此客觀性作為精神活動的基礎。「太極只是個一而無對者。」〔註106〕邵雍：「心是太極」又「道是太極」，「道」是指天地萬物自然之理，而「心」指人得是理以為一身之主。「太極生兩儀，兩儀生四象。」心只管在那上面轉，久了便理透。

樵者謂漁者曰：「子可謂知易之道矣，吾敢問易有太極，太極何物也？」曰：「無為之本也，太極生兩儀，兩儀天地之謂乎。」〔註107〕周敦頤形容「太極無極」使易學的自然學與形上學一併昇華，邵雍以「數理」論易，使伏羲氏先天卦之二進位算術邏輯，引起西方大哲中的數學家萊布尼斯所關注，周敦儀與邵雍皆認為「太極兩儀」以論易道，使孔子「太極生兩儀」說法得以具體之理為基。

一物其來有一身，一身還有一乾坤。能知萬物備於我，肯把三才別立根。

天向一中分體用，人於心上起經綸。天人焉有兩般義，道不虛行只在人〔註108〕

物物各具太極之理，每一形體都有與天地同構的本體，事間萬物無不是「心」本體的產物，「身生天地後，心在天地前，天地自我出，自餘何足言。」，「心」在天地之前，天地自我出，心與身相去不遠，心、道、太極、一本體範

〔註105〕 李震：《基本哲學探討》，新北市新莊區：輔仁大學出版社，2005，頁 462。
〔註106〕 《朱子語類》卷第一百，邵子之書，頁 2548。
〔註107〕 《皇極經世書》，〈漁樵問對〉，頁 420。
〔註108〕 《伊川擊壤集》卷之十五，〈觀易吟〉，頁 229。

疇，邵雍「心」為太極、「道」為太極、「一」為太極、「氣」為太極與「神」為太極，實為「一」的太極觀。「一」指的是事物本然的狀態，美是存有「一」、「真」、「善」的特徵。

邵雍：「唯人兼乎萬物，而為萬物之靈者。如禽獸之聲，以其類而各能得其一，無所不能者人也，推之他事亦莫不然。唯人得天地日月交之用，他類則不能也。人之生，真可謂之貴矣。天地與其貴，而不自貴，是悖天地之理，不祥莫大焉。」〔註109〕人的形體之量沒有比物大，但人優異的特質為兆物之物，一人的價值與一兆物的價值是等同，又人兼萬物之能，廣備無缺所以真可謂之貴，而人貴的理由在於人有道德和智慧。

「理義之悅我心，猶芻豢之悅我口。」，「虛實相生，無畫處皆成妙境」的老莊思想，「夫意也者，盡物之性也。言也者，盡物之情也。象也者，盡物之形也。數也者，盡物之體也。」〔註110〕在於成德。「造化在乎心」，此心即為與自己一切道德實踐不相干的客觀心，類似莊子的游於萬化之心，心既是觀物之象，與之俱運俱化而可同化於物，「美」為至妙至神之心固可，此心或心之道或神之所在，也為太極所在。

「道為太極」，陰陽同為道和太極的內容，兩者異名同質。「心為太極」，「心」意指人心靈明，能與萬物相通，也是與太極相通，邵雍不否定道或太極的客觀性，而是以此客觀性作為精神活動的基礎。「花妙在精神，精神人莫造。」〔註111〕邵雍認為，不善賞花者只愛花的面貌，擅長賞花者，愛花「妙」的審美精神品味。發現其「花貌在顏色，花妙在精神。」的「心靈想像力」有助於認識精神美的特徵和物本質，人之神則存於心，才有邵雍「至妙至神」太極之美。

第二節 「樂」至「道」的審美歷程

宋明理學「成聖之學」的核心是聖人可由學而至，北宋理學家認為顏回是最接近聖人的，顏回具有克己復禮、博文約禮、不貳過、非禮勿視聽言動的特質，正是學做聖人的典範。

〔註109〕《皇極經世書》。
〔註110〕《皇極經世書》，〈觀物內篇〉之三，頁170。
〔註111〕《伊川擊壤集》卷十一〈善賞花吟〉，頁160。

一、孔顏之樂

　　莊子的認識論思想傾向直觀與唯心，但不是唯心論，荀子的認識論為名學，對於感官和心的認識能力的過程僅簡要說明。邵雍的認識論受了佛法的心法所影響。宋人以「孔顏樂處」作為他們人生最高境界，宋明理學以「天人合一」萬物同體的主觀目的論〔註112〕，認為人能達到超倫理的本體境界，本體境界與「物我兩忘」是非功利的審美快樂與美學心境。

　　「孔顏樂處」與「曾點之樂」都是一種不離日用常行，而與天地同和的極高明而道中庸的人格境界。這種「樂」是由精神境界所帶來的，超越了人生利害而達到內在幸福與愉悅。

（一）「孔顏之樂」所樂何事？

　　曾皙說：「暮春者，春服既成，冠者五六人，童子六七人，浴乎沂，風乎舞雩，詠而歸。」孔子喟然嘆曰：「吾與點也！」〔註113〕此即孔子與點之樂。朱熹說：

> 曾點之學，蓋有以見夫人欲盡處，天理流行，隨處充滿，無少欠闕。
> 故其動靜之際，從容如此。而其言志，則又不過即其所居之位，樂
> 其日常之常，初無舍己位人之意，而其胸次悠然，直與天地萬物上
> 下同流，各得其所之妙，隱然自見于言外。〔註114〕

　　「賢哉，回也，一簞食，一瓢飲，在陋巷，人不堪其擾，回也不改其樂。」〔註115〕顏子樂處反映了孔子和顏回達到至高的道德境界後，具有心胸坦蕩、不計得失，從心所欲不踰矩、洞察幽微、仕處自如「得道」的樂境。「飯疏食飲水，曲肱而枕之，樂亦在其中矣。不義而富且貴，於我如浮雲。」〔註116〕飲水曲肱之樂，著重於安貧樂道，方能樂在其中。二程認為滅私欲與明天理，就能在名教中取得樂地。「飯疏食飲水」、「簞食」、「瓢飲」與「在陋巷」逆境中，是沒有什麼可以樂的，孔顏之樂乃是萬物一體的境界。

（二）「孔顏之樂」何處尋？

　　顏子一簞食，一瓢飲，在陋巷，人不堪其憂，而不改其樂。夫富貴，

〔註112〕　李澤厚：《中國古代思想史論》，人民出版社，1985，頁235～236。
〔註113〕　《論語・先進》。
〔註114〕　《四書章句集註・論語集註》卷六。
〔註115〕　《論語・雍也》。
〔註116〕　《論語・述而》。

> 人之所愛也，顏子不愛不求，而了乎貧賤，獨何心哉？天地間有至
> 貴至愛可求，而異乎彼者，見其大而忘其小焉爾，見其大則心泰，
> 心泰則無不足，無不足則富貴貧賤處一也。處之一則能化而齊，故
> 顏子曰亞聖。〔註117〕

周敦頤：「見其大則心泰，心泰則無不足，富貴貧賤處之一也。」，「心泰則無不足」胸中自有樂地，仁而已，存仁、安仁與守仁的工夫。

程頤認為「正其心，養其性而已。」美的本原在於人的心性，美通過正心養性獲得生命的精神體驗，以直覺體驗為核心，對於單純理性認識的超越。程頤稍長年歲時則認為「盡其心，則知其性。知其性，反而誠之，聖人也。」，博文約禮，不以貧窮累其心的「心體無累」，程頤認為顏子對貧與樂的超脫態度，表現出「心與理一」的自得之樂。

程顥注重存養此心，便可體貼出天理，存養功夫便是「敬」。「閒來無事不從容，睡覺東窗日已紅。萬物靜觀皆自得，四時佳興與人同，道通天地有形外，思入風雲變態中。富貴不淫貧賤樂，男兒到此是豪雄。」〔註118〕「百官萬務金革百萬之眾，飲水曲肱，樂在其中。萬變俱在人，其實無一事。」，程顥認為飲水曲肱之樂即便是天理，我們將使此心無往而不得此天理。孔顏之樂已與天地萬物確為一體，所以，人超越了有限存在到達永恆之境。

朱熹說：「只是自去尋，尋到那極苦澀處，便是好消息。人須是尋到那好意思不好處，這便是樂底意思來，卻無不做工夫自然樂底道理」〔註119〕朱熹認為樂處在那「極苦澀處」，主張「格物窮理」，只有經過歷久的窮理功夫，才能得到豁然貫通的愉悅。「孔顏樂處」與「曾點之樂」都是日常生活的體驗，由「靜養動察」至「即物窮理」涵養，「靜」與「敬」工夫論。或曰：「顏子之樂，只是心有這樣道理便樂否？」曰：「不須如此說，且就實處做功夫。」〔註120〕顏子胸中自有樂地，雖在貧窶之中而不累其心，不是將那不貧窶其心底做樂。「樂」字只一般，但要人識得，這須是去做功夫，涵養得久，自然見得。樂只是恁地樂，更不用解，只去做功夫，到了那田地自知道。

> 日月星辰天之明，耳目口鼻人之靈。皇王帝伯由之生，天意不遠人
> 之情。

〔註117〕 周敦頤：《通書》。
〔註118〕 《明道文集》卷一，〈秋日偶成〉。
〔註119〕 《朱子語類》卷一百一十七。
〔註120〕 《朱子語類》，論語十三，雍也篇二，《賢哉回也章》學蒙。

飛走草木類既別，士農工商品自成。安得歲豐時長平，樂與萬物同

其榮。〔註121〕

孔顏之樂人格修養的典範，它化解身處逆境或物質匱乏引起外感的困擾，以自得其樂，體悟到一種理性的愉悅。「欲有一瓢樂，曾無二頃田。丹誠未貫日，白髮已華顛。」〔註122〕真樂與假樂的認定，當是人處於順逆環境的感受，邵雍自樂、樂時與萬物自得之樂，「安得歲豐時長平，樂與萬物同其榮。」與萬物同其榮的理性之樂。

（三）「孔顏之樂」之「學」與「樂」

顏子所學自然是道，聖人可由學而至，顏子正是學為聖人的典範。「顏子之樂」是自樂、樂它、樂貧、樂道？歐陽修認為顏子心體不為外物所誘惑，程頤否定「顏子之樂」之樂道，卻沒有提出自己的觀點，朱熹：「程子之言，引而不發，蓋欲學者深思而自得之。」王陽明主張「樂」是心之本體，「顏子之樂」為自樂，「樂」的體用，不僅是學為聖人自得之樂，本身就是成聖之學的自身要求，心安處即是樂。

王陽明：「樂是心之本體，雖不同於七情之樂，而亦不外於七情之樂。雖則聖賢別有真樂，而亦常人之所同有，但常人有之而不自知，反自求許多憂苦，自加迷棄。雖在憂苦迷棄之中，而此樂又未嘗不存，但一念開明，反身而誠，則即此而在矣。」〔註123〕喜、怒、哀、懼、愛、惡、欲謂之情，這是人心合有的，樂是心的形式，心體自身，我心澄明。王陽明認為「孔顏之樂」不限於聖人，一般人擁有「孔顏之樂」而不自知，或不能將此樂實現（反身而誠），因此，「孔顏之樂」不同於「七情之樂」。

程朱「樂」心體無累、心理合一境界，孔子的克己復禮、博文約禮，王艮主張「樂學不分」，人心本自樂，學是學此樂，孔顏樂處即孔顏學處，「踐形有說常希孟，樂內無功可比回。」〔註124〕所謂顏子之樂，邵雍認為，樂內無功可以比照顏回。

（四）學不至樂，不足謂之學

「學而時習之，不亦說乎？有朋自遠方來，不亦樂乎？人不知而不慍，不

〔註121〕《伊川擊壤集》卷十，〈樂物吟〉，頁150。

〔註122〕《伊川擊壤集》卷一，〈閒吟四首〉之四，頁8。

〔註123〕《傳習錄》卷中，《集評》166，頁236。

〔註124〕《伊川擊壤集》卷十八，〈新春吟〉，頁42。

亦君子乎？」〔註125〕這裡的說（悅）指的是主體之間的快樂情感，樂群力學做個道德高尚的君子。「人心本自樂，自將私欲縛。私欲一萌時，良知還自覺。一覺便消除，人心依舊樂。樂是樂此學，學是學此樂。不樂不是學，不學不是樂。樂便然後學，學便然後樂。樂是學，學是樂。嗚呼！天下之樂何如學，天下之學何如樂。」〔註126〕王艮認為通過學習得到快樂。

「未生之前，不知其然。既生之後，乃知有天。有天而來，正物之性。君子踐形，小人輕命。」〔註127〕「人之所學，本乎人事，人事不修，無學何異。」〔註128〕「學在不止，故王通云沒身而已。」〔註129〕「千萬年之人，千萬年之事，千萬年之情，千萬年之理。惟學之所能，坐而爛觀爾。」〔註130〕遍觀千萬年以來的人、事、情、理，所推的是「正性」之理。

芝諾〔註131〕：「人的知識就好比一個圓圈。」知識圈的周長大表示無知範圍大，知識圈的周長小表示無知範圍小，說明有知與無知的辯證關係。表明人具有一定知識，接觸思考問題越多，就越感到自己知識的貧乏，相對地缺乏知識者，思考問題能力不足，就越覺得自己知識充足。莊子：「吾生也有涯，而知也無涯。」知識總是浩瀚無際，但人的已知部份卻是極為有限的。

目見之為識，耳聞之謂知。奈何知與識，天下亦常稀。〔註132〕

曾見方言識，曾聞始為知。奈何知與識，天下亦常稀。〔註133〕

為學養心，患在不由直道。去利欲，由直道任至誠。則無所不通，天地之道直而已，當以直求之，若用智數由徑以求之，是屈天理，

〔註125〕《論語·學而篇》。

〔註126〕王艮：《樂學歌》。

〔註127〕《伊川擊壤集》卷十九，〈正性吟〉，頁309。

〔註128〕《伊川擊壤集》卷十三，〈所學吟〉，頁214。

〔註129〕《皇極經世書》，《觀物外篇》下，頁403。

〔註130〕《伊川擊壤集》卷十八，〈觀性吟〉，頁290。

〔註131〕芝諾（Zeno of Elea 約前490年～前430年）古希臘哲學家，素有「悖論之父」的稱號。「知識圓圈說」故事，大圓圈面積代表老師的知識，當你知道得越多，圓圈也就越大，你不知道也就越多。小圓圈面積代表學生的知識，當你知道得越小，圓圈也就越小，你不知道也就越小，圓圈裡面是已知，圓圈外面是未知的，知識圈的周長大表示無知範圍大，知識圈的周長小表示無知範圍小，說明有知與無知的辯證關係。

維基百科 Zh.m.wikipedia.org，（下載日期：2021.11.15）。

〔註132〕《伊川擊壤集》卷八，〈知識吟〉，頁114。

〔註133〕《伊川擊壤集》卷八，〈知識吟〉，頁184。

而徇人欲也，不亦難乎。〔註134〕

邵雍先天之學主乎誠，就是「心學」。「吾道本來平，人多不肯行。得心無厚味，失腳有深坑。若未通天地，焉能了死生。向其間一事，須是自誠明。」〔註135〕為學養心，養心至誠，直契大道，真誠不敗，「智術」既是術數，失理則入於智術，「人之所學，本學人事，人事不修，無學何異。」讀書反饋成為安貧樂道的生活。

邵雍強調知行合一。「為學養心，患在不由直道。去利欲，由直道任至誠。」做學問首重擺脫名韁利鎖，享有「名教之樂」，它是道德人格之樂，且是萬倍於入世之樂。「學不際天人，不足以謂之學」與「學不至于樂，不可謂之學」學習與讀書是不同樂的境界，「知之者不如好之者，好之者不如樂之者。」〔註136〕孔子對於「仁」產生情感愉悅，進而得到審美享受，就主觀意識的修養，為了達到「仁」的功夫，審美境界高於知識境界，遂有不同樂境的感受。

二、借「樂」明「道」

（一）「酒境」重在「興」味

「酒食者，所以合歡也。」〔註137〕，飲酒是一種精神享樂與文化遊戲，其目的在於調節情感，儒家的中和觀念，遂使邵雍鍾情於酒卻不放浪於酒，道家的曠達與瀟灑在酒中體現人生的真性情與真趣味。

《詩經・小雅》：「我有旨酒，以燕樂嘉賓之心。」，「詩酒潮流」起於宋開國之初，盛於北宋中期，延續至宋徽宗宣和末年。這首〈插花吟〉表現邵雍詩酒自娛，在「安樂窩」小康生活中安度一生的自足心態，是北宋承平時期文人「醉歌」的代表作。

> 頭上花枝照酒巵，酒巵中有好花枝。身經兩世太平日，眼見四朝全盛時。況復筋骸粗康健，那堪時節正芳菲。酒涵花影紅光溜，爭忍花前不醉歸。

> 酒，天之美祿也。麴糵之酒，少飲則和血行氣，壯神禦寒，消愁遣

〔註134〕《皇極經世書》，〈觀物外篇〉下，頁381。
〔註135〕《伊川擊壤集》卷七，〈逍遙吟〉之一，頁97。
〔註136〕《論語・雍也》。
〔註137〕《禮記・樂記》。

　　與；痛飲則傷神耗血，損胃亡精，生痰動火。邵堯夫詩云：「美酒飲

　　教微醉後」，此得飲酒之妙，所謂醉中趣，壺中天者也。〔註138〕

　　李時珍《本草綱目》卷二十五，分析「酒樂」與「酒害」，指明只要掌握
飲酒分寸的道理，這樣的飲酒境界，幾乎可享有酒樂而去酒害。當人對酒的認
識未達到真正科學的水準之前，「濫飲」所造成酒禍、酒害、酒癮、酒駕等社
會問題是無可避免，「酒文化」形成好壞、美醜混雜的二重性品格，筆者在此
不多作討論。

　　「酒」不過是文人雅士宣洩感情的催化劑，邵雍「酒后中有好花枝」是追
求恬適和優美的飲酒心理寫照的意境。

（二）「言有盡而意無窮」的詩境妙趣

　　宋代及宋以後之詞、曲、詩的「聲」與「情」關係，「音律美」在歌唱藝
術作品具有重要地位，「詩」已成為文學的一種。

　　《宋元學案》卷十（百源學案）附錄中，魏鶴山曰：「邵子平生之書，其
心術之精微在《皇極經世》。其宣寄情意在《伊川擊壤集》。」，朱熹曰：「康節
之學，其骨力在《皇極經世》，其花草便是詩。」朱熹認為，邵雍的詩比起他
的哲學更具有價值。「淵明所說者莊老，然辭卻簡古；堯夫辭極卑，道理卻密。」
〔註139〕邵雍與陶潛同為隱士，因時世不同，遭遇不同，以入世出世角度來看，
同享世外無窮之樂。

　　南宋嚴羽《滄浪詩話》舉「邵康節體」為詩體七弧之一，眾稱理學派。《伊
川擊壤集》中泰半為思想詩，或謂邵雍詩源於寒山子，實則桃寒山而祖淵明嗣
宗。或謂其詩似白香山，指其平易開適而言。

　　　歸去來兮任我真，事雖成往意能新。

　　　何嘗不遇如斯世，其那難逢似此人。

　　　近暮特嗟時齂齂，向榮還喜木欣欣。

　　　可憐六百餘年外，復有閑人繼後塵。〔註140〕

　　邵雍隱而不仕，「貧不讀書留子讀，老猶載竹與人看。」隱士風格，順應
自然的順性自主，隨心所欲及時行樂，汲取陶淵明、白居易詩作，融滲六經
諸史學、韓愈詩及杜甫詩，這些都是他詩句創作的來源。「故其詩大率於情好

〔註138〕劉揚忠：《詩與酒》，台北：文津出版社，1994，頁 11。

〔註139〕《朱子語類》，卷一百三十六。

〔註140〕《伊川擊壤集》卷七，〈讀陶淵明歸去來〉，頁 103。

也。」〔註141〕邵雍反對詩言情，其「邵康節體」所欲表達原以抽象義道學思想的詩歌風格，呈現合理為妙的「理趣」。

「飽食豐衣不易過，日長時節奈愁何。求名少日投宣聖，怕死老年親釋迦。妄欲斷緣緣愈重，徵求去病病不多。長江一片長加練，幸自無風又起波。」〔註142〕這首〈學佛吟〉詩句沒有一個佛字，卻充滿無理而妙的「禪趣」，彰顯邵雍「不侫蟬伯，不諛方士。」的佛家態度。

> 詩者，志之所之也。在心為志，發言為詩，情動於中而形於言，聲成
> 其文而謂之音，是知懷其時則謂之志，感其物則謂之情，發其志則謂
> 之言，揚其情則謂之聲，言成章則謂之詩，聲成文則謂之音。〔註143〕

理學家重視身心性命之道，普遍地視道學為至高無上，貶低美的藝術創造意義與價值，表現出道學家的理念並排斥藝術的傾向與輕視文藝。朱熹認為「志者詩之本，而樂者其末也，末雖亡不害本之存。」否定樂對於人的思想情感具有重大作用，邵雍只重視音節的自然美，不重視聲律美。

嚴羽指出詩之方法有五：曰體製、曰格力、曰氣象、曰興趣、曰音節。詩的本質在其「別材、別趣」〔註144〕認為詩的材料很廣，並不限於書本，詩人是因為有所感興才作詩，並非為了說理敘事，詩中無明顯的理路。詩中透明得不可捉摸，猶如，空中之音、水中之月與鏡中之象，看似非常真實，但又捉摸不到。「詩」提供一個開放的情境，讓讀者充分獲得想像空間，自由地去體會情境中所蘊藏的真理，產生了「言有盡而意無窮」的這種妙趣。

> 閒與賓朋舉酒杯，杯中長似有花開。
> 清談纏向口中出，和氣已從心上來。
> 物外意非由象得，坐中春不自天迴。
> 施之天下能如此，天下何憂不放懷〔註145〕。

> 堯夫喜飲酒，飲酒喜全真。不喜成酩酊，只喜成微醺。
> 微醺景何似，襟懷如初春。初春景何似，天地纔絪縕。
> 不知身是人，不知人是身。只知身與人，與天都未分。〔註146〕

〔註141〕《伊川擊壤集》序，頁1。
〔註142〕《伊川擊壤集》卷十四，〈學佛吟〉，頁220。
〔註143〕《伊川擊壤集》序，頁1。
〔註144〕嚴羽：《滄浪詩話》，黃景進撰述，台北：金楓出版有限公司，1986，頁39～41。
〔註145〕《伊川擊壤集》卷十七，〈舉酒吟〉，頁270。
〔註146〕《伊川擊壤集》卷十八，〈喜歡吟〉，頁302。

「趣」是指邵雍詩作的美感,「理趣」是從詩中體會出自然深刻的哲理,「人口各有舌,言語不能吐。」〔註147〕人舌與不能吐言,因為,相反矛盾的詩句文意而產生新的意象,借淺語而味深,有時口有不合常理、或是雙關語,詩意呈現是以諧合道,理趣的趣味是從諧趣昇華而成的。

「何故謂之詩,詩者言其志。」〔註148〕藉由詩酒文化遊戲,邵雍不事濫飲,「不喜成酩酊,只喜成微醺。」,只求半酣重在興味的精神享樂,「詩境」有賴「酒境」而產生,「微醺景何似,襟懷如初春。初春景何似,天地纏絪縕。」,「樂境」是自然的反璞歸真,「只知身與人,與天都未分。」邵雍哲人境界和審美現象契合的精神美。

三、天理真樂

天能使周之不興,孔子能使道之不喪,天自行其天,人自行其人,此為造化在我,天理者學之正位,得正位則有真樂,真樂不間於生死,故性命亦潤。

> 能循天理動者,造化在我也。〔註149〕
>
> 得天理者,不獨潤身,亦能潤心。不獨潤心,至於生命亦潤。〔註150〕
>
> 若得天理真樂,何書不可讀,何堅不可破,何理不可精。〔註151〕

身心性命,一貫天理,天理者,造化自然之機樞也,能循天理動者,造化在我也。得天理者,不獨潤身,亦能潤心。不獨潤心,至於生命亦潤。循理則為常,理之外則為異矣。邵雍將「觀物之樂」稱為「天理真樂」,因其求真安樂,以「天下之心」眾觀看待萬物之理、性命之理,從而達到「與道合一」的生命境界。

(一)「真樂攻心」的審美態度

審美〔註152〕(aesthetic)就是人與物的一種建立,在感性基礎之上不離感

〔註147〕 《伊川擊壤集》卷八,〈大寒吟〉,頁112。
〔註148〕 《伊川擊壤集》卷十一,〈談詩吟〉,頁172。
〔註149〕 《皇極經世書》,〈觀物外篇〉下,頁365。
〔註150〕 《皇極經世書》,〈觀物外篇〉下,頁366。
〔註151〕 《皇極經世書》,〈觀物外篇〉下,頁366~367。
〔註152〕 尤煌傑:《美學基本原理——士林哲學的美學理論建構》,台北:哲學與文化月刊雜誌社,2004,頁14。「審美」一詞是源自希臘文的「感覺」。這個詞的使用經常是用來說明這認知主體活動,當這個主體因為被某種對象所吸引時,他的整個感性的認知或注意力的集中,這種感性的被吸引的狀態稱之為審美的。

性，又超越感性的精神活動，直覺體驗與哲學批判，經由審美活動與審美判斷，在「對立」中尋找個別性的審美觀，「統一」客觀因素中對審美心理作用的表現。

「審美態度」〔註153〕是指唯有審美時，才出現的心理狀態，外物美或不美，是否能發現外物的美，都有由這種態度所決定。「趣味」能力的發輝作用的前提，是一種非功利態度。真樂攻心以審美態度看待，無非針對「非功利」不是對觀看物體的不感興趣，而是不考慮它在現實中對我的用處，既不想占有、使用或製造它，而是集中注意於它的外觀的沉思和欣賞。這是，真樂攻心過渡天理真樂的態度。

朱熹：「顏子之樂平淡，曾點之樂已勞壞了。至邵康節云「真樂攻心不奈何」樂得大段顛躓。」或曰：「顏子之樂，只是心有這樣道理便樂否？」曰：「不須如此說，且就實處做功夫。」〔註154〕，康節詩云「真樂攻心不奈何」某謂此非真樂也，真樂便不攻心。如顏子之樂，何嘗恁地！」曰：「次孟何敢望康節，直塗之人爾。」曰：「塗人卻無許多病。公正是肚裡有許多見識道理，攪得恁地叫喚來。」〔註155〕朱熹認為邵雍之樂不能類比顏回之樂，不是真樂。因為，邵雍之樂來自知性認識，沒有下學功夫，真正思想境界並非如此。「把造物、世事都做雜劇看。」〔註156〕邵雍晚年生活衣食無憂，相對優於以前隱士生活，沒有從生活實踐中體現，有體而無用，這是朱熹說法。

胡居仁《居業錄》卷三：「邵康節見得道理分明，又作弄得熟，反成玩悔天理。」，楊慎：「康節謂得天理真樂，則何書不可讀，何堅不可改，何理不可精。是先得此樂而後可以讀書，精理其言，似乎倒置。自昔賢人君子順境而樂之易者，處逆境而樂之者易，外逆境而難。若曾點之浴沂詠歸，康節之擊壤歌詠，皆順境也。惟夫床琴于浚井之日，弦歌於絕糧於餘，簞瓢陋巷之中，無往而不樂焉，乃為境之逆，而樂之真耳！是豈人之所易能哉？〔註157〕順逆生活面來談，邵雍處於順境之中容易獲得攻心之樂，「孔顏之樂」皆是處於逆境是

〔註153〕 主編者：李澤厚，著者：勝守堯，滕滕，《審美心理描述》，台北縣樹林鎮：漢京文化事業有限公司，1987，頁21～29。
〔註154〕 朱子語類，論語十三，雍也篇二，《賢哉回也章》學蒙。
〔註155〕 〔宋〕黎靖德編，王星賢點校：《朱子語類》第七冊，北京：中華書局，1999。《朱子語類》卷一百，邵子之書，頁2542～2554。
〔註156〕 《朱子語類》卷四十。
〔註157〕 楊慎：《丹鉛余錄總錄》卷十一，文淵閣四庫全書。

困難的。先得此樂而後可以讀書？此「倒置」如同朱熹所言，邵雍只有上學，沒有下達，只有本體，沒有工夫，胸中見理，行有不掩，無細密工夫。

邵雍以「聞見之知」為基礎，經由下學而上達，由動、植物逐步將人的生命境界提高。「天人一本」表明人的地位，並不低屬於天，將人的地位逐步提升。

（二）「真樂攻心」同化「天理真樂」之至樂

「真樂攻心」的「真」是正心誠意的功夫，「真樂攻心」的「極至」呈現了天真純樸，「天真」是真者真切，天者天然，順從其生命的自然流行。歸來於內在之心，自性自足，道不遠人的道理，反求於內，樂莫大焉。

1.「無我」心靈原素

「道」具有與人相通的主觀精神的意義，邵雍步入晚年後，《皇極經世書》一書業已完成，聖人心態自覺已到全體太極為宇宙真理的化身。「道在天地」的意涵，從時間與思想轉變的角度來看，呈現道的無盡大。對比人與道、道的無限性與物的有限性，其間矛盾與衝突在於消解成心，尋找心靈原素。

莊子論「道」與「物」關係〔註158〕其「道的普遍性」觀點來超越主觀成見，必須通過「吾喪我」心齋、坐忘與以明方式，逐步拋棄、形骸、成心與是非的功夫，達到內心虛靜，而自我的養成在於心靈、思維、知識與語言所滋生，「吾喪我」跳脫小我與假我，進入「無我」之境，彰顯「真我」的狀態。對比於邵子：「不我物，則能物物。」〔註159〕「聖人利物而無我。」〔註160〕「易地而處則無我也。」〔註161〕既能以物觀物，又安有我於其間，無我介其間，無我任物，則順性去情。邵雍認為修身養性，回復萬物一體的境界，便能達到「無我」。其實，莊子「道」與「物」對比於邵子「我」與「物」，其間之關係是無隔礙的。

「物我兩忘」與「物我合一」是審美直覺，放曠應該是日常生活的體道。「攻心」源於得道之深，樂的程度也加深。「真樂攻心」與道合一的悟道之樂，「若得天理真樂，何書不可讀，何堅不可破，何理不可精。」自然生樂，則難

〔註158〕陳鼓應：〈論道與物關係問題：中國哲學史上的一條主線〉，《台大文史哲學報》第六十二期，台北：台大文史哲學報編輯委員會，2005 年，頁 109～110。
〔註159〕《皇極經世書》，〈觀物外篇〉下，頁 354。
〔註160〕《皇極經世書》，〈觀物外篇〉下，頁 361。
〔註161〕《皇極經世書》，〈觀物外篇〉下，頁 402。

讀者讀，難解者解，難精者精，何所不得，以道為生命主宰，尋找安身（心）立命之道，安身立命尋天理而行中體道。

「盡快意時仍起舞，到忘言處只謳歌。賓朋莫怪無拘檢，真樂攻心不奈何。」邵雍理學美學本原、本體觀，論述審美感知在於人心，拘檢表現促動真樂程度大小，以物觀物「性」，以我觀物「情」，性情對立，性明情昏。「以我觀物」這是邵雍所不取，「以物觀物」能無我，屏除主觀以客觀心看待萬事萬物，使自身覺得滿足就是審美趣味。審美主體心靈的高度自由、自由狀態，無我之境，消解成心尋找心靈原素，喚醒心靈想像力，「以物觀物」是破除自我之繭的方法。

「真樂攻心」不奈何？不奈何意指人力難以改變，當真樂達攻心程度，反而，邵雍放曠態度來壓抑情感的流露，彰顯其偏執排斥了七情之樂，自然情感體驗與抒發所產生的矛盾。放曠不受壓力的自由，「以物觀物」無我、忘我，任性不任情的無我之境，「以物觀物」藉心靈想像力超越個體局限。

2. 生命邏輯

「天氣冷涵秋，川長魚正游。誰知能避網，獨恐誤吞鉤。已絕登門望，曾無點額憂。因思濠上樂，曠達是莊周。」〔註162〕魚躍龍門無望，所以沒有點額憂慮。邵雍「不仕」之際，才能使他成為具有獨立性質的隱士，「陸海臥龍收爪，遼天老鶴戢毛衣。」〔註163〕證明自己能力，「得志當為天下事，退居聊作水雲身。」〔註164〕退居是無奈之舉，等待時機。

當「真樂攻心」作為隱士不得志，壓抑情感表現放曠生命態度，「真樂攻心」是詩的真假情感的文字表露，「以我觀物」以是非之心，作為人們認知、倫理價值判斷的基礎，「以物觀物」感應宇宙方式，所提供美感影響藝術的視境，「道」成宇宙中的詩境。

> 人生長有兩般愁，愁死愁生未易休。或向利中窮力取，或於名上盡心求。
>
> 名利唯恐晚得手，未老已聞先白頭。我有何功居彼上，其間掉臂獨無憂。〔註165〕

〔註162〕《伊川擊壤集》卷四，〈川上觀魚〉，頁54。
〔註163〕《伊川擊壤集》卷十二，〈自述二首〉之二，頁192。
〔註164〕《伊川擊壤集》卷十二，〈自述二首〉之一，頁192。
〔註165〕《伊川擊壤集》卷十三，〈人生長有兩般愁〉，頁209。

《伊川擊壤集序》：「予自壯歲業于儒術，謂入世之樂何嘗有萬之一二，而謂名教之樂固有萬萬焉，況觀物之樂富有萬萬者焉。」，邵雍「樂」的感性、理性、形上三個層次審美感知，對應於「入世之樂」身體與精神無牽絆，因物欲低，其基本物質帶來快樂。「名教之樂」以好名之心去對情欲，以名為教的教化功能，俟棄邪惡之念。屬於生物界的入世之樂是感官之樂，名教之樂屬於倫理界，只要盡人道，居仁由義，擁有心安之樂，觀物之樂已進入宇宙界，需要徹悟與不斷精進中，才能在名利中掉臂而行。「前有億萬年，後有億萬世。中間一百年，做得幾何事。又況人之壽，幾人能百歲。如何不喜歡，強自生憔悴。」〔註166〕人生一世求樂離苦，「天下太平日，人生安樂時。更逢花爛漫，爭忍不開眉。」〔註167〕造就「能在急流中，取得十年快樂」的原因，關鍵在於邵雍擁有入世、名教、觀物的不同層次的快樂。

「真樂攻心」感性審美自由，「天理真樂」反樸歸真的道德自由，觀物修身追求「天理真樂」的精神美。悟道的程度之深，自是真樂的程度加深，「真樂攻心」同化〔註168〕「天理真樂」，天理真樂即是觀物之樂，也是邵雍所謂的至樂。

（三）「莊子」與「邵子」至樂

邵雍音樂的「樂」與快樂的「樂」是相通？在古代認為兩者是相通的，音樂總是給人快樂，快樂的音樂是一種美的薰陶使人感受到快樂。莊子「鼓盆而歌」感情的悲與樂是互為作用，悲而待之以樂。莊子「天和」天樂，「人和」人樂，「至樂無樂」美的本質，「以道為美」的核心思想，「無樂」之樂，它不可感受，一般人不可理解，甚至以為苦。

無為之道是至樂，至樂即大苦，天地之美體現「道」的自然無為，無為而

〔註166〕《伊川擊壤集》卷九，〈人生一世吟〉，頁131。
〔註167〕《伊川擊壤集》卷十，〈太平吟〉，頁153。
〔註168〕張秀雄：《教育大辭書》，2000，國家教育研究院辭書，https//pedia.cloud.edu.tw（簡索日期：2020.1.15。）
同化（Assimilation），源自拉丁字（assimulare）意思為促成相似，在文化方面，後來的人類學者與社會學者，「同化」指族群相遇後，一族群逐漸變成與另一族群相似的過程與結果。社會學視角，同化是一種原素改變，合併於其他原素而成的過程。筆者採用社會學的觀點，「真樂攻心」同化「天理真樂」，同化是自然的，不用助力的過程。真樂到達攻心之極至，悟道之程度仍小於天理真樂的，對比，人與道、「道」的無限性與「物」的有限性，其間矛盾與衝突在於消解成心，尋找「無我」心靈原素。

不為，天地有大美的原因。「聽之不聞其聲，視之不見其形，充滿天地，苞裏六極。」〔註169〕，它令人「聽之而無接焉」卻又沒有聲音。自然美、人物美皆以自然無為的道德本行為依據，這種美帶給人的快樂是不可經驗的。

> 夫天下之所下者，貧賤夭惡也；所苦者，身不得安逸，口不得厚味，形不得美服，目不得好色，耳不得音聲。若不得者，則大憂以懼，其為形也亦愚哉！夫富者，苦身疾作，多積財而不得盡用，其為形也亦外矣！夫貴者，夜以繼日，思慮善否，其為形也亦疏矣！人之生也，與憂俱生。壽者惛惛，久憂不死，何苦也！其為形也亦遠矣！烈士為天下見善矣！未足以活。今俗之所為，與其所樂，吾又未知樂之果樂邪？果不樂邪？吾觀夫俗之所樂，舉群趣者，誙誙然如將不得已，而皆曰樂者，吾未之樂也，亦未之不樂也。果有樂無有哉？吾以無為誠樂矣，又俗之所大苦也。故曰：「至樂無樂，至譽無譽。」

《莊子・至樂》

莊子認為，面對世俗功利的衝擊，應恬淡寂寞，虛無無為。「不為福先，不為禍始，感而後應，迫而後動，不得已而後起。去知與故，循天之理。故無天災，無物累，無人非……其寢不夢，其覺無憂，其神純粹，其魄不罷。虛無恬淡，乃合天德。」〔註170〕

「唯上智與下愚不移」〔註171〕孔子所說「不移」，乃指「習相遠也」的變移。只有上智與下愚的兩種人不受習慣所影響，因為上智的人對善惡習性非常清楚，下愚的人對善惡習性不知如何分辨，這兩種人，完全按照自己的喜好去做事，不受他人的影響。莊子：「所樂者，身安、厚味、美服、好色、音聲也；所下者，貧賤夭惡也；所苦者，身不得安逸，口不得厚味，形不得美服，目不得好色，耳不得音聲。」莊子主張反璞歸真，放浪行駭，追求「真人」的至樂。

所謂「觀物」即是認識「物」，凡一切物質現象、器物、一切事物或心中想像的皆稱為「物」，天地是最大的物，人是最靈之物，以心觀物就能一心而觀萬物，人心相通，由我心而達他心，以「天下之心」去觀察萬物之理，進而達到與「道」合一的境界，從審美生活體驗自然達到「其見至廣，其聞至遠，

〔註169〕《莊子・天運》。
〔註170〕《莊子・刻意》。
〔註171〕《論語・陽貨》。

其論至高，其樂至大。」的審美愉悅。

「天理真樂」不獨潤心、潤身還要潤性命，以達觀物之樂的境界。天道性命相貫通「與道合一」，道的層次高於樂的層次，天道為立己之道，「仲尼之所以能盡三才之道，謂其行無轍迹也」，「道之道，盡之於天矣；天之道，盡之於地矣；天地之道，盡之於萬物矣；天地萬物之道，盡之於人矣。」〔註172〕「庖犧可作三才主，孔子當為萬世師」三才之道的通體之樂。

> 毋意、毋必、毋固、毋我，合而言之則一，分而言之則二，合而言
> 之則二，分而言之則四，始於有意，成於有我，有意然後有必，必
> 生於意，有固然後有我，我生於固意，有心必先期，固不化我有己
> 也。〔註173〕

邵雍「天理真樂」與道合一境界，它指涉一種「毋意、毋必、毋固、毋我，合而言之則一，……固不化有我己也。」的心態，孔子絕四「毋意」不主觀臆測，「毋必」不絕對肯定，「毋固」不拘泥固執，「毋我」不自以為是。超脫一己的功利成見，所謂「知之為知之，不知為不知」，力求除去「意、必、固、我」，虛心接納。「心一而不可分」是所有感覺，由心而集於一，由理而集，只要做到心一而不分，專心一至，自然為至誠之極。

莊子與邵子對至樂認知不同：

樂的認知	莊 子	邵 雍
自樂之詩	鳶飛魚躍	自樂又樂時，與萬物自得
樂的層次	無一夫不得其所	入世、名教、之樂
理性之樂	萬物各得其所	與萬物同其榮
身心合一之樂	心安即樂	心安自身安
樂莫大焉	與「誠」同體	反身而誠
至樂	至樂無樂	觀物之樂（天理真樂）

「是知，我亦人也，人亦我也，我與人皆物也」，邵雍在認知過程中，認為人與人一樣，人與物也一樣，彼此都是物。「觀物」由人的感知能力開始，及於一切類之物，藉由「以物觀物」達於聖人的「一萬物之情」，只要求一靜定止水之心的心學功夫，從而如實觀物，忘心忘我的境界。莊子：「天地與我

〔註172〕《皇極經世書》，〈觀物外篇〉下，頁365～366。
〔註173〕《皇極經世書》，〈觀物外篇〉下，頁402～403。

並生，而萬物語我為一。」〔註174〕人心先天天弗遠，人身後天奉天時、體在天地後，用起天地先、需識天人理，方知造化權……這是對天地解釋，配合元、會、運、世、的推衍，用心觀察天地萬物，天地萬物的規律與道，道在我中，順此道理而行，與天地合而為一。

從「心」至「樂」的心性歷程，快活是「樂」的表現，論述「樂」的感受從「無樂」、「有樂」到「至樂」的進層，「真樂攻心」的「真」是「本原」、「本性」的意思，真心即是至誠之心，類推反身而誠，樂莫大焉。審美主體人格生命的陶成，體現「美」的道德經驗、倫理的「善」，「真樂攻心」同化「天理真樂」反璞歸真的悟道之樂，應是殊途同歸，享有美善真的至樂。

「至樂」是自事其心的快樂，「是物物不物於物的快樂，它與天地萬物相往來的快樂。當「真樂」到達攻心的極致，「真樂攻心」是悟道之樂，同化「天理真樂」。學際天人自得天理，得天理者，不獨潤身、潤心，至於生命亦潤，即是觀物之樂的「至樂」。「真樂攻心」對比「彼其充實不可已」〔註175〕「與道合一」至美至樂，莊子「至樂」以虛靜推於天地通於萬物，人形上虛靜道心與道同根，道心在心靈淨化的修養中，內證道的內在存有，與道同遊，進而愛慕道的和諧性。

第三節　「道」至「美」的倫理歷程

邵雍主張「樂」自律。人是自律性機體，所謂自律（Autonomy）〔註176〕我對自己與周圍的一切事物，能分辨清楚。我認識自己是「單一」而非「殊多」的實體，我的意識決定我的行為，當決定時知道不受任何物理的強迫，或受決定動機無法抗拒的壓力，或本能衝動等限制，我是自由自主的做決定。

「自律」是確定道德主體所選擇實踐準則，「至理何煩遠去尋」認識自己的能思，道德自律的慎獨，確立在普遍規律的思想基礎上。此若不能幫助他發現真理，至少可以作為生活的準則，「利害生乎情，好尚存乎見。欲人為善人，必須自為善。」〔註177〕樂自律到自善，擇善成為邵雍的生命規範。

〔註174〕《莊子・齊物論》。
〔註175〕關永中：彼其充實不可已——與莊子懇談美與靈修，《輔仁宗教研究》第二十八期（2004年春），頁151～188。
〔註176〕葛慕蘭：《形上學》，台北縣新店鎮：先知出版社，1974，頁89～91。
〔註177〕《伊川擊壤集》卷三，〈秋懷三十六首〉之六，頁37。

一、「樂」自律

《伊川擊壤集》中,〈誡子吟〉有三首、〈教子吟〉一首,可見邵雍重視家訓與品德的教養。荀子〈至制〉:「水火有氣而無生,草木有生而無知,禽獸有知而無義,人有氣有生有知亦且有義,故最為天下貴也。」如同荀子強調「人有氣有生有知亦且有義,故最為天下貴也,貴在個人與社會性的調和。

(一)家訓與教養

邵雍「戒子孫」中,將人品分為上、中、下三種,上品之人,不教而善;中品之人,教而後善;下品之人,教亦不善。「戒子孫」的道理,知善便是吉人,不善必有兇殃。

> 上品之人不教而善,中品之人教而後善,下品之人教亦不善。不教而善,非聖而何?教而後善,非賢而何?教亦不善,非愚而何?是知善也者,吉之謂也;不善也者,兇之謂也。吉也者,目不觀非禮之色,耳不聽非禮之聲,口不道非禮之言,足不踐非理之地。人非善不交,物非義不取。親賢如就芝蘭,避惡如畏蛇蝎。或曰不謂之吉人,則吾不信也。兇也者,語言詭譎。動止陰險,好利飾非,貪淫樂禍。疾良善如讎隙,犯刑憲如飲食。小則殞身滅性,大則覆宗絕嗣。或曰不謂之兇人,則吾不信也。傳有之曰:「吉人為善,惟日不足。兇人為不善,亦惟日不足。」汝等欲為吉人乎?欲為兇人乎?〔註178〕

好人舉止符合「非禮勿視」、「非禮勿聽」、「非禮勿言」禮節行為,不涉足沒有道義的是非之地,親近賢能之人。惡人舉止語無倫次、生活荒亂、貪圖利益等行為。好人惡人分別的教化,善為吉與不善為兇的道理,並留傳後人。非聖而何?教而後善,重構聖人心態的本質與衝突。

「善惡無他在所存,小人君子此中分。改圖不害為君子,迷復終歸作小人。良藥有功方利病,白珪無玷始稱珍。欲成令器須追琢,過失如何不就新。」〔註179〕,「善惡無他在所存,小人君子此中分。」告誡兒子要做行善的君子,「該通始謂才中秀,傑出方名席上珍。」告訴兒子為人不可自滿,提昇自己的

〔註178〕〔宋〕邵雍著,郭彧整理:《邵雍集》,戒子孫(錄自皇朝文鑑卷108,四部叢刊初編本),(錄自皇朝文鑑卷108,四部叢刊初編本),北京,中華書局,2010.1,頁549。

〔註179〕《伊川擊壤集》卷九,〈誡子吟〉,頁129。

品德，才能出類拔萃。

「直在胸中貧亦樂，屈於人下貴悉為。」〔註180〕邵雍重生命輕功利、重精神輕物質的人格與審美道德，塑造出人物美，人物美屬於社會美，達到個人與社會美的和諧。

（二）審美與人格

中國歷史上把「人格」同「美」聯繫起來的，首推孟子與浩生不害的一段對話：

> 浩生不害問曰：樂正子何人也？孟子曰：善人也，信人也。何謂善，何謂信？曰：可欲之謂善，有諸己之謂信，充實之謂美，充實而有光輝之謂大，大而化之謂聖，聖而不可知謂神。樂正子，二之中，四之下也。〔註181〕

「審美」是自我人格的欣賞，大丈夫的不屈精神與浩然之氣，就是美的人的品格。孟子對人格的品味，區分為「善」、「信」、「美」、「大」、「聖」、「神」六個等級，這「善」、「信」、「美」三階段是獨善其身，「大」、「聖」、「神」三階層為兼善天下，所謂「善」是值得喜愛的行為，自己確實做到就是「信」，完全做到善稱之「美」，「大」就是完全做到善還能照顧到別人，發出光輝產生變化且能影響群眾的力量叫做「聖」，聖到達人無法理解時稱之「神」。孟子認為，樂正子雖具有「善」與「信」是善良誠實之人，但尚未達到「美」、「大」、「聖」、「神」的境界，必須「充實之為美」具有充實的精神世界才擁有美的人格。

孔子以「仁」人格美，以善為美，以德為上，重情感體驗，「飯疏食、飲水，曲肱而枕之，樂亦在其中矣。」的精神追求。孟子：「充實謂之美」人的品格也是一種美，大丈夫不屈精神與浩然之氣，就是美的品格。「君子有三樂，而王天下不與存焉。父母俱存，兄弟無故，一樂也；仰不愧於天，俯不怍於人，二樂也；得天下英才而教育之，三樂也。」〔註182〕審美興趣是感官與心思之官共同的樂趣，心思之官的樂是美感樂趣所在。

「誠者主性之具，無端無方者也。」〔註183〕「凡人之善惡形於言發於行，

〔註180〕《伊川擊壤集》卷二十，〈首尾吟〉之八十一，頁340。

〔註181〕《孟子·盡心下》。

〔註182〕《孟子·告子上》〈盡心上〉。

〔註183〕《皇極經世書》，《觀物外篇》下，頁403。

人始得而知之，但萌諸心發於慮，鬼神已得而知之矣，此君子所以慎獨也。」〔註184〕思慮一萌鬼神得而知之矣，故君子不可不慎獨。邵雍慎獨是獨善其身，修身、齊家、安邦、治國的內聖外王之學。

二、比德美

《詩經》：「言念君子，溫其如玉。」荀子：「以玉比德」闡述玉的特點對照儒家君子的特性，人格之美對應於物象之美。比德類似聯想，山水比德開始於孔子，將自然的某些內在屬性、特徵的對應關係作意象化的表述，象徵山水畫自然美的精神原型。

「知者樂水，仁者樂山；知者動，仁者靜；知者樂，仁者壽。」〔註185〕都是一種「比德」，水和山比喻為智者和仁者的思想境界，山和水分別為仁者與知者的人格象徵，因為，客體把主體的人格對象化、物化了。「子在川上曰：逝者如斯夫，不舍晝夜。」〔註186〕孔子認為欣賞自然美中獲得愉悅，正是由於欣賞中包含著道德內容，由衷發出一種審美的贊嘆！對日月不停淘淘逝去的河水，人的生命像河水般的流逝，一息不停，一息不斷，這是對生命的感慨。

「歲寒然後知松柏之後凋。」儒者因松柏經歲寒而後凋零，得以看到君子之姿。山水既是自然形式美，又是形上道德形象美，它在於與審美主體的道德精神處於某種類比共構的狀態中，通過比擬、譬喻思維方式，自然中尋找精神寄託，從山水比德中得到欣慰。

> 人不善賞花，只愛花之貌。人或善賞花，只愛花之妙。
>
> 花貌在顏色，顏色人可效。花妙在精神，精神人莫造。〔註187〕

邵雍認為不善賞花者只愛花的面貌，以為美在於花的容貌，真正善於賞花者是透過花的容貌，欣賞花的真正美在其所寓含的精神，這種道德精神是妙不可言、不可模仿，「妙」在此是指至美，「花貌」之美是指美的表象，「精神」之美才是花之美的本質，真正的美並獲得人們的喜愛是「花貌在顏色，花妙在精神。」，「虛實相生，無畫處皆成妙境」的老莊思想，邵雍「善賞花者愛花妙」在於「妙」的審美品味。

所謂「一花一世界，一草一乾坤」，花卉精神、氣質、品德為人的精神象

〔註184〕 《皇極經世書》，《觀物外篇》下，頁359。
〔註185〕 《論語‧雍也》。
〔註186〕 《論語‧子罕》。
〔註187〕 《伊川擊壤集》卷十一，〈善賞花吟〉，頁160。

徵，梅蘭竹菊四君子即為「花」的人格化，其歷程為物蛻為人，人羽化為神。
「水陸草木之花，可愛者慎蕃，……予獨愛蓮之出淤泥而不染，濁清漣而不妖，
中通外直，不蔓不枝。……蓮，花之君子者也。」〔註188〕周敦頤以正面塑造
「蓮」出淤泥而不染的道德形象和美的形象，「出淤泥而不染」蓮之美象徵道
德人格，「高竹雜高梧，還惊秋節初。晚凉尤可喜，舊軾亦宜舒。池閣輕風裡，
園林晚景餘。人生有此樂，何必較錙珠。」〔註189〕邵雍好種竹，「竹」四季常
綠、強勁有力的節，迎風搖曳的線條柔美模樣，「人生有此樂，何必較錙珠。」
安貧樂道之樂，象徵其人格和中節精神。

邵雍「花妙在精神」自然物比德之美的典範，「某素不作詩。亦非是禁止
不作，但不欲為此閒言語，且如今言能詩，無如杜甫。穿花蛺蝶深深見，點水
蜻蜓款款飛，如此閒言語，道出做甚？」〔註190〕程頤醉心於物的美貌，失察
於物之道德精神的純粹審美活動，他斥之為「玩物喪志」〔註191〕加以發揮，
把邵雍吟詠「花貌」之美的詩作稱為「閒言語」，反面卻印證了比德。

三、內聖外王

（一）懼觀朵頤

「價值」就是根據真實性而存在，也就是完善的存在。準則性價值是透過
某種先驗的演繹手段，可以與有用、愉快、可愛、真、善等價值並列，它們都
符合意向性某些特殊樣態，或許合在一起可以構成客體對立體的基本關係範
圍，然而價值的多元化，可以創造審美的價值。從形式走向內容，並考慮各個
特殊本質，回歸到審美對象的本身意義上。審美對象所暗示的世界是人某種情
感的感受，瞬間發現自己命運意義的經驗，審美經驗在它是純粹的霎那間，完
成了現象學的還原。

子謂顏淵曰：「用之則行，舍之則藏，惟我與你有是夫！」〔註192〕有重用
我的，則將此道行於世，不能重用我的，將此道藏於身，只有我和你能這樣了。
「用之則行，舍之則藏」任用就去做，不受任用就隱居，「用」、「舍」都是知
行合一的行動，當知行發生變化，自我的修養會出現，「用行」為現實社會的

〔註188〕周敦頤：《愛連說》。
〔註189〕《伊川擊壤集》一，〈高竹八首〉之六，頁9。
〔註190〕程頤：《河南程氏遺書》卷十八。
〔註191〕《書經·旅獒》。
〔註192〕《論語·述而》。

服務,「舍藏」為向現實社會妥協,堅持個人信仰的儒家倫理人格克己復禮,用行舍藏臨事而懼,臨事前先謹慎考慮後果,才能「舉一偶以三偶反」的不二法門,盡善盡美,天生人成。

《易傳‧繫辭下》:子曰:「知幾其神乎!」能見事情萌發的細微現象,預知其變化就能與神道相符。「何者謂知幾,惟神能造微。行藏全在我,用舍繫於時。每恨知人晚,常憂見事遲。與天為一體,然後識宣尼。」〔註193〕「智哉留侯善藏其用」〔註194〕行藏指的是底細來歷,泊然是恬淡無慾貌,「人之精神貴藏而用之,苟徇於外則鮮有不敗者,如利刃物來則剸之,若恃刃之利而求割乎物,則刃與物具傷矣。」〔註195〕邵雍具有「行藏一致泊然世道」的人格特質,其人品、書品、詩品呈現「和樂灑落」的風格,擁有「善能仁義為心者,肯作人間淺丈夫」的人格之樂。

> 人雖不堪憂,己亦不改安。閱史悟興亡,探經得根源。
>
> 有客謂予曰,子獨不通權。清朝能用才,聖主正求賢。
>
> 道德與仁義,不徒為空言。功業貴及時,何不求美官。……
>
> 此所謂男子,志可得而觀。又何必自苦,形容若枯鱣。
>
> 道古人行事,拾前世遺編。而臨水一溝,而愛竹數竿。
>
> 此所謂匹夫,節何足而攀。予敢對客曰,事有難其詮。
>
> 身非好敝縕,口非惡珍膻。豈不知繫匏,而固辭執鞭。
>
> 蓋懼觀朵頤,敢忘貴丘園。深極有層波,峻極有層巔。
>
> 履之若平地,此非人所艱。貧賤人所苦,富貴人所邅。……
>
> 污隆道屈伸,進退時後先。苟不循此理,玉毀誰之愆。
>
> 道之未行兮,其命也在天。近日由三城,薄言上盤桓。〔註196〕

「吾豈匏瓜也哉?焉能繫而不食。」〔註197〕如匏瓜般中看而不可食用,比喻懷才而莫展。有才能卻不為世上所用的人。

「舍我靈龜,觀我朵頤。背義從利,人無遠思。」〔註198〕,「懼觀朵頤」是邵雍害怕名利帶來的後果,不願迷欲失己與失其所守的價值觀。「腹心受害

〔註193〕 《伊川擊壤集》卷十六,〈浩歌吟〉,頁261。
〔註194〕 《皇極經世書》,《觀物外篇》下,頁403。
〔註195〕 《皇極經世書》,《觀物外篇》下,頁370。
〔註196〕 《伊川擊壤集》卷一,〈寄謝三城韓子華舍人〉,頁6。
〔註197〕 《論語‧陽貨》。
〔註198〕 《伊川擊壤集》卷九,〈趨向〉,頁130。

誠堪懼，唇齒生憂尚可醫」〔註199〕，「萬事盡如此，何用過憂懼」〔註200〕「造物工夫意自深，從吾所樂是山林。少因多並不干祿，老為無才難動心。花月靜時行水際，蕙風舞上臥松陰。閒窗一覺從容睡，願當封侯與賜金。」〔註201〕不以饑渴害其心，而能以簞瓢樂其道，所求於「口實」之外，所自養性情之正，不干祿是邵雍做為「快活人」的抉擇，這首詩描繪其一生出處的自得與人生價值取向。

（二）聖人為己任

《周易・乾卦・文言》：「夫大人者，與天地合其德，與日月合其明，與四時合其序，與鬼神合其兇吉，先天而弗違，後天而奉天時，天且弗違，而況於人乎？況於鬼神乎？」，「大人」〔註202〕指的是有志於學，內養的功夫和外用知識，能達到一定水準之上的德性，莊子：「不離於宗，謂之天人，不離於精，謂之神人。不離於真，謂之至人，以天為宗，以德為宗，以道為門，兆於變化，謂之聖人。」〔註203〕儒家聖人、莊子真人、道家神仙，都是與天地合其德、與日月合其明、與四時合其序，與鬼神吉兇相契合。

老子：「五色令人目盲，五聲令人耳聾，五味令人口爽，馳騁畋獵令人心發狂，難得之貨令人行妨，是以聖人為腹不為目，故去彼取此。」〔註204〕，「為腹」以我的肚子為我做主，「以物養己」可能會是清貧的，「為目」人隨著慾望而行走，「以物役己」可能是罪惡的奢華。「為腹不為目」指的是有道之人只為飽腹不為炫目，直接捨棄外在的誘惑，選擇內心寧靜更易獲得內心的滿足感。邵雍：「爽口物多須作疾，快心事過必為殃。與其病後能求藥，不若病前能自防。」〔註205〕邵雍認同老子的「為腹不為目」之外，重視「爽口物多須作疾」保健養生的概念，因此，只求溫飽而不追逐生色之樂，屏除物慾誘惑而保有安定知足的生活方式，「以物養己」為主，不以「以物役己」作為聖人的

〔註199〕《伊川擊壤集》卷五，〈觀棋長吟〉，頁56。

〔註200〕《伊川擊壤集》卷一，〈閒吟四首〉之二，頁8。

〔註201〕《伊川擊壤集》卷七，〈依韻和劉職方見贈〉，頁89。

〔註202〕賈馥茗，「大人」是才德宏偉的人，能為天下人的表率，《周易・乾卦・文言》有「利見大人」的解釋，《荀子・解蔽篇》：「故治之要在於知道，人何以知道？曰心。心何以知，曰：虛壹而靜」，2000年12月教育大辭書，國家教育研究院，http://terms.naer.tw/detail/1301912，下載日期：2020.11.02。

〔註203〕《莊子・天下》。

〔註204〕《老子》第十二章。

〔註205〕《伊川擊壤集》卷六，〈仁者吟〉，頁78。

生活準則。

　　理學家認為，人人可以是堯舜、人人可以是聖人，它支配我們的傳統思想，形成了偏重於「人」的思想系統。

　　周敦頤「成聖」的途徑為「聖希天、賢希聖、士希賢。」，「聖人理想觀」是人極。程顥肯定「聖也者」，邵雍「觀物」思想蘊含成聖意識，江山氣度，不負高天不負人，其「聖人理想觀」為至人。「知進退存亡而不失其正義，其唯聖人乎。」成聖修心在於言之於口，不若行之於身，行之於身，不若盡於心，「內聖」是聖人的內心應該具備，立身處世言談舉止遵循天理，唯有聖人的才德智慧，才能知道進退存亡，而自身始終不失它的正道。

> 人能知其天地萬物之道，所以盡於人者，然後能盡民也。天能盡物則謂之昊天，人之能盡民則謂之曰聖人。謂昊天能異乎萬物，則非所以謂之昊天也；謂聖人能異乎萬民，則非所以謂之聖人萬民與萬物同，則聖人固不異乎昊天者矣；然則聖人與昊天為一道，聖人與昊天為一道則萬民與萬物亦可以為一道，一世之萬民與一世之萬物既可以為一道，則萬世之萬民與萬世之萬物亦可以為一道也明矣。〔註206〕

　　「人能盡民者，曰聖人」，「盡民」為盡生民之理，即是盡人道。「人」能體天盡道為天地之靈，視「聖人」為人之靈的理想人物，「盡道之謂聖，如天之謂仁。如何仁與聖，天下莫敢論。」〔註207〕「仁配天地謂之人，唯仁者真可謂之人矣。」〔註208〕每個人都該大其心而配天地，至此，可謂盡了人性。聖人是兆人之人，是人之至也。人做為最具靈性、最具進化的有機體，內賦有與天地同一的可能，「大而化之」之謂聖，去除人性之蔽，正己而後正人，所以，聖人常受人尊重。

　　「謂其能一心觀萬心，一身觀萬身，一物觀萬物，一世觀萬事者焉。又謂其能以心代天意，口代天言，手代天工，身代天事者焉。又謂其能以上識天時，下盡地理，中盡物情，通照人事者焉。又謂其能以彌綸天地，出入造化，進退古今，表裡人物者焉。」〔註209〕聖人具有「上識天時，下盡地理，中近物情，通照人事。」的至德。聖人是與天地萬物一體，與天地萬物為一道，邵雍認為

〔註206〕《皇極經世書》，〈觀物外篇〉下，頁365～366。
〔註207〕《伊川擊壤集》卷八，〈仁聖吟〉，頁115。
〔註208〕《皇極經世書》，〈觀物內篇〉之二，143～144。
〔註209〕《皇極經世書》，〈觀物內篇〉之二，頁143～144。

聖人所具有的「真知」，就是「心」於窮理盡性，至於命後所得到的「知」，這個「知」是以誠心「體知」、「體證」的普遍之理，而非一般的理性認知。

> 吾道本來平，人多不肯行。得心無厚味，失腳有深坑。
>
> 若未通天地，焉能了死生。向其間一事，須是自誠明。
>
> 人生憂不足，足外更何求。吾生雖未足，亦也卻無憂。
>
> 天和將酒養，真樂用詩句。不信年光會，摧人早白頭。
>
> 夜入安樂窩，晨興飲太和。窮神知道泰，養素得天多。
>
> 日月任催蕩，山川徒琢磨。欲求為此者，到了是誰何。〔註210〕

邵雍自身安貧樂道的人格特質，「踐形治性，踐迹治情。賢人踐迹，聖人踐形。」體現人所天賦的品質，對於聖人「踐形治性」的人格追求，是一種逍遙恆樂，保有形而上的純善，「言之於口，不若行之於身，行之於身，不若盡之於心」的修練，成全他以聖人為己任的人生哲學。

第四節 「中和之道」的審美理想

中國古代美學認為「樂」和「同」的概念，「樂」（指廣義的藝術）的重要功能，就是溝通社會群體成員的情感達到社會和諧。儒家美學尋求「和」的審美理想，道家美學追求「妙」的審美理想，佛、釋美學則追求「空」的審美理想。

《晉書·卷五一·摯虞傳》：「施之金石，則音韻和諧；措之規矩，則器用合宜。」，《詩經·周南·關雎》漢·毛亨·傳：「后妃說樂君子之德，無不和諧。」，「和諧」不僅是人與自然、人與社會的和諧，還要人與自身的和諧，莊子：「天地有大美而不言，四時有明法而不議，萬物有成理而不說。」審美和諧的宇宙觀。

一、詩禮樂

《乾·象》：「乾道變化，各正性命，保合太和，乃利貞。」「太和」是自然界萬物並存共育的景況，《中庸》：「萬物並育而不相容，道並行而不相悖。」，《易經》「和」字凡兩見，有和諧、和善之意，而「合」字則無見。「大羹可和，玄酒可漓，則是造化，亦可和可漓也。」〔註211〕「生生之學」是生命智慧與

〔註210〕 《伊川擊壤集》卷七，〈逍遙吟〉，頁97。

〔註211〕 《皇極經世書》，《觀物外篇》下，頁401。

生命藝術的學問,「中正平和」一種生命的動態平衡狀態。

(一)審美「樂」點在於「合」

《禮記‧樂記》:「樂者,天地之合也;禮者,天地之序也。和,故百物皆化;序,故群物皆別。樂由天作,禮以地制。……地氣上齊,天氣下降,陰陽相摩,天地相蕩,鼓之以雷霆,奮之以風雨,動之以四時,媛之以日月,而百化興焉,則樂者天地之合也。」合天地陰陽之氣,所合之氣是《易經》所指天地相合、萬物發生合社會人倫之理,「和」是音樂的審美本質,音樂的社會作用在於治心,以情感人,以德化人,音樂使人生命充實。

史伯(約公元前806~前771):「夫和實生物,同則不繼。以他平他謂之和,故能豐長物而歸之;若已同裨同,盡乃棄矣。」,「聲一無聽,物一無文,味一無果,物一不講。」〔註212〕「和」指不同事物相輔相成,「先王以土與金木水火」雜以成百物,證明了「和實生物」;「同」指無差別的單一事物相加,以「聲一無聽,物一無文,味一無果。」證明「同則不繼」。史伯〔註213〕區別「和」與「同」的概念,「和」是不同的色、聲、味的統一,才能產生美,「同」指單一的色、聲、味的重覆,它是不能產生美。

《禮記‧樂記》:「禮樂皆得,謂之有德。德者,得也。」,「德也者,得於身者也。」君子能夠知樂,在於審聲以知音,審音以知樂,審樂以知政,然後治道備矣。《周易‧繫辭下傳‧第一章》:「天地之大德曰生。」,《樂記》:「禮節人心,樂合民聲……樂者為同,禮者為異,同則相親,異者相敬;合情飾貌者,禮樂之事也。」,孔子:「人而不仁,如禮何?人而不仁,如樂何?」「《關雎》樂而不淫,哀而不傷。」〔註214〕是一種有節制與有限度的審美情感,它必須符合「禮」的規範,用以維持人整體存在的一種應該有的秩序。

孔子弟子有若:「禮之用,和為貴。先王之道斯為美,大小由之。」〔註215〕「君子和而不同,小人同而不同。」〔註216〕孔子的「合而不同」乃是保留自己的意見而不人云亦云。「和」是肯定多樣性,主張容納不同意見促進文化的發展,不是不承認矛盾對立,應該是解決矛盾,而達到更高的統一。

〔註212〕《國語‧鄭語》。
〔註213〕葉朗:《中國美學史》,台北:文津出版社,2011,頁36~37。
〔註214〕《論語‧八又》。
〔註215〕《論語‧學而》。
〔註216〕《論語‧子路》。

「太合」、「合」、「和合」思想，「合」、「和」所獲得的觀念，運用它來說明意識的感覺內容，從審美文化與生理學的研究路徑，「合」的概念的描述與解析，心物合一、主客合一、體用合一、詩樂合一與天人合一等概念。「莊子齊物未免乎較量，較量則爭，爭則不平，不平則不和，無思無為者，神妙致一之地也，所謂一以貫之，聖人以此洗心退于密。」〔註217〕「二室多好峰，三川好多雲。看人不知倦，和氣潛生神。一慮若動盪，萬事從紛紜。人言無事貴，身為無事人。」〔註218〕「和合」思想衍生「天人合一」的生命境界。

《禮記·樂記》：「樂也者，情之不可變者也；禮也者，理之不可易者也⋯⋯禮樂之說，管乎人情。」樂合乎人的情感需要，樂的教化培養人的性情重於感性和悅。禮樂相濟的意義，在於使人的「分」與「和」起相互配合作用。「禮」強調人的名分與倫理秩序，生活上的秩序。「樂」帶來人們的快樂，重在調和人的情感與關係得以達到和諧，生活上的和諧。發揮《禮記·樂記》：「樂義立，則貴賤等矣；樂文同，則上下和矣。」的禮樂之治，形成了禮樂作用。

程頤：「禮云禮云，玉帛云乎哉？樂云樂云，鐘鼓云乎哉？」，「禮莫是天地之序，樂莫是天地之和？」〔註219〕固有禮樂不在玉帛鐘鼓，先儒引用「安上治下莫善於禮，移風易俗莫善於樂。」為禮樂之大用，禮只是一個序，樂只是一個和。天下無一物無禮樂，有如天地陰陽，其勢高下甚相背，必相須為之所用。

（二）「樂」教與「詩」美育

孔子：「興於詩，立於禮，成於樂。」〔註220〕孔子認為一個人的修養，從學習詩開始，還要用樂來完成。孟子：「仁言不如仁聲之入人深也。」〔註221〕荀子：「夫聲樂之入人也深，其化人也速，故先王謹為之文。」〔註222〕，「樂也者，聖人之所樂也。」〔註223〕「先天下之憂而憂，後天下之樂而樂」〔註224〕的審美向度，強調「寓教於樂」，「樂」中滲透「教」的目的。

〔註217〕《皇極經世書》，《觀物外篇》下，頁398。
〔註218〕《伊川擊壤集》卷三，〈游山二手〉之二，頁30。
〔註219〕《遺書》卷十八，伊川語四。
〔註220〕《論語·泰伯》。
〔註221〕《孟子·盡心上》。
〔註222〕《荀子·樂論》。
〔註223〕《荀子·樂論》。
〔註224〕范仲淹《岳陽樓記》，《桐廬郡齋書事》。

《論語‧陽貨》:「詩可以興,可以觀,可以群,可以怨。」孔子認為詩「可以群」,藉由詩教與審美教育,讓我們意識到人類在情感生活的相通與一致。觀風俗之盛衰,音樂使群體快樂,音樂美化社會作用,「詩之失愚,樂之失奢。」詩教目的,正如,《禮記‧經解》:「廣博易良而不奢。」溫柔敦厚而不愚。

> 所作不限聲律,不沿愛惡,不立固必,不希名譽,如鑑之應形,如鐘之應聲。其或經道之餘,因閒觀時,因靜照物,因時起志,因物寓言,因志發詠,因言成詩,因詠成聲,因詩成音,是故哀而未嘗傷,樂而未嘗淫。雖曰吟詠情性,曾何累於性情哉!〔註225〕

邵雍精通易數,楊時(1053~1135)《龜山先生語錄》:「須信畫前原有易,自從刪後更無詩。」認為邵雍詩句,「易」是以「詩」的形式呈現,「詩」是以「易」的內容作表達。刪詩以揚文武之美,具有命定論的梅花詩,「到性始知真氣味,人神方見妙功夫」。

「興」是一種即興的體驗,包含當下的靈感,感物興情,興以起情。章學誠〔註226〕《文史通義‧易教下》:「《易》之象也,《詩》之興也,變化不可萬物矣。」中國審美意象之靈動不拘由此變化而來。張戒《歲寒堂詩話》:「目前之景,適與意會,偶然發于詩聲,是六義中所謂的興也。」自然之象與主觀情意融合,通過比興來實現。譬如,宗炳《畫山水序》的「應會感神」,直覺審美的「羚羊挂角,無迹可求」,詩人以自然美進行直接的審美觀照,王夫之的審美觀照直接把審美感興、審美直覺和物性反映統一起來。詩歌意象特點是整體性、真實性、多義性、獨創性,詩境「以神理相取,在遠近之間。」

劉勰《文心雕龍‧物色》:「然物有恒姿,而思無定檢,或率而造極,或精思愈疏。且詩騷所標,並具要害,故後進銳筆,怯於爭鋒。莫不因方以借巧,即勢以會奇,善於適要,則雖舊彌新矣。是以四序紛回,而入興貴閒,物色雖繁,而析辭尚簡,使味飄飄而輕舉,情曄曄而更新。」,「以四序紛回,而入興貴閒」春夏秋冬四季變化紛繁的景色,引起詩人的感興,卻貴在內心的閒靜之樂。

> 畫筆善狀物,長於運丹青。丹青入巧思,萬物無遁形。
> 詩畫善狀物,長于運丹誠。丹誠入秀句,萬物無遁情。

〔註225〕《伊川擊壤集》序,頁 2。

〔註226〕葉朗主編,朱良志副主編:《中國美學通史》——(先秦卷)孫燾著,南京:江蘇人民出版社,2014,頁 20。

詩者人之志，言者心之聲。志因言以發，聲因律而成。

多識于鳥獸，豈止毛與翎。多識于草木，豈止枝與莖。〔註227〕

畫筆善狀物形，詩畫善狀物情，「丹誠」是藝術家之心性修養，詩家人格修養經由審美向度，追求真善美的境界。「無遁形」畫與詩的造型，「無遁情」畫與詩的抒情藝術。「詩」是時間性視覺藝術，「畫」是空間性繪畫藝術，山水藝術形式美感，論題款則是「詩書畫跋」合一的山水意趣，邵雍的林泉詩為「安於山林，樂於歌詩。」形成一幅山水風景畫。

陳白沙「以詩載道」代天宣化，成就了傳授心法的詩教，不能以「彼用之而小」的雕蟲小技視之。白沙：「會而通之，一真自如。故能樞機造化，開闔萬象，不離乎人倫日用，而見鳶飛魚躍之機，若是者，可以輔相皇極，可以左右六經而教無窮！」〔註228〕白沙對詩道的妙用開拓寬廣的境界，融合哲思於文藝詩境。

白沙受邵雍詩所影響，但他無意著述，傳世作品中除書信外，泰半為詩。其詩闡道說理，倡明正學，概欲詩於教，謂之詩教，白沙學說因詩教而益明。

先生初年墨跡，已得晉人筆意，而超然不居於形似，善學晉者也。今觀其筆勢，如天馬行空，而步驟不凡。及乎晚年，造詣自然，自謂吾書熙熙穆穆。有詩云：「神往氣自隨，氤氳覺初沐」，夫書而至熙熙穆穆，豈非超聖入神，而手筆皆喪者乎？此語勿忘勿助之間，同一天機，非神會者不可得之。〔註229〕

美學是哲學的衍生物，「書法美學」曾為中國美學尋根。「易經」邏輯精義是「變」：「形而上者謂之道，形而下者謂之器，化而裁之謂之變，推而行之謂之通。」道、器、變、通四個引擎是哲學原理，也是美學方法。中國書法用易理推衍，它的「一體萬殊，萬殊一體」，說明孔子何以「繪事後素」絢爛歸於平淡，返璞歸真是美的手段，解釋孟子的「充實之謂美」，美經過大而化，到達「聖」而不可之的神境。

邵雍以詩的格律來演繹性理，「以禪喻詩」的目的是為了詩歌的藝術規律，人們對於邵雍梅花詩、梅花易數的誤解，忽略詩的認識、欣賞與詩的教化與美育功能。例如，「一年之計在於春，一日之計在於晨，一生之計在於勤。」

〔註227〕《伊川擊壤集》卷十八，〈詩畫吟〉，頁293。
〔註228〕《白沙子全集》，卷六，頁12～13，〈夕惕齋詩集後續〉，卷一，頁13～14。
〔註229〕引自《廣東新語》，卷十三，〈藝語〉。

的蒙學詩，「一去二三里，煙村四五家，亭台六七座，八九十枝花。」數字詩，這兩首詩成為影響後人的警語。

二、「禮」變「理」

宋明理學家重視「人倫」之理，多少會涉及「禮文」之理。理學家談「理」〔註230〕就是性理、天理，但是真正天理，應是由心性之理往上通，而貫通內外的是人我與心理之理。

何謂「樂」與「禮」？中國自古代先王開始制樂，為了匡正民心與導正民情。「是故先王慎所以感之者：故禮以道其誌，樂以和其聲，政以一其行，形以防其奸。」〔註231〕「王者功成作樂，治定制禮。其功大者其樂備，其治辯者其禮具。」〔註232〕王者有功始作樂，而社會安定後才講求禮教。《樂記·樂記》中強調「樂」是調理人的內心精神層面，而「禮」則是調理外在形貌與規矩，正如「故樂也者，動於內者也；禮也者，動於外者也。」〔註233〕之說。

《繫辭傳》第十五章：「履以和行，謙以制禮，復以自知，恒以一德，損以遠害，益以興利，困以寡怨，井以辨義，巽以行權」。禮的廣義意涵在說明人的人生規律，狹義意涵解釋禮節儀式。《荀子·樂記》「禮也者，理之不可易者也。」荀子將「理」解釋為人倫秩序，它是不可改變的，強調「禮」作用在於倫理秩序的維護。

《中庸》：「大哉聖人之道，洋洋乎！發育萬物，峻極於天。優優大哉！禮儀三百，威儀三千，待其人而後行。」發育萬物與峻極於天，即與天地參之意，如此者是對於禮的實行。以誠「不勉而中，不思而得，從容中道」的境界，即是「與理為一」的理想。

周敦頤《通書·禮樂》：「禮，理也；樂，和也。陰陽理而後和。君君臣臣、父父子子、兄兄弟弟、夫夫婦婦，萬物各得其理，然後和，故禮先而樂後。」〔註234〕周敦頤提出「禮，理也」；此處「理」是指天理，天地萬物並存的秩序，也是太極陰陽運行中萬物生成之理。《太極圖說》：「無極而太極。太極動而生

〔註230〕 唐君毅：《唐君毅全集》第十二卷，中國哲學原論導論篇，台北：台灣學生書局，1991，頁68～74。
〔註231〕 《禮記·樂記》樂本篇。
〔註232〕 《禮記·樂記》樂禮篇。
〔註233〕 《禮記·樂記》樂化篇。
〔註234〕 《通書·禮樂》。

陰，動極而靜；靜而生陽，靜極復動。一動一靜，互為其根；分陰分陽，兩儀立焉。……萬物生生，而變化無窮焉。惟人也，得其秀而最靈。」然而，周敦頤將人道與天道視為一體，從「天人合一」的觀點來看，將人倫秩序視同天理，天理同為天地自然與人倫之本體，從自然人文一元論的世界觀，禮樂秩序道德規範等同宇宙大化之理則，即「禮」是「理」。

周敦頤：「禮即理」，張載：「義命合一存乎理」，邵雍：「在物謂之理」，他們所謂「理」皆未論及「性即理」。程顥：「在義為理」，程頤：「己與理為一」、「性即理」，二程講「理」有別於朱熹講理雖論及物理，還是以「仁義禮智」的性理為主，由人的仁義禮智之理，見其原自元亨利貞陰陽五行之理，再論及其他萬物之稟，此元亨利貞陰陽五行之理而存，僅附及物理之論而已。

二程主張「滅私欲、明天理」的理欲觀。程顥：「吾學雖有所受，天理二字卻是自家體貼出來。」〔註235〕以理在人心，人心若沒有私慾的掩蔽，天理自然流露人就不必勉強助長，重視氣與為學力行，程顥「發明本心」思想影響陸九淵。程頤主張致知，求知外物之理，按理去修身，「敬以直內，義以方外」，重視理與為學窮理，程頤「居敬窮理」思想影響了朱熹。朱子「心、性、理」〔註236〕的實義，「心」實然的心氣之心，不是超越的道德的本心。「性」與「心」相對為二的性，不是本心即性、心性是一的性，朱子「理」〔註237〕割離心義、神義、寂感義，只有存有而不活動的只是「理」，不是與神即感融而為一，即存有即活動的道理。

子曰：「君子之道，或出或處，或默或語，二人同心，其利斷金，同心之言，其臭如蘭。」〔註238〕

　　天使我有是之謂命，命之在我之謂性，性之在物之謂理，變從時而
　　便天下之事，不失禮之大經，變從時而順天下之理，不失義之大權
　　者，君子之道。〔註239〕

禮（倫理）變成理（本體），理學家講求存天理、滅人欲，政治上易造成「以理殺人」之嫌，欲成了惡，「夫意也者，盡物之性也。言也者，盡物之情

〔註235〕《二程外書》卷十二。
〔註236〕蔡仁厚撰述，《宋明理學：南宋篇，心體與性體義旨述引》，台北：臺灣學生書局，1983，頁256。
〔註237〕同上註，頁256。
〔註238〕《繫辭傳》第十二章。
〔註239〕《皇極經世書》，《觀物外篇》下，頁395。

也。象也者，盡物之形也。數也者，盡物之體也，仁也者，盡人之聖也。禮也者，盡人之賢也。義也者，盡人之才也。智也者，盡人之術也。」〔註240〕道德功力為體，化數勸率為用，邵雍因數至理，注重禮義不失為君子之道。

陳郁夫〔註241〕認為，仲尼五經，邵雍只取《易》、《書》、《詩》、《春秋》獨不取《禮經》，儒家治國首重禮治，顯然是矛盾。《皇極經世書》一書具有組織嚴密的特色，他先造就一個形式架構，然後將萬事萬物置入其中，形式架構所成的對萬物的理解，雖可達到一種內在的自足，這種自足難免出自專斷、作霧自迷的結果。

> 鐘鼓，樂也；玉帛，禮也。與其嗜鐘鼓玉帛，則斯言也不能無陋矣。必欲廢鐘鼓玉帛，則其如禮樂何？人謂風雅之道行于古而不行於今，殆非通論，牽于一身而為言者也。吁！獨不念天下為善者少，而害善者多；造危者眾，而持危者寡。志士在畎畝，則以畎畝言，故其詩名之曰伊川擊壤集。〔註242〕

「明月生海心，涼風起天末。物象自呈露，襟懷驟披豁。悟盡周孔權，解開仁義結。禮法本防奸，豈為吾曹設。」〔註243〕「禮法本防奸，豈為吾曹設。」的現象，「為善者少，而害善者多；造危者眾，而持危者寡」天下為善者太少，害善者的人多，製造危局的人多，而支撐危局的人太少，在當時社會形勢下，志士在田畝而言，做一個「為善者」與「持危者」的理想。

三、「哀而不傷，樂而不淫」中和之道

醫易相通，自古已然。《靈樞·百病始生》：「喜怒不節則傷臟，傷臟則病起於陰也。」順應七情之樂的變化，允許自己的情志或喜或悲的變化調整為中和，「因閑觀時，因靜照物，因時起志，因物寓言，因志發咏，因言成詩，因咏成聲，因詩成音，是故哀而未嘗傷，樂而未嘗淫。」〔註244〕與邵雍強調「哀而不傷，樂而不淫」中和之道，不謀而合。

〔註240〕《皇極經世書》,《觀物內篇》四，頁170。
〔註241〕主編：王壽南，著作者：王德毅、蔡仁厚、封思毅、陳郁夫、董俊彥、陳弘治，《中國歷代思想家》（九），范仲淹、孫復、胡瑗、邵雍、周敦頤、司馬光、張載，台北：臺灣商務印書館股份有限公司，1999。陳郁夫：邵雍，頁87～136。
〔註242〕《伊川擊壤集》序，頁2。
〔註243〕《伊川擊壤集》卷三，〈秋懷三十六首〉之三，頁36。
〔註244〕《伊川擊壤集》序，頁2。

《中庸》:「力行進乎仁」,「致中和,天地位,萬物育。」,《周易》:「乾道變化,各正性命,保合太和以利貞。」《中庸》第一章:「喜怒哀樂之未發謂之中,發而皆中節謂之和,中也者,天下之大本也,和也者,天下之達道也。致中和,天地位焉,萬物育焉。」〔註245〕「中和」過猶不及,「中和」之氣是美的形態,「中和」樂而不淫,哀而不傷。「中和之美」就藝術的內容和形式而言,要求兩者和諧統一。

　　性亦故無他,須是識中和。心上語言少,人間事體多。

　　如霖回久旱,似藥起沉痾。一物尚不了,其如萬物何。〔註246〕

　　人得中和之氣,則剛柔均,陽多則偏剛,陰多則偏柔。〔註247〕

「人智強則物智弱。」,「中庸非天降地出揆物之理,度人之情行其所安是為得矣。」,「人居天地之中,心居人之中,日中則盛,月中則盈,故君子貴中也。」劉斯祖曰:「人為天地之心故居天地中,心為人身之主,故居人之中,受中以生者人,樞中以運者心也。心之用象日月,日中則盛太陽懸午,月中則盈太陽當望,故君子探天地之本,考日月之度,心乎中以為貴也。」〔註248〕

陰陽雖偏合之乃中性情,雖偏節之則和,本自中和故也。天理必誠,人為則妄,天之性情陰陽,交而中和者常出於自然。人之性情剛柔,節而中和者必賴於教化。張行成《皇極經世索隱》:「命者,天之理也,物理即天理。異觀私,達觀則公矣。張行成「愛人之欲其生,惡之欲其死者,情也。喜怒哀樂未發謂之中,發而中節謂之和者,性也。」以《中庸》中和的概念來解釋性。

「中」是一個不變的原則,它隨著不同環境和時間運轉而發生變化,「氣」自然有序依「道」運行,氣本身保有「中」與「和」的自然狀態,中和所有非自然狀態,最後都會回歸宇宙自然狀態。所謂「中庸之道」,它也許是一種無趣乏味的學說,但在許多事情上卻是正確的。保持中庸之道的原由之一,因為,「性以無心明,情由鑑止已。二者不不可失,出彼而入此。」〔註249〕須保持努力和放棄之間的平衡。

〔註245〕黃宗羲撰,夏學叢書《宋元學案》——(三)——百源學案(上),台北:河洛圖書出版社,1975,頁114。

〔註246〕《伊川擊壤集》卷十九,〈中和吟〉,頁315。

〔註247〕《皇極經世書》,《觀物外篇》下,頁401。

〔註248〕安澤:《邵雍經世易圖觀物詩說集解》,新北市淡水區:育賢出版社,2011,頁188。

〔註249〕《伊川擊壤集》卷九,〈重遊洛川〉,頁54。

太極為無形象之氣，邵雍先天後天的見解，動靜分開，變成先天一理化成後天的氣之萬變。「有」道之用，「無」道之體萬物「有」，「無」道的超越性。君子引而不發，躍如也。中道而立，能者從之。「以物喜物，以物悲物，此發而中節者也。」按物之性理而動情，動乃中節。

　　行之正則謂之正道，行之邪則謂之邪道，邪正由人乎由天乎？〔註250〕

　　中庸之法，自中者天也，自外者人也。〔註251〕

「道則高矣，美矣，宜若登天然，似不可及也，何不使彼為可幾及而日孳孳也。」〔註252〕莊子：「吾以無為誠樂也。」〔註253〕清靜無為之道為美。「知道者必達於理，達於理必明於權，明於權者不以物害己。」〔註254〕所以，無言而心悅。人力可以強求的，而是心存善念遠離邪惡，不為利益得失有所煩，用真誠的心態面對生命，選擇「自我」生活的樣態。

人與自然生態的共生關係，造就天人共美的自然之樂，當環境生態失衡時，以本體的（禮）轉化倫理（理），人與自然關係的和諧，「天人合一」則是人與自然的統一，邵雍「樂」的層次與「審美需求」層次的對應觀，追求合一於「道」的審美理想，「樂而不淫，哀而不傷。」中和之道為最高審美理想。

《莊子·天道》：「與人和者，謂之人樂；與天和者，謂之天樂。」藝術活動是實現「與人和」、「與天和」重要途逕之一，積極意義在於營造幸福人生。以道觀物，得見物物天真自然本性，人有此心境，自能呈現和諧。「靜坐養天和，其來所得多。」〔註255〕「天和將酒養，真樂用詩勾」〔註256〕消遙自在，無拘無礙，是心靈與大自然的和諧，從而由忘我找到真我，「能循天理動者，造化在我。」我不違天，天亦不違我，我與天自相和諧了。

「以物觀物」作為審美方法論，使自身覺得滿足就是審美趣味，審美者以欣賞美的藝術修養，「妙」的審美品味。審美觀照至「心—樂」、「道—樂」、「道—美」的不同審美歷程的精神觀照，「觀心體樂」審美經驗，「我亦人也，人亦我也，我與人皆物也」的觀念，消除「我」對認知的遮蔽，人生快樂與幸福歸

〔註250〕《皇極經世書》，〈觀物內篇〉之九，頁237。
〔註251〕《皇極經世書》，〈觀物外篇〉下，頁362。
〔註252〕《孟子·盡心上》。
〔註253〕《莊子·至樂》。
〔註254〕《莊子·秋水》。
〔註255〕《伊川擊壤集》卷九，〈和君實端明花庵獨坐〉，頁122。
〔註256〕《伊川擊壤集》卷七，〈消遙吟〉之二，頁97。

結為人的自然本性，強調人的自我生命與宇宙生命合一，人、自然、萬物融為一體，從宇宙自然和諧相生出生命的美感。

　　　欽之為我曰：詩欲多吟，不如少吟；詩欲少吟，不如不吟。

　　　我謂欽之曰：亦不多吟，亦不少吟；亦不不吟，亦不必吟。

　　　　　　芝蘭在室，不能無臭；金石振地，不能無聲。

　　　　　　惡則哀之，哀而不傷；善則樂之，樂而不淫。〔註257〕

　　「作樂崇德」是外在禮樂，「哀而不傷」情感不傷心身之處，「樂而不淫」愉悅中不失情性之正。邵雍「樂」的層次與「生命」階層交集之「道」的和諧，「中庸非天降地出，揆物之理，度人之情，行其所安，是為得矣。」〔註258〕中和之道的審美理想，過渡到「真樂攻心」同化「天理真樂」樂至大的生命境界。

〔註257〕《伊川擊壤集》卷十二，〈答傅欽之〉，頁191。
〔註258〕《皇極經世書》，〈觀物外篇〉下，頁371。

第四章 「心─命─道─福」生命實踐與體證

　　引用懷德海「歷程」與「實在」的機體哲學，本文研究橫軸路徑：第三章「心─樂─道─美」的審美歷程與理想，微觀分析邵雍「心」至「樂」的心性歷程、「樂」至「道」的審美歷程、「道」至「美」的倫理歷程之後，追求「中和之道」的審美理想。研究縱軸路徑：第四章「心─命─道─福」生命實踐與體證，第一節邵雍「安貧樂道」的人格美，追求安身立命之道。第二節「隱」、「閒」、「雅」、「樂」、「智」的藝術活動，化為生命活動推廣生命美學，開展「藝」通於「道」的人文精神。第三節「安樂窩」與「道」合一的體現，印證邵雍是生命美學的實踐者。第四節「真樂攻心」至「天人合一」的生命美學，形成研究主軸，探悉邵雍「道」視域下的生命之源與體證。

第一節　安「貧」樂「道」的人格美

　　從描述「心─樂─道─美」審美歷程，與「心─命─道─福」生命歷程，質問它們之間關係，兩個歷程交集於「道」，而與「道」合一的生命實踐與體證，藉以詮釋邵雍生命美學歷程哲學。

一、知命樂天

　　《繫辭傳》：「樂天知命故不憂。」，《二程遺書》卷十一：「聖人樂天，則不須言知命。知命者，知有命而信之者爾，不知命無以為君子是矣，命者所以

輔義，一循於義，則可庸斷之以命哉？」須知置死重於生，天與命並行，聖人樂天知命。

孔子：「君子坦蕩蕩，小人常戚戚。」[註1] 追求真正快樂，莊子反對「以物易性」追求個人自由，「至德之世」的幻滅，轉換為「天地與我並生，而萬物與我為一。」齊是非、同生死的精神寄託。

墨子否定人必有命，「執有命者之言，不可不非，此天下之大害。」[註2] 儒家肯定人有命，孔子：「不知命，無以為君子」[註3]「死生有命，富貴在天。」[註4] 所謂「有命」是指命即性，「在天」指天所施氣眾星之氣在其中，人稟氣而生舍氣而長，得貴則貴得富則富。所以，人的生死都有天命注定，富貴在天不在人，不是人力可以強求的，而是心存善念遠離邪惡，不為利益得失有所煩，用真誠的心態面對生命，選擇「自我」生活的樣態。

> 樂則行之憂則違，大都知命是男兒。
>
> 至微功業人難必，盡好雲山我自怡。
>
> 休禪煙嵐雖遠處，且乘筋力未衰時。
>
> 平生足外更何樂，富貴榮華過則悲。[註5]

美的本身是追求心靈快樂，而審美價值在於創造更高精神層次的滿全生命。「逍遙乎山水之阿，放曠乎人閒之世。」[註6]「越耿概任氣，喜藏切朋友，放曠杯酒間，家徒壁立，不以屑意。」[註7] 從知命開始，「安樂窩」家徒壁立的生活，有限的自我組織，或自我建構過程中，更易了解邵雍生命的不同層次與歷練。

> 心好命又好，富貴常暖飽；心好命不好，天地也相保；
>
> 命好心不好，衣祿折壽早；命心都不好，飢寒直到老。
>
> 閒時檢點平生事，靜坐思量日所為；
>
> 但把寸心行正道，自然天地不相虧。
>
> 要知前世因，今生受者是；要知後世因，今生積者是。

〔註 1〕《論語・述而》。
〔註 2〕墨子：《非命篇》。
〔註 3〕《論語・堯曰》。
〔註 4〕《論語・顏淵》。
〔註 5〕《伊川擊壤集》卷二，〈游山三首〉之三，頁 25。
〔註 6〕〔晉〕潘岳《秋興賦》。
〔註 7〕《宋史・文苑傳三・陳越傳》卷四四一。

陳希夷預定生限隱奧,貴賤消息。

天干年月見皆根,陰陽無論一般論;

時師若遇斯文訣,造化玄機度與人。〔註8〕

心與命(心好命好、心好命不好、心不好命好、心不好又命不好)的關係,「以命聽於天,於心何所失」、「唯將以命聽於天,此外誰能閒計較」,強調安身立命之鑰是知命。

生平志在立功名,誰謂才難與命爭。〔註9〕

既知富貴須由命,難把升沉更問天。〔註10〕

喜怒與哀樂,貧賤與富貴。惜哉情何物,使人能如是。〔註11〕

「道」在心性之上,「道為行,其命在天」道的行與不行在天不在人,富貴在天不在人,「命」的力量在現實中成為「人」為主宰。「人生固有命,物生固有定。豈謂人最靈,不如物正性。」〔註12〕邵雍認為,保有一顆「虛靜不動」的心,「若聖與仁雖不敢,樂天知命又何移。」〔註13〕「信道而行安有悔,樂天之外更何疑。」〔註14〕「天命」人的自然命限,世俗所謂之命,有所不知,若天命則知之矣。邵雍「樂天知命」又知「死生有命」,所以不憂。

二、孟子「立命」與莊子「安命」之說

孟子「盡其心者」到「養其性」都是修身的歷程,「殀壽不貳,修身以俟之,所以立命」,「事天」與「立命」具有不可分的關係,事天與立命的方法都是修身,事天是修身的第一目標,事天好了之後,人等天的安排「修身以俟之」即是立命,立命為修身第二目標。所謂「盡人事,聽天命」表達了「立命」意義,凡事都求盡其道,合乎其理迎合天意,都是「立命」精神。

「莫非命也,順受其正。是故知命者,不立乎巖牆之下。盡其道而死者,

〔註 8〕丁治民:《邵雍「擊壤三千首」考》,杭州:浙江大學出版社,2009。
《永樂大典》卷之一萬八千七百六十四十九敬,命諸家星命百二十六,《前定數》書前共有兩序,其一《康節前定數序》為邵雍之孫紹博所書,其二《康節前定數序》之後序,雖未屬名,應為《前定數》的序,作者認為是邵雍自序,頁1~6。

〔註 9〕《伊川擊壤集》卷五,〈哭張師柔長官〉,頁58。
〔註10〕《伊川擊壤集》卷五,〈和登封斐寺丞翰見寄〉,頁58。
〔註11〕《伊川擊壤集》卷十四,〈讀古詩〉,頁58。
〔註12〕《伊川擊壤集》卷十一,〈靜坐吟〉,頁173。
〔註13〕《伊川擊壤集》卷二十,〈首尾吟〉之九十六,頁343。
〔註14〕《伊川擊壤集》卷二十,〈首尾吟〉之一零二,頁344。

正命也；桎梏死者，非正命也。」〔註15〕孟子：「求之有道，得之有命。」〔註16〕通過良知本心對價值理序的洞察，先「盡其道」而後「順受其正」的義理承擔，合乎其理。「盡心知性以知天」，「修身立命以事天」的思維不僅是單向的「天降命於人」或是「人受命於天」，而是人在所處的當世與人的道德生命實踐者休戚與共，即是，在具體的生命情境，得以踐行仁義回應天的召喚，「心—性—天」的形上結構，藉由「由義見命」與「以義立命」的相互滲透，展開天道性命相貫通的人生雙向歷程。

莊子的安命思想，「死生存亡，窮達貧富，賢與不肖，毀譽飢渴寒暑，事之變，命之行也。日夜相待乎前，而知不能規乎其始也，故不足以滑和，不可入於靈府。」〔註17〕所謂「安命」不是以一切既有天的安排，而是安於自然的變化，例如，生老病死，非人力所能改變的，它有別於「宿命」以萬物冥冥之中皆有安排，非人力所不能變易的，屬於消極的任命。

《墨子佚文》：「食必常飽，然後求美；衣必常暖，然後求麗；居必常安，然後求樂。」墨子認為，先求食物溫飽、衣服穿暖、起居安寧的生活基本保障，然後再求飲食精美、衣服華麗、尋求歡樂，生活品質逐步提升，方可追求的形式美，用它來否定審美和藝術的社會價值，反對進行審美和藝術活動。

> 以此教人，恐不愛人，以此自行，恐不愛己，未敗墨子之道，雖然，
> 歌而非歌，哭而非哭，樂而非樂，果是類乎，其生也勤，其死也薄，
> 其道大觳，使人憂，使人悲，其行難為也，恐其不可為聖人之道，
> 墨翟禽滑釐之意則是，其行則非也，將使後世之墨者，必自苦，以
> 腓無胈脛無毛相進而已矣，亂之上也，治之下也。〔註18〕

這段引文是莊子批評，墨子「非樂」思想與人生觀。「獨以天地精神往來，而不傲倪於萬物，不譴是非，以與世俗處。」這是莊子安天樂命的表現。

《莊子·人世間》：「自事其心者，哀樂不易施乎前，知其不可奈何而安之若命，德之至也。」內心修養受哀樂情緒波動所影響是無可奈何，虛心以順命者，是至德的人。孟子：「是故知命者，不立乎巖牆之下，盡其道而死者，正命也。桎梏死者，非正命也。」〔註19〕人要懂得順化而為安命而行，雖然不違

〔註15〕《孟子·盡心上》。
〔註16〕《孟子·盡心上》。
〔註17〕《莊子·德充符》。
〔註18〕《莊子·天下篇》。
〔註19〕《孟子·盡心上》。

背性命之理，也不能立於危牆之下，使身體受損，安之若命德之至也，「命」已至無可選擇之境地。

莊子安命是順自然的變化，而此「自然」意謂時間與空間的配合，產生萬事萬物的自然變化，以求心靈上的逍遙。所以，莊子安命與孟子立命，意義相似及兩者之理是相同的。

三、「安身立命」循「理」而行

《大學》：「物有本末，事有終始，則近道矣。」大自然的周期循環，歸於宇宙之間自然規律的運轉。「性情形體本乎天者也，飛走草木本乎地者也。本乎天者有感焉，本乎地者有應焉，一感一應天地之道，萬物之理。」〔註20〕命、天命或自然規律，道理、天理與性理都應順勢而為。

「命」有幸、不幸之分，「我飢亦享食，我寒亦受衣。如何無纖毫，功德補於時。」〔註21〕做功德補命的不同，精勤行道、積累纖毫為善至終。「分」有當分、不當分的遇時安身問題，「輕得易失，多謀少成。德無盡利，善無近名。」〔註22〕心閒安分享有安貧樂道之樂。

> 立身須作真男子，臨事無為淺丈夫。
>
> 料得人生皆素定，空多計較竟如何。〔註23〕

如何立身？邵雍認為知命樂天外，遇事不做見識短淺的人，做一個信「道」而行的真男子。「信道而行安有悔，樂天之外更何疑。」，受到疑惑以周公旦為其解惑，經歷惡運便以孔子為其解運，自然一切迎刃而解。

「事既不同時又異，也由天道也由人」〔註24〕，「禍福眼前事，是非身後名。」〔註25〕安樂向來不外求，邵雍如何用「道」？萬事萬物「理」出頭緒、抽象、數則或理則，看待或解決「一身之休戚」、「一時之否泰」的遇時安樂問題。

> 是知懷其時則謂之志，感其物則為之情，發其志則為之言，揚其情
> 則謂之聲，言成章則謂之詩，聲成文則謂之音。然後聞其詩，聽其

〔註20〕 《皇極經世書》，〈觀物內篇〉之一，頁135，邵伯溫解。
〔註21〕 《伊川擊壤集》卷九，〈知幸吟〉，頁130。
〔註22〕 《伊川擊壤集》卷十八，〈安分吟〉，頁293。
〔註23〕 《伊川擊壤集》卷十，〈何如吟〉，頁147。
〔註24〕 《伊川擊壤集》卷十三，〈天人吟〉，頁147。
〔註25〕 《伊川擊壤集》卷十三，〈獨坐吟〉，頁212。

音，則人之志情可知之矣。且情有七，其樂在二，二謂身也、時也。
謂身則一身之休戚也，謂時則一時之否泰也。一身之休戚則不過貧
富貴賤而已，一時之否泰則在夫興廢治亂者也。〔註26〕

「若未通天地，焉能了生死。」、「既未能知生，又焉能知死。既未能事人，
又焉能事鬼。」〔註27〕「備天地萬物者，人之謂也」〔註28〕「事既不同時又
異，也由天道也由人」〔註29〕「夫道也者，道也。道無形，行之則見於事矣。
如道路之道，坦然，使千億萬年行之人知其歸者也。」〔註30〕「雖聖人，力有
不及者矣。」、「上天生我，上天死我。一聽於天，有何不可。」〔註31〕邵雍樂
天知命、孟子立命與莊子安命的不同說法，彰顯道家自在逍遙的生命情懷，由
此可知，邵雍並非是全然的命定論者。

終則萬物歸地，地歸天，天歸道，是以君子貴道也。〔註32〕
變從時而便天下之事不失禮之大，經變從時而順天下之理不失義之
大，權者君子之道。〔註33〕

「同道道亦得，先天天弗遠。窮理以盡性，放言而遺辭。」〔註34〕盡物之
「性」者謂之道，盡物之「情」者謂之德。窮盡萬物之「理」與性命之「理」，
達到天人合一。「邪正之間，有道在焉。行之正，則謂之正道。行之邪，則謂
之邪道。邪正由人乎由天乎」〔註35〕「一時之否泰」則在興廢治亂者，出於愛
惡，「一身之休戚」則不過貧富貴賤，發於喜怒，遇時安樂從理而行，此「理」
是指「道」的法則，安身立命將循「理」而行。

「安貧樂道」之樂，就是不離日常體驗。美是生命創造活動的自由表現，
進入審美關係之際的生命活動，「已把樂為心事業，更將安作道樞機。」順從
人的生物性與世俗需求，所帶來的滿足與愉悅，增添優遊閒適的生活情趣。

邵雍認為「平生學道固至此矣，然亦無主張。」，「求道」的為其生命的

〔註26〕《伊川擊壤集》序，頁1。
〔註27〕《伊川擊壤集》卷十五，〈觀物吟四首〉之一，頁237。
〔註28〕《皇極經世書》，《觀物內篇》之十二，頁262。
〔註29〕《伊川擊壤集》卷十三，〈天人吟〉，頁203。
〔註30〕《皇極經世書》，《觀物內篇》之九，頁239。
〔註31〕《伊川擊壤集》卷十九，〈聽天吟〉，頁321。
〔註32〕《皇極經世書》，〈觀物外篇〉上，328。
〔註33〕《皇極經世書》，〈觀物外篇〉下，頁395。
〔註34〕《伊川擊壤集》卷一，〈觀棋大吟〉，頁5。
〔註35〕《皇極經世書》，《觀物內篇》之九，頁237。

核心，「體道」是人的存在價值及個人在社會宇宙中生命意義，動中有靜，靜中有動，生命本身常是同一的生命，「著身靜處觀人事，放意閒中煉物情。」〔註36〕樂天知命的養心養性外，「安貧樂道」之樂是「幸福」所在，然而，幸福存在價值在於擁有安身（心）立命的生命情懷。

第二節 「藝」通於「道」的人文精神

錢穆（1895～1990）：「中國人最講究人生藝術的要推北宋邵康節。」生命活動本身就是一種藝術活動，藝術是人的內在生命要求，藝術源自人生命活動的需要，當藝術活動與生命活動相結合，彼此產生各自獨立與不可相互替代的關係。

一、藝術活動

所謂「典型性」〔註37〕指人們從形象（包括情緒、情感）的個別中窺知一般，「典型化」指的是藝術創作從個別中顯示出一般。藝術形象的典型性，對實際生活的人或物客觀事物的原型代表，就若干時間後的審美關係，影響藝術接受者的精神境界的藝術功能。「典型環境」既表現典型人物的代表性，又表現它是創造典型人物的形成。所以，人物與環境互為創造關係。

邵雍歷史哲學觀點，審美文化與典型環境（人物與環境互為創造），生命本質引起的情感屬於生命活動，生命活動在社會環境活動受其環境生態的影響。

筆者探悉邵雍「樂」的哲學與範疇，為了擴展其美學思想「隱」、「閒」、「雅」、「樂」、「智」的藝術範疇。

（一）隱

范仲淹：「隱居求志，多優遊之詠。」隱居求名以出仕，隱居不求名的隱士，邵雍志士在畎畝的聖人心態，道法自然「無為而無不為」的哲理，不出仕獨善其身，退隱為了立德立言。

「花前把酒花前醉，醉把花枝獨自歌。」的隱士風度，「結廬在人境，而無車馬喧。問君何能爾，心遠地自偏。」內心寧靜，才可以真正自由，做到「大

〔註36〕《伊川擊壤集》卷四，〈天津感事二十六首〉之二十一，頁51。
〔註37〕王朝聞：《審美談》，北京：人民出版社，2009，頁192～195。

隱隱於市」的隱者。

（二）閒

陶淵明《述酒》:「閒居離世紛。」,「閒」指外境的清閒,兼指內在的適閒,生活上呈現百事不問、百思不起的特點。程顥:「閒來無事不從容,睡覺東窗日已紅。萬物靜觀皆自得,四時佳興與人同。道通天地有形外,思入風雲變態中。富貴不淫貧賤樂,男兒到此是豪雄。」〔註38〕「閒來觀萬物,在處可逍遙。魚味貪鉤得,蛾因赴火焦。碧梧飢鸑鷟,白粒飽鶺鴒。帶索誰家子,行歌复采樵。」〔註39〕「安樂窩中好打乖,自知元沒出人才。老年多病不服藥,少日壯心都已灰。庭草剗除終未盡,檻花抬舉尚難開。清風吹動半勸酒,此樂直從天外來。」〔註40〕此處「打乖」有明哲保身,偷閒作樂之意。「人苦天津遠,來須特特來,閑餘知道泰,靜久覺神開。悟易觀棋局,談詩捻酒杯。世情千萬狀,都不與裝杯。」〔註41〕藉由這些詩句,將「靜」、「閒」的情境融入他的生活裏。

（三）雅

「志」風雅之道,鐘鼓,樂也;玉帛,禮也。「人謂風雅之道,行於古而不行於今,殆非通論,牽於一身而為言者也。」〔註42〕志情不分,詩言志揚情,情與道（理）哀而未嘗傷,樂而未嘗淫,《關雎》:「樂而不淫,哀而不傷。」孔子認為,情感要有分寸的節制。「不學詩,無以言」〔註43〕「附庸風雅」是詩歌共有形式,讀詩怡情與豐富知識,學詩為情感語言的表達。

所謂「放鄭聲,遠佞人。」子曰:「惡紫之奪朱也,惡鄭聲之亂雅樂也,惡利口之覆邦家者。」〔註44〕孔子厭惡紫色、鄭聲、妖言的不純正的感性認知,「朱不朱,樂不樂」正是異端取代正統,重正色、正音、正言的審美理想。

（四）樂

《詩》風、雅、頌,分別「風」是各地不同音樂,「雅」為王朝京機地區

〔註38〕 《文集》卷三,明道文三〈秋日偶成二首〉二程集。
〔註39〕 《伊川擊壤集》卷九,〈閒來〉,頁125。
〔註40〕 《伊川擊壤集》卷九,〈自和打乖吟〉,頁138。
〔註41〕 《伊川擊壤集》卷四,〈天宮幽居即事〉,頁54。
〔註42〕 《伊川擊壤集》序,頁2。
〔註43〕 《論語·季氏》。
〔註44〕 《論語·陽貨》。

的音樂,「頌」宗廟祭禮用的武曲。葛洪《抱朴子・賽難》:「雅邦有素矣,而好惡有不同。」好雅惡邦,周敦頤《通書・文辭》:「美則愛」,邵雍「人或善賞花,只愛花之妙」美產生愛,醜產生惡。

朱熹:「志者詩之本,而樂者其末也,末雖亡,不害本之存。」〔註45〕否定樂對人的思想情感的影響。「美」是「樂」的對象,美感即是快感,邵雍認為,「樂」哲學與日常生活的實際經驗不能脫節,「人同此心,心同此理。」直觀物性,呈現閒樂、靜樂的精神自由。

(五)智

「智」的內容就是宇宙、社會、人生的盛衰規律和人生智慧。「非無仁智斯為樂,少有登臨不憚勞。」〔註46〕「人智強而物智弱」強調的「智」,非儒家禮義仁智的「智」,邵雍認為「智」是屬於智謀,「智」也是人之所以「靈」的原因。

「吾有知乎哉?無知也!」〔註47〕孔子否定自己無所不知,自謙為無知,表現出求真知的謙德。莊子:「吾生也有涯,而知也無涯,以有涯隨無涯,殆已;已而為知者,殆而已矣。為善無近名,為惡無近刑,緣督以為經,可以保身,可以全生,可以養親,可以盡年。」〔註48〕智識的範圍是無限,人用有限的生命去追求無限的知識,實在有點茫然徒增疲困吧!

《中庸・第二十章》:「好學近乎知,力行近乎仁,知恥近乎勇。」,「知仁勇三者,天下之達德也,所以行之者一也。」行此三達德於「一」也,「誠」的力量是行此三達德主要動力。「目見之為識,耳聞之謂知。奈何知與識,天下亦常稀。」〔註49〕耳聞目見的知識是稀少的,「吾言易知也,易行也,而人莫之能知,莫之能行也。」〔註50〕知行合一的「知」是指廣大的世界,知識需要消化才能觸類旁通,進而能知行合一,也就是邵雍強調「讀萬卷書,不如走萬里路。」的生命歷程的實踐。

「愉悅」是美感的根本特徵,孟子:「口之於味也,有同耆其焉;耳之於聲也,有同聽焉;目之於色也,有同美焉;至於心,獨無所同然乎?心之所同

〔註45〕 《朱子語類》卷三十七,〈答陳體仁〉。
〔註46〕 《伊川擊壤集》卷二,〈登山臨水吟〉,頁26。
〔註47〕 《論語・子罕》。
〔註48〕 《莊子・養生主》。
〔註49〕 《伊川擊壤集》卷八,〈知識吟〉,頁114。
〔註50〕 《老子》第七十二章。

然者何也？謂理也，義也。……故理義之悅我心，猶芻豢之悅我口。」〔註51〕人心所同就是每個人都有自足的「理」和「義」，心靈喜愛理義，就像嘴巴喜歡美食，耳朵喜歡美聲，眼睛喜歡美色是出於天性，論及「理義」之美帶給人心的悅樂。

> 藝術活動（隱、閒、雅、樂、智）→直覺與觀察→經驗歸納→推廣
> 生命活動→對應與類比→想像→推廣生命美學

傳統「藝」禮樂射御書數六藝，相應於「隱」、「閒」、「雅」、「樂」、「智」的藝術活動，藝術活動也是生命活動的一環。生命價值的「美」，是對於生活主動的態度，「安樂窩中詩一編，自歌自詠自怡然。」〔註52〕邵雍樂於（喜愛）參與的寫詩、著書、飲酒、焚香等生命活動，藉由藝術活動中「行」的審美經驗，產生「其見至廣，其聞至遠，其論至高，其樂至大。」的審美愉悅。

藝術活動的形象與直覺思維的核心是「想像力」，它具有創新推廣生命美學，藝術活動參雜邏輯思維中獲得抽象的真，對應與類比藝術真理，日常生命活動再創新的想像，都是智貴於行，造就了他生命美學的顯現。

二、「生命美學」的顯現

邵雍「隱」、「閒」、「雅」、「樂」、「智」藝術活動是生活美學的部分，日常的賞花、書法、美感經驗累積後，一種美學思想與行為模式的結合，真正美學一定是光明正大「人」的生命美學。「人」的存在，因人、事、物、時、空背景的不同，呈現不同的生命樣貌。

> 到性始知真氣味，入神方見妙工夫。
>
> 閒將歲月觀消長，靜把乾坤照有無。〔註53〕

「真」氣味是非真假的真，而是本原、本性的真。聖人「以法經天」表達渾然無跡的「數」，性的本質是中和，由到性至到數，才知真氣味。邵雍藉由「心靈想像力」的創作思維，將「道」與「藝」、「藝」與「美」的連結，「福」與「善」合一，生命由靜態轉為動態，從而循環不已的生命邏輯。

（一）「道」與「藝」

「道」在儒家的道德本體論，主要指的人道或仁德，道家的自然本體論，

〔註51〕《孟子·告子上》。
〔註52〕《伊川擊壤集》卷九，〈安樂窩中詩一編〉，頁134。
〔註53〕《伊川擊壤集》卷九，〈謝富相公見示新詩一軸〉之二，頁136。「工」，四部叢刊本、四庫本，作「功」。

主要是指「無為」、「無己」的自然之道。「志於道，據於德，依於仁，游於藝。」
〔註54〕《說文解字》：「仁，親也，從人，從二。」老子：「為學日益，為道日
損，損之又損，以至於無為。」，「孰能濁以止，靜之徐清？孰能安以久，動之
徐生？」〔註55〕通過寧靜使事物進入存有，「道」就是生成萬物的原理。

「藝」廣泛理解為藝術，錢穆：「求道而有得，斯為德。」孔子時，禮、
樂、射、御、書、數謂之六藝。隨時代變遷「藝」已不再局限於六藝了，將「藝」
視為人生所需，如飲水吃飯一般日常是不可或缺的藝術活動，又誠如古人所
云：「近乎技達乎道」的存在，通過藝術薰陶變化氣質而具修德的功用。

「臣之所好者，道也，進乎技矣。」「以神遇，不以目視。」〔註56〕「庖
丁解牛」以眼高作為鑑賞目的，手高兼創作的手段，「造化在我」的本體論，
因志於道而非技之境，表現藝通於道的意涵，「已把樂為心事業，更將安作道
樞機。未來身上體思念，既入手終須指揮。」〔註57〕彰顯邵雍的「藝」通於
「道」。

「學不際天人，不足以謂之學」，「學不至于樂，不可謂之學」為入仕讀書
與愛讀書所獲得快樂，求學者與治學者的快樂都有不同境界，「無有知孔子」
〔註58〕「知之者不如好之者，好之者不如樂之者。」〔註59〕將「之」的詮釋，
可以是作學問或作「道」的解釋，不同於邵雍「窮理盡性以至於命」求真知所
帶來的喜悅。

朱熹；「道者文之根本，文者道之枝葉。」，「文皆是從道中流出」把傳統
倫理道德放在首要位置，否定藝術的價值。陸九淵：「宇宙便是吾心，吾心便
是宇宙。」以心會心，否定詩文來自現實。「主於道則欲消而藝可進，主於藝
則欲熾而道亡，藝亦不進。以道制欲則樂而不厭，以欲忘道則惑而不樂。」
〔註60〕「棋所以長吾之精神，琴所以養吾之德性。藝即是道、道即是藝，豈惟
二物，於此可見矣。」〔註61〕藝即是道，道即是藝，否定文藝為「藝」表現情
感的方式。

〔註54〕《論語・述而》。
〔註55〕《老子》第十五章。
〔註56〕《莊子・養生》。
〔註57〕《伊川擊壤集》卷二十，〈首尾吟〉之七十三，頁338。
〔註58〕《論語・子罕》。
〔註59〕《論語・雍也》。
〔註60〕《象山先生全集》卷二十二，〈雜說〉。
〔註61〕《象山先生全集》卷三十五，〈語錄下〉。

「藝屬小道，事亦系人。苟不造微，焉能入神？」〔註62〕邵雍認為，原本小道書藝，藝術形象引發出聯想、想像、美感的無限性，卻大有可觀者在。《二十四詩品・委曲》：「道不自器，與之圓方」司馬圖認為，萬物萬類品貌各有所不同，以不同的形象來顯現道。宇宙的本體「道」（真）是美的共同本質，它具體地存在於變化莫測的大自然中，真實寫出大自然的形貌、精神就是體現了「道」。

人與自然關係是共憂患與安樂的，追求美的內涵與美的形式，審美是從直覺開始，「天人合一」審美活動是精神觀照的反映，人與自然在精神上同享生命無窮的神妙，邁向實踐行為審美具有主動性與創造性。

> 欲有一瓢樂，曾無二頃田。丹誠未貫日，白髮已華顛。
> 雲意寒由淡，松心老益閒。年來疏懶甚，時憶歸林泉。〔註63〕
> 池閣輕風里，園林晚景餘。人生有此樂，何必較錙銖。〔註64〕
> 細為輕風背，豪因驟雨餘。幽人有茲樂，何必待笙竽。〔註65〕
> 造物工夫意自深，從吾所樂是山林。〔註66〕
> 閒中氣味長，長處是仙鄉。富有林泉樂，清無市井忙。〔註67〕
> 村落桑榆晚，田家禾黍秋。民間有此樂，何必待封侯。〔註68〕

邵雍林泉詩、哲理詩等詩作的意境，大都與「道」結合，表現了宇宙的本體與生命的欣趣。「池閣輕風里，園林晚景餘。」、「村落桑榆晚，田家禾黍秋。」自然風景存在於環境、生態、地理的內容與深度，「林泉詩」濃縮山水藝術的豐富性，養眼養神的自然景觀，透過自然現象的觀察與反思，理學與山水藝術思想之間，理性與感性融合的林泉之樂，將觀看大自然「藝術化」了。

（二）「藝」與「美」

「藝術」讓人成為人，具有人之性、傳達性的特質，藝術的本體就是美，藝術與美的交集關係，相關但不重疊。

從中國藝術哲學史的觀點，藝術對於中國人而言，代表一種人生態度與對

〔註62〕《伊川擊壤集》卷十八，〈小道吟〉，頁292。
〔註63〕《伊川擊壤集》卷一，〈閒吟四首〉之四，頁8。
〔註64〕《伊川擊壤集》卷一，〈高竹八首〉之六，頁9。
〔註65〕《伊川擊壤集》卷四，〈天津水聲〉，頁47。
〔註66〕《伊川擊壤集》卷五，〈依韻和劉職方見贈〉，頁89。
〔註67〕《伊川擊壤集》卷十七，〈閒中吟〉，頁275。
〔註68〕《伊川擊壤集》卷十七，〈游洛川初出厚載門〉，頁31。

於生活的認知，它是一種藝術思維意識形式意識。詮釋學美學〔註69〕的角度，藝術根源在於人的實存真理性，宇宙道的律動在於「妙」境的渾化。從道存在的真理來把握藝術的自性，無論「藝」乎於「道」，或是「藝」與「道」合一，都是以「自然天成」為其最高範疇。

朱光潛《詩論》：「詩的境界是情趣與意象的融合。情趣是感受來的，起於自我的，可經歷而不可描繪；意象是觀照得來的。……情趣如自我容貌，意象如對鏡自照。」〔註70〕「以人情衡物性」是主體把情趣移向客體意象，以「移情說」〔註71〕來說明主體情趣如何投射於客體意象；「以物理移人情」則是客體的意象以自我的姿態反射於主體，用「摹仿說」來說明客體意象如何誘惑主體情趣，就詩的藝術形式而言，朱光潛把情趣與意象關係，看成是心與物的關係。

「木末芙蓉花，山中發紅萼。澗戶寂無人，紛紛開且落。」〔註72〕「空山不見人，但聞人語響。返景入深林，復照青苔上。」〔註73〕空山不見人的空間觀照，但聞人語響的時間觀照，時空見性的體驗，見景不見人的景象，景是存有者顯現自身的場所，心神領會一剎間永恆的畫境，情景交融，寓情於景其樂無窮。

孔子《論語・八佾》：子謂《韶》「盡美矣，又盡善也。」謂《武》「盡美矣，未盡善也。」，「仲尼曰：韶盡美矣，又盡善也，武盡美矣，未盡善也。」〔註74〕邵雍認同孔子，認為韶樂符合形式美的要求，也要符合道德的要求，從韶樂獲得很大的審美享受。武樂則不完全符合道德的要求，藝術必須符合道德要求，也包含道德的內容，才能產生美感，智貴於行審美和道德並重，盡善盡美的「美善合一」。

「自然美」的本體審美意象，人與自然風景的契合，「竹」象徵邵雍安貧樂道的人格，它是一種人物美表徵，屬於社會美的一部份，「社會美」社會生

〔註69〕賴賢宗：《意境美學與詮釋學》，台北：國立歷史博物館，2003，頁133～134。
〔註70〕朱光潛：《文藝心理學》，台北縣土城：頂淵文化事業有限公司，2003。
　　　　《文藝心理學》第三、四章，〈詩論・意象與情趣的契合〉。
〔註71〕《西方美學家論美和美感》，台北：商務印書館，1980，頁274。
　　　　「移情說」在強調移情作用消融主客體界限而使之統一時，最終仍片面地把審美安全歸結為審美主體，即自我的作用。
〔註72〕王維《辛夷塢》。
〔註73〕王維《鹿柴》。
〔註74〕《皇極經世書》，〈觀物內篇〉之八，頁227。

活領域的意象世界，中國古代美學「樂和同」，認為「樂」（廣義的藝術）重要社會功能，就是溝通社會群體成員情感而達到社會和諧的。孔子認為詩「可以群」，通過藝術涵養與審美教育，我們意識到人在情感與生活上的相通與一致。「藝術美」的本體審美意象，感受人性的深度與豐富，產生了美的和諧。

「詩」用形象來顯示真理，「哲學」以邏輯來證明真理。「詩藝」在藝術情調中體會天地流行的理趣。邵雍美學的基本範疇是感性與美，哲學的基本範疇是理性與真善美，邵雍「樂」哲學貫通兩者，猶如，邵雍生命哲學之於其生命美學。

（三）「福」與「善」

「福兮福之所倚，福兮禍兮之所伏。」〔註75〕老子將福禍一體看待，體會出人生正反面相通之處。

> 智者傷于詐，信者失於推。真偽之相染，名實之都驟。
>
> 得者失之本，福為禍之梯。乾坤支作松，离坎變成睽。〔註76〕
>
> 福藝俱全不可逃，無能無福漫徒勞。
>
> 福微藝廣終須貴，靠福無能久不高。〔註77〕
>
> 禍福兆時皆有漸，不由天地只由人。〔註78〕

「在立人中自立」、「在成物中成己」的生命觀，君子學道則務本，小人見利則忘生，務本則非禮不重，道與務本，「金玉其性，芝蘭其情」，「人貴有精神，精神反不醇。有精神而醇，為第一等人。不醇無義理，是非隨怒喜。怒以是為非，喜以非為是。」〔註79〕邵雍主張人貴有精神，將促進生命經驗的相對性與昇華。

邵雍「樂」的範疇，所著重的是「樂」一種概念的普遍性。著重「樂」範疇的普遍性，是無法全然說明清楚，何以「真樂攻心」同化「天理真樂」的立場？源於得道之深，樂也感同深受。可以類比，莊子「彼其充實不可已」得至樂而遊於至美，得道體道至人，無聽之以耳是不執著於感官知覺，無聽之以心是不拘泥於思辯推理，精神到物質的「用」，物質到精神的「體」，人的五官是

〔註75〕《老子》第八十五章。
〔註76〕《伊川擊壤集》卷四，〈觀棋大吟〉，頁1。
〔註77〕《伊川擊壤集》卷四，〈詠世〉，頁11。
〔註78〕《伊川擊壤集》卷十九，〈至論吟〉，頁316。
〔註79〕《伊川擊壤集》卷十五，〈人貴有精神吟〉，頁237。

「體」,「用」由言語動作產生,體用不離關係。

「心」具主觀精神能動性,整體或整全的整體。孟子:「求其放心」,孔子:「七十從心所欲。」,莊子:「古之得道者,窮亦樂,通亦樂。所樂非窮通也,道德於此,則窮通為寒暑風雨之序矣。」〔註80〕「養志者忘形,養形者忘利,致道者忘心矣。」〔註81〕心生鏡像、本源相同福與德的統一,痛苦與善惡,忘利、忘心或忘我,能隨心所欲自在敖遊於天地之間。

生命本質在於尋樂,重視在現實中人與他人關係,生命美學是從「樂」理論的事實,回到「樂」理論「性以無心明,情由鑒止已。」、「天氣冷涵秋,川長魚正游。誰知能避網,獨恐誤吞鈎。」的觀心體物,「因思濠上樂,曠達是莊周。」生命審美經驗,凸顯邵雍從「心」生於「樂」的生命美學。

> 自下而上謂之升,自上而下謂降,升者生也,降者消也,故陽生於下,而陰生於上,是以萬物皆反,生陰生陽,陽生陰,陰復生陽,陽復生陰,是以循環而無窮也。〔註82〕

「道」形而上的道路,是邵雍「樂」的生命之源。「形而上」就是超越有形有質,不能憑眼手觸摸或觀察認知,必須用「心靈」去認識,而人的心靈中「有不慮而知」自創者的知,人可以眼憑為見,卻是不可盲目,必須要順循理路的。

「天下皆知美之為美,斯惡已,皆知善之為善,斯不善已。」〔註83〕美醜、善惡是沒有絕對標準,「藝術」憑直覺解放自己,超脫社會生活,超越客觀世界,發現審美現象深刻的現實,藝術「散」自我意識分解到「無」,「緊」自己的神經繃緊到極點,綿延共振。「隱」、「閒」、「雅」、「樂」、「智」藝術活動能陶冶我們心靈,進而藝術活動推至生命活動,邵雍樂於(喜愛)飲酒、寫詩融入「安樂窩」的生活,生活即藝術,藝術即生活,成為生活美學的日常。

《中庸》:「誠則形,形則著,著則明,明則動,動則變,變則化。唯天下至誠為能化。」「誠」天人的共同本性,「誠」指得是真實無妄,誠一不二。「天理真樂」以「誠」修德成聖之道,彰顯主體心靈的高度自由與自然狀態,推廣生命美學的顯現,也就是邵雍心性美學與生命哲學的結合。

〔註80〕《莊子·讓王》。
〔註81〕《莊子·讓王》。
〔註82〕《皇極經世書》,〈觀物外篇〉上,頁325~326。
〔註83〕《老子》第二章。

三、氣「靜」心「閒」的藝術涵養

《繫辭傳》：「將叛者其辭漸，中心疑者其辭枝，吉人之辭寡，躁人之辭多，誣善之人其辭游，失其守其辭屈。」文辭是表現作者的思想情感、藝術涵養與道德品質，所謂「修辭立其誠」，它強調詩品與人品的統一。

「買石尚饒雲，買山當從水。雲可致無心，水能為鑑止，性以無心明，情由鑑止已。二者不可失，出彼而入此。」〔註84〕邵雍將田園山水詩作賦予文化內涵，傾心林泉詩，尋求自然園林意境。「平生不學作詩，如風吹水，自成文理。而參寥與吾輩詩，乃如巧人識繡耳。」〔註85〕蘇軾認為辯才「平生不學作詩」，詩文體現人與自然精神的相對應，自謙詩作「如巧人識繡耳」。

得天氣者動，得地氣者靜。

天以氣為主體，為次地以體為主，氣為次在天在地者亦如之。

氣則養性，性則乘氣，故氣存則性存，性動則氣則氣動也。〔註86〕

所謂「氣即性」，性因氣存在，反之，性之動靜，則率氣之動靜，性與氣的相依關係。孟子：「夫志，氣之帥也，氣體之充也。志一，則動氣，氣一，則動志也。」〔註87〕性為氣之所生，又為神明之體，性之變化在乎神，性與氣的因果關係。

嵇康《養生論》：「修性以保神，安心以全身，愛憎不棲於情，憂喜不留於意，泊然無感，而體氣和平。又呼吸吐納，服食養身，使形神相親，表里俱濟也。」「香芳腐其骨隨，喜怒悖其正氣。思慮銷其精神，哀樂殃其平粹。」，「無為自得，體妙心玄，忘歡而後樂足，遺生而後身存。」嵇康認為，形神不能分開，「形恃神以立，神須形以存。」就是保養形神。世人與神仙修養性情與食物的相對性有關，所謂養「形」養「神」，有主於中，而以內樂外。

孟子的「不動心」，莊子的「於物無視，非鉤無察。」〔註88〕因為技藝超群，而心無旁鶩。程顥：「聖人之喜，以物之當喜，聖人之怒，以物之當怒，

〔註84〕《伊川擊壤集》卷四，〈重遊洛川〉，頁54。

〔註85〕《蘇軾文集》卷六十八，〈書辯才次韻參寥詩〉。

〔註86〕《皇極經世書》，〈觀物外篇〉上，頁346。

〔註87〕《孟子·公孫丑》。

〔註88〕《莊子·知北游》：「大馬之捶鉤者，年八十矣，而不失毫芒。大馬曰：子巧與？有道與？曰：臣有守也。臣之年二時而好捶鉤，於物無視也，非鉤無察也。是用之者，假不用者也，以長得其用，而況乎無不用者乎！物孰不資焉！」

是聖人之喜怒不繫於心，而繫於物也。」〔註89〕不繫於內心好惡，取決於外物，「定」不在於強制本心與驅逐外誘，而是在於隨順天理，便能「時行則行，時止則止。」無分於內外動靜而無所不定。

「握固如嬰兒，作氣如壯士。二者非自然，皆出不容易。心為身之主，志者氣之帥。沉珠于深淵，養自己天地。」〔註90〕邵雍「沉珠深淵」具有修練詩的性質，詩中所言的珠，應是修成正果的先天陽氣，他不學佛卻專注重道的養生哲學。「天地有八象，人有十六象，何也？合天地而生，人合父母而生，子故有十六象也。」〔註91〕十六修源自昊天四府、聖人四府，內聖外王，求真安樂。

> 好靜未能忘水石，樂閒非為學神仙。〔註92〕

> 著身靜處觀人事，放意閒中煉物情。〔註93〕

「閒餘知道泰，靜久覺神開。」，「乘氣養性」樂天知命而養心，養性而性全，養神而神全，為善不要有求名之心，為惡不要遭到刑戮，順著自然的脈絡，尋「虛」而行以為常法，如此可以保全天性，養護身體享盡天年。

> 聖人之心，至信至誠悠久而不息，所以為天地人之至妙。〔註94〕

邵雍強調「聖人之心」道德修養，養心在養性，養身在養心，心理之用除了虛心不動，還要發而中節，所謂「中庸之法自中者，天也，自外者人也。」〔註95〕心物之間不自欺，虛其心的自覺將無愧於心，修身是不以我為私，而以物為公，聖人利無我，「無我」便能順性去情，「至理之學，非至誠則不至。」〔註96〕所以「誠明見性」修身以主誠為自許。

「美譽既多須有患，清歡雖剩日無憂。」，邵雍喜愛賞花、作詩、書法的真實生活，獲得知覺感官的自足。我們可以在不同時間、空間的場域，把「自然」思維獨立於藝術形上思辯，道通於藝，道通於一藝術活動的形上層次。從邵雍「樂」的哲學與範疇，擴展其美學思想「隱」、「閒」、「雅」、「樂」、「智」的藝術活動，藝術活動推廣生命活動，促進生命美學的顯現。「樂」的哲學貫

〔註89〕程顥《定性書》，原題為《答橫渠張子厚書》，程顥：「人之情各有所蔽，故不能適道，大率患在於自私而用智。」
〔註90〕《伊川擊壤集》卷十九，〈攝生吟〉，頁320。
〔註91〕《皇極經世書》，〈觀物外篇〉上，頁332。
〔註92〕《伊川擊壤集》卷四，〈有客吟〉，頁43。
〔註93〕《伊川擊壤集》卷四，〈天津感事二十六首〉，頁51。
〔註94〕《皇極經世書》，〈觀物內篇〉之五，頁184～185。
〔註95〕《皇極經世書》，〈觀物外篇〉下，頁362。
〔註96〕《皇極經世書》，〈觀物外篇〉下，頁360。

通其間，有賴於氣「靜」心「閒」的藝術涵養，保有虛心不動，透過人與天道、人與人、人與自然萬物不同關係，提昇「藝」通於「道」的人文精神〔註97〕。

第三節 「安樂窩」與「道」合一的生命實踐

「安樂窩中快活人，閒來四物幸相親。一篇詩逸收花月，一步書嚴驚鬼神。一炷香清沖宇泰，一樽酒美湛天真。太平自慶何多也，唯願君王壽萬春。」安樂窩的日常生活，就是寫詩、著書、飲酒、焚香安坐，真理本質是揭示自身自由，人的本質是自由，自由表現出人的自覺，選擇和自主行為，邵雍不做官，就是一種快樂的選擇，「洞中仙」是他快活人的隱喻。

一、安居

《易經》：「君子所居而安之，易之序也。所而樂者，爻多辭也。」，「堯夫何所有，一色得天知，夏住長生洞，冬居安樂窩。鶯花供放適，風月助吟哦。竊料人間樂，無如我最多。」〔註98〕所謂「安樂窩」，按星圖方位命東配房為「天根」，西陪房曰「月窟」，在堂後建樓藏書，名為「皇極閣」，依山築洞名為「長生洞」。

> 所寢之室謂之安樂窩，不求過美，惟求冬燠夏涼，遇有睡思則就枕，
> 故其詩曰：墻高於肩室大於斗，布被暖餘藜羹飽後，氣吐胸中充塞
> 宇宙，其與人交雖賤必洽終身無甘懷，未嘗作皺眉事。〔註99〕

「食必常飽」然後求美，「衣必常暖」然後求麗，「居必常安」然後求樂。邵雍歲時耕稼，僅求食物溫飽、衣服穿的暖、起居安寧的生活，不求飲食精美、衣服華麗，只求冬暖夏涼的居所之樂，「有客無知，唯知有家。有家能歸，其歸非遲。靈台壹靜，天壤披葩。書用大筆，出乘小車。」〔註100〕「靜坐多茶飲，閒行或道裝，傍人休用笑，安樂是吾鄉。」追求「道」的安閒生活。

「安居」〔註101〕是凡人在大地的存在方式，《禮記·大學》：「是故君子先

〔註97〕尤煌傑：中國美學中的人文主義精神，《哲學與文化》第三十三卷，第一期，2006.01，頁31～47。

〔註98〕《伊川擊壤集》卷十三，〈堯夫何所有〉，頁212。

〔註99〕《皇極經世書》，〈無名公傳〉，頁438。

〔註100〕《伊川擊壤集》卷十四，〈小車吟〉，頁227。

〔註101〕〔德〕海德格爾著，郜元寶譯，張汝倫校，《人，詩意地安居》桂林：廣西師範大學出版社，2000，頁71～93。

慎乎德。有德此有人，有人此有土，有人此有土，有土此有財，有財此有用。」
有德行的人才會有人擁護，有人擁護才能保有土地，有土地才會有財富，有財
富才能供給使用，人擁有「有土斯有財」安居存在的意義。

「安樂窩」〔註 102〕建築本身就是安居〔註 103〕嗎？建築不僅是通向安居
的一種手段和道路，建築的本身就是安居。「重謝諸公為買園，買園城裏占林
泉。七千來步平流水，二十餘家爭出錢。……洞號長生宜有主，窩名安樂豈無
權。盡送光明舊酒盞，都移造化入詩篇。也知此片好田地，消得堯夫筆似椽。」
〔註 104〕邵雍與王安石、君實等人交遊甚密，這首感謝眾人為他買園。「吾盧雖
小粗容身，且免輕為傚舍人。大有世人無屋住，向人檐下索溫存。」〔註 105〕
世人大有無屋或租房，「安樂窩」建築本身雖小，實有安居樂業的意涵。

「賢德之人，所居之處，如芝如蘭，使人愛慕。兇惡之人，如虎如狼，使
人怕怖。」〔註 106〕「何處是仙鄉，仙鄉不離房，眼前無冗長，心下有清涼。
靜處乾坤大，閒中日月長，若能安得分，都勝別思量。」〔註 107〕有詩人才有
本真的安居意涵，象徵邵雍「安貧樂道」的人格特質，甘於貧困處境，享有信
守道義為樂的精神美，「安樂窩」就是「仙鄉」，也是邵雍所追求的精神家園。

二、審美與生活相遇

愛克曼〔註 108〕的《歌德談話錄》：「如果作者每天都抓住現實生活，經常

本書從海德格爾基本著作中精選 160 餘條語句段落，分別為存在的真理、思
想的任務、語言是存在的家、人，詩意地安居、技術和人的命運五部份，104，
居與在，在安居的意義上思考人的生存是什麼？依照慣常見解，「安居」還只
是停留在和人類其他許多活動並列的一種活動形式的層次上。

〔註 102〕《伊川擊壤集》頁 2～3。嘉祐七年，王宣微就洛陽天宮寺天津橋，南五代節
度使安審珂的舊宅基地，建屋三十間，請邵雍居住，富弼又給他買個花園。
熙寧初，朝廷實行買官田新法，邵雍的天津居園劃為官田，司馬光等二十餘
家集資又幫他買下天津居園，邵雍命其園居為「安樂窩」。

〔註 103〕〔德〕海德格爾著，郜元寶譯，張汝倫校，《人，詩意地安居》桂林：廣西師
範大學出版社，2000，頁 92～93。

〔註 104〕《伊川擊壤集》卷十三，〈天津弊居蒙諸公共為成買作詩以謝〉，頁 194。

〔註 105〕《伊川擊壤集》卷十六，〈吾盧吟〉，頁 256。

〔註 106〕《伊川擊壤集》卷十四，〈偶書〉，頁 216。

〔註 107〕《伊川擊壤集》卷十三，〈何處是仙鄉〉，頁 206。

〔註 108〕約翰·彼得·愛克曼，譯者：朱光潛《歌德談話錄》，北京：人民出版社，1978。
約翰·沃夫岡·馮·歌德（德語：Johann Wolfgang von Goethe，1749～1832）
與約翰·彼得·愛克曼（德語：Johann Peter Eckermann，1792～1854）的談
話錄，愛克曼是德國 19 世紀著名詩人、散文家，歌德晚年最重要的助手與摯

以新鮮的心情來處理眼前事物，他就可以寫出一些好作品。」強調創作與生活相結合，打開窗戶，讓更多光進來的世界觀，以人道與藝術的視角，文學藝術的豐富性，淨化與提升人的精神與智慧的意義。

審美與生活的相遇是為了追求快樂，人與萬物一體的生活世界，人的自由存在與時間形成的生命流程，人的生命空間與自然生活環境的融通，即是審美存在，新的審美思維建構其人生與藝術的哲思，審美的超越使人自由。

所謂「感興」指得是外物形象直接感發詩人內心，這種感發是感性的直接觸動所產生的情趣，就是邵雍溶浸書法、賞花、寫詩、飲酒的日常生活，並且體會出其中的真味，「此中有真意，欲辨已忘言。」便是感興，感興能力就是一種體驗生命的能力。

（一）書法

「書法美學」從中國美學尋根，「形而上者謂之道，形而下者謂之器，化而裁之謂之變，推而行之謂之通。」道、器、變、通是哲學原理，也是美學方法。

「心在人軀號太陽，能於事上發輝光。如何皎日照八表，得似靈台高一方。」寫大字書的試筆心情，「富貴傲人人未信，還知富貴去如何。常觀靜處光陽好，亦恐閒時思慮多。」〔註109〕試筆、試硯是毛筆書寫的前置活動，醞釀邵雍大筆字快活書法的樂趣。

陳白沙早年皆用毛筆，後來鄉居苦於無毛筆可用，只能就地取材製作茅龍筆。屈大均〔註110〕說：「所居圭峰，其茅多生石上，色白而勁，以茅心束縛為筆，字多樸野之致。白沙嘗稱為茅君，又稱茅龍。」，「茅君頗用事，入手稱神工。」屈大均：「白沙晚年用茅筆，其氣千萬丈，削峭差枒自成一家。其縛管坐擘窠大書尤奇，諸石刻皆親工為之，故『慈元廟』，『浴日亭』，『莊節婦』諸碑，粵人以為寶。」〔註111〕白沙神會默契於翟帚創此茅龍，當其筆力橫絕時，

友。他收錄關於歌德的言論和活動的集子，被當作歌德的傳記閱讀，呈現歌德文藝、美學、哲學、自然科學等方面思想。

〔註109〕《伊川擊壤集》卷十四，〈試硯〉，頁219。

〔註110〕姜允明：《陳白沙其人其學》，台北，紅葉文化事業有限公司，2003，頁53。陳白沙早年皆用毛筆，鄉居不易購筆，只能就地取材製作，根據屈大均（1630～1696）謂：「所居圭峰，其茅多生石上，色白而勁，以茅心束縛為筆，字多樸野之致。白沙嘗稱為茅君，又稱茅龍。」，「茅君頗用事，入手稱神工。」白沙束茅為筆，勁而有力，且能摶至若干長度，宜於製大筆和作擘窠大字。狼豪勁而毛短，羊毫長而峰柔，皆不及茅龍筆之力。

〔註111〕引自《廣東新語》，卷十三，〈藝語〉。

如渴驥奔泉；筆勢險絕時，如驚蛇投水；筆亦飛舞時，便緲縹出入；如神龍天嬌於雲中，天下人得其片紙隻字，藏以為家寶。因此，白沙茅筆字與邵雍大筆字，都表現出書法灑脫的暢快感。

陳白沙《觀自作茅筆錄》：「神往氣自隨，氤氳覺初沐；聖賢一切無，此理何由囑？調性古所聞，熙熙兼穆穆；恥獨不恥獨，茅峰萬徑禿。」〔註112〕白沙作書、吟詩論道，無不本乎自然之理。

白沙暢談自己的書法理論：

> 予書每于動上求靜，放而不放，留而不留。此吾所以妙乎動也。得志弗驚，厄而不憂，此吾所以保乎靜也。法而不圖，肆而不流，拙而愈巧，剛而能柔，形立而勢奔焉，意是而奇溢焉。以正吾心，以陶吾情，以調吾性，此吾所以遊于藝也。〔註113〕

白沙擅長草書，隨意點畫自成風格，因得之於心在翰墨之間，得有勿忘勿助之機，造詣自然的書藝，頗受邵雍所影響。

邵雍把酒來調養性情，「詩成半醉正淘淘，更用如椽大筆抄。盡得意時仍放手，到凝情處略濡毫」〔註114〕「深深酒不為愁傾」喜歡喝到微醺時，那種陶然樣成為快活書法風貌。「詩成大字書，意快有誰知。巨浪銀山立，風檣百尺餘。酒喜小杯飲，詩快大字書。不知人世上，此樂更誰知。」〔註115〕字墨淋漓韻味，大字猶健壯，飛動氣勢為構圖之美。「快心亦恐詩拘束，更把狂詩大字書。」〔註116〕「有客無知，唯知有家。有家能歸，其歸非退。靈台壹靜，天壤披葩。書用大筆，出乘小車。」〔註117〕這些都是邵雍安閒生活的寫照。

「書法」是空間的造型藝術，「寫詩」則是想像中的空間造型藝術，兩者在邵雍心靈上的創作方式是相似的。

> 有客無知，為性太質。不忮不求，無固無必。
> 足躡天根，手探月窟。所得之懷，盡賦於筆。〔註118〕

「足躡天根，手探月窟」手足的比喻，象徵對於宇宙生生之力的貫注，「所

〔註112〕《白沙子全集》，卷六，頁20。
〔註113〕《白沙子全集》，卷二，頁26。
〔註114〕《伊川擊壤集》卷十一，〈大字吟〉，頁165～166。
〔註115〕《伊川擊壤集》卷十一，〈大筆吟〉，頁176。
〔註116〕《伊川擊壤集》卷十一，〈答客吟〉，頁168。
〔註117〕《伊川擊壤集》卷十四，〈小車吟〉，頁227。
〔註118〕《伊川擊壤集》卷十四，〈大筆吟〉，頁227。

得之懷，盡賦於筆」藉由日常書寫行為體道，個人書法呈現質實開闊的宇宙精神，自述弄筆的最高境界在「貴有精神」，其書藝思想醞釀了「氣合神逸」的藝術美。

（二）賞花

紀友則〔註119〕的一首和歌「哀」。「花開正好春暖時，何獨落櫻亡紛紛。」春天賞櫻花，夏天看螢火蟲，秋天賞楓葉，這些自然景觀隨著季節而消逝，落花的消極意象由心觸動對物的感傷。

所謂「知物哀」，「哀」是對於接觸一切所見所聞，當下心的感受，發出口語般「啊」的感嘆。例如，看到花開時忍不住說出：「啊！多美的花呀」，看到落花開時又忍不住說出：「唉！多淒美的花呀」，「美」具有快感、客觀、普遍與深度的特質，說明「哀」與「美」之間關係，「哀」不是純然的悲傷與哀痛負面情緒，也可能是愛與喜悅的正面思考。

造化從來不負人，萬般紅紫見天真。

滿城車馬空撩亂，未必逢春便得春。〔註120〕

陶淵明《飲酒‧其五》：「結廬在人境，而無車馬喧。」，居住人來人往聚集的地方，卻不受世俗交往的喧擾，「即心即境」的外象，只要心志高遠，便會自覺所居住地方的辟靜。晏殊：「無可奈何花落去」，「美酒豈無留客飲，好花讀解向人開。多情不忍阻花意，未醉何須辭滿杯。」〔註121〕「恰見花開便花謝，才聞春至又春歸。流鶯啼處春獨在，杜宇來時花以飛。」〔註122〕「天下太平日，人生安樂時。更逢花燦漫，爭忍不開眉。」〔註123〕靜觀萬物以自得，直觀花的物性，以及花開花落的喜樂哀傷之情的生成變化。

〔註119〕 大西克禮著，王向遠譯，日本美學 1：《物哀：櫻花落下後》，台北：不二家出版社，2018。六、從「哀」到「美」的快樂與滿足，「哀」一字，在中文表達一種負面的心緒，日本的漢字，它不僅表示不是純然的「悲傷」、「哀動」與「憐憫」，更接近心靈上直接「為物所感」，既可能是負面的心理狀態，也可能是愛與喜悅的正面情緒，頁 201～235，紀友則（850～904）是日本平安時代前期的歌人、官員，三十六歌仙之一。「和歌」是日本的一種詩歌形式，古稱倭歌或倭詩，又稱大和歌與大和言葉，日本歷史上的本土詩歌形式，受漢詩的影響發展出來的。「歌人」指創造和歌的作家。
〔註120〕 《伊川擊壤集》卷六，〈和張子望洛城觀花〉，頁 84。
〔註121〕 《伊川擊壤集》卷十四，〈對花吟〉，頁 218。
〔註122〕 《伊川擊壤集》卷二十，〈首尾吟〉之四十三，頁 332。
〔註123〕 《伊川擊壤集》卷十，〈太平吟〉，頁 153。

從人的角度看待自然界的一切，賞花之於萬物的視角看待人，人與自然對峙，萬般紅紫的萬花是自然生命的天真意境，而人也在天真之列。「天地豈無情，草木皆有實。物本不負人，人自負於物。」〔註124〕邵雍以為，自然界的「有我之境」，春即在心中，詩心即境。

「審美意象」就是主體與客體的相互關聯中，積極能動地建構起來的審美觀照。王國維認為，「境界」就是審美意象，也就是廣義的美。他在《人間詞話》：「世無詩人，即無此種境界。夫境界之呈於吾心，而見諸外物者，皆須臾之物。惟詩人能以此須臾之物，鎸諸不巧之文字，使讀者自得之。」審美意象離不開審美體驗，也只能存在審美體驗中。「世無詩人，即無此種境界。」、「境界之呈於吾心而見諸外物者，皆須臾之物。」都在說明審美體驗與審美意象的統一性。

王維《鳥鳴澗》：「人閒桂花落，夜靜春山空。月出驚山鳥，時鳴春澗中。」「落花」像似這首寫景詩空靈禪境。「半記不記夢覺後，似愁無愁情卷時，擁裘側臥未欲起，廉外落花繚亂飛。」〔註125〕這首以暮春光景，作為感興托物的詩作，描寫慵懶恬靜生活和迷離美妙的心境，卻是在寫心，「繚亂飛」沒有目的、漫不經心地，凸顯出邵雍不忮不求的淡泊無求特質。

> 萬紫千紅處處飛，滿州桃李漫成蹊。
>
> 狂風猛雨日將暮，舞榭歌台人乍稀。
>
> 水上漂浮安有定，徑邊狼藉更無依。
>
> 流鶯不用多言語，到了一番春已舊。〔註126〕
>
> 花逢皓月精神好，月見奇花光彩舒。
>
> 人與花月合為一，但覺此身游蕊珠。〔註127〕
>
> 造化從來不負人，萬般紅紫見天真。
>
> 滿城車馬空撩亂，未必逢春便得春。〔註128〕

花開花落屬於天籟之音，只有心「閒」下來，才能感知花的細微變化，體會出善賞花者，「觀之以心、觀之以目」愛花妙的審美心，「觀之以理」將賞花

〔註124〕《伊川擊壤集》卷三，〈秋懷三十六首〉，頁 39。
〔註125〕《伊川擊壤集》附錄，〈四庫全書總目擊壤集題要〉，《邵伯溫聞見前錄》，所載「安樂窩」詩，頁 356。
〔註126〕《伊川擊壤集》卷十九，〈落花吟〉，頁 313。
〔註127〕《伊川擊壤集》卷六，〈花月長吟〉，頁 82。
〔註128〕《伊川擊壤集》卷六，〈和張子望洛城觀花〉，頁 84。

精神提升到「空靈」的境界。

（三）寫詩

「詩」是所有藝術表現精神最為直接，主觀比重大，並不斷喚起轉移自然特殊客觀意境，在一個物象中賦予人的情思，借助一個具象表達抽象。

> 頭上花枝照酒巵，酒巵中有好花枝。
> 身經兩世太平日，眼見四朝全盛時。
> 況復筋骸粗康健，那堪時節正芳菲。
> 酒涵花影紅光溜，爭忍花前不醉歸。〔註 129〕

> 每逢花開與月圓，一般情態還何如。
> 當此之際無詩酒，情亦願死不願蘇。
> 月恨花愁無一點，始知詩酒有功夫。
> 這兒林下閒疏散，做得風流罪過無。〔註 130〕

> 人言物外有煙霞，物外煙霞豈足夸。
> 若用較量為樂事，但無憂擾是仙家。
> 百年光景留難住，十日芳菲去莫遮。
> 對酒有花非負酒，對花無酒是虧花。〔註 131〕

這首〈插花吟〉是邵雍六十三歲自問自答的詩作，把鮮花插入自己日漸稀疏頭髮上，由於顧盼弄倩影，使酒巵中也有花枝的倒影，幽默和詩情寄寓人、酒、花的交融，保有一顆「遊戲心」在人間。本首〈花月長吟〉描繪「無詩酒」情亦願死不願蘇的情境；月恨花愁無一點，始知「詩酒有功夫」。這首〈對花吟〉對酒有花非「負酒」，對花「無酒」是虧花，邵雍詩酒自娛，作詩與飲酒中體道，其精神所在的純真「生活即藝術」就是邵雍自然美學觀的呈現。

所謂「詩能通化」，「何故謂之詩，詩者言其志。既用言成章，遂道心中事。不止煉其詞，抑亦煉其意。煉辭得奇句，煉意得餘味。」〔註 132〕「真為寄意於詩，而非刻意於詩者。」邵雍詩的特點：抒情言志、「煉辭得奇句」與「煉意得餘味」的闡述哲理，「詩史善記事，長於造其真。」〔註 133〕「詩史善記意，

〔註 129〕《伊川擊壤集》卷十，〈插花吟〉，頁 148。
〔註 130〕《伊川擊壤集》卷六，〈花月長吟〉，頁 82。
〔註 131〕《伊川擊壤集》卷七，〈對花吟〉，頁 95。
〔註 132〕《伊川擊壤集》卷十，〈論詩吟〉，頁 172。
〔註 133〕《伊川擊壤集》卷十八，〈詩史吟〉，頁 294。

詩畫善狀情。」〔註134〕「口代天言」都是邵雍自認寫詩，如太極生萬物一般的自然，只是用詩歌形式表達。

邵雍遷居洛陽後，認為登過華山、嵩山看過黃河、潼關、龍門石窟後就不必遠遊異地。出遊時必坐小車，由一人牽拉；所寫的林泉詩大都在他春秋兩季，小遊時的即興之作。「志快不須求事顯，書成當自有人知。林泉且作酬心物，風月聊充藉手資。」〔註135〕志於詩，能讀千賦，則能為之。「景」、「思」、「氣」、「意」之內涵的哲理詩，詩句具有文學語言的簡約，「天和將酒養，真樂用詩勾，不信年光會，催人早白頭。」〔註136〕真樂的感覺，卻是「造化在我」的心境，凸顯「以境表道」的禪意。

（四）焚香

安樂窩中一炷香，凌晨焚意豈尋常。

禍如許免人須諂，福若待求天可量。〔註137〕

一炷香清沖宇泰，一樽酒美湛天真。〔註138〕

「誠者主性之具，無端無方者也。」〔註139〕「每日清晨一柱香，謝天謝地謝三光。惟求出處田禾熟，但願人人壽命長。國有忠臣扶社稷，家無逆子惱爹娘。四方平定干戈息，我縱貧時也不妨。」邵雍每天清晨焚一炷香，拜謝日月星的光明普照，所求風調雨順與國泰民安，縱然自己貧窮一生又何妨？時常焚香安坐，蘊含修身養性，透過對上天的感恩，對他人和外境的寬容心胸，反求諸己的修身方式，如同《大學》修身程序，「欲修其身者先正其心；欲正其心者，先誠其意；欲誠其意者，先致其知，致知在格物。」修身最先要認知人性，因為「率性之為道」，認知人性便成率性，而率性即是誠。意誠於人性，人心乃正，就能顯示人性明德。

筆者認為，「哀花」是一種悟道，「賞花」為一種體道，「落花」映照邵雍「心」的閒適，「安樂窩」日常書法、寫詩、著書、焚香安坐的祈福修道，生活與審美相遇而達道，這些生活點滴，無疑呈現「樂」與「道」是亦步亦驅，「真樂攻心」同化「天理真樂」的至樂，說明「真樂攻心」原來是得「道」之

〔註134〕《伊川擊壤集》卷十八，〈詩史吟〉，頁294。
〔註135〕《伊川擊壤集》卷二十，〈首尾吟〉之三，323～324。
〔註136〕《伊川擊壤集》卷七，〈逍遙吟〉，頁97。
〔註137〕《伊川擊壤集》卷九，〈安樂窩中一炷香〉，頁135。
〔註138〕《伊川擊壤集》卷九，〈安樂窩中四長吟〉，頁133。
〔註139〕《皇極經世書》，《觀物外篇》下，頁403。

深，感同身受「樂」也深的身心之樂，「天理真樂」即是與道合一的境界。

三、詩意生活

「邵子抱道自高，蓋亦顏子陋巷之志，而黃冠者流以其先天之學，出於華山道士陳摶，又恬淡自怡，迹似黃老。」〔註140〕邵雍融滲伏羲、陳摶、莊子等道家思想，及傳承自儒家，汲取前賢創作與自創新法的文學背景。

「寫字吟詩為潤色，通經達道是鎡基。經綸亦可為餘事，性命方能盡所為。」〔註141〕「懷其時則謂之志，感其物則謂之情，發其志則謂之言，揚其情則謂之聲，言成章則謂之詩，聲成文則謂之音。」〔註142〕「閱讀古人詩，因看古人意。古今時雖殊，其意固無異。喜怒與哀樂，貧賤與富貴。惜哉情何物，使人能如是。」〔註143〕雖然，古今的時空差異，讀古詩也能使現代生活情景交融。

「客問年幾何？六十有七歲。俯仰天地間，浩然無所愧。」〔註144〕生死於詩的美感經驗，文學再詮釋的心靈活動，觀看世界的詩意化，度測他在大地之上天空之下的尺規，仰望天空與大地間問心無愧靜觀自得，可謂，邵雍「詩意地棲居」的藝術人生。

荷爾德林詩云：

如果人生純屬辛勞，人就會仰天而問：難道我所求太多以至無法生存？

是的。

只要良善和純真尚與人心為伴，他就會欣喜地拿神性來度測自己。

神莫測而不可知？神湛若青天？

我寧願相信後者，這是人的尺規。

人充滿勞績，但還詩意地安居在這塊大地之上。

我真想證明，就連璀璨的星空也不比人純潔，人被稱做神明的形象。

大地之上可有尺規？

絕無。〔註145〕

〔註140〕《伊川擊壤集》附錄，〈四庫全書總目擊壤集提要〉，頁356。
〔註141〕《伊川擊壤集》卷二十，〈首尾吟〉之五十四，頁334。
〔註142〕《伊川擊壤集》序，頁1。
〔註143〕《伊川擊壤集》卷十四，〈讀古詩〉，頁219。
〔註144〕《伊川擊壤集》卷十九，〈病極吟〉，頁322。
〔註145〕〔德〕海德格爾著，郜元寶譯，張汝倫校，《人，詩意地安居》桂林：廣西師範大學出版社，2000，頁75。

作為「人」終有一死而成其本質，人能夠赴死，意味著能承擔死亡風險，人之棲居基於詩意，荷爾德林認為，在人的本質的測度上，取決於人對神的尺規接受程度，量出了使「天空」與「大地」彼此依屬的空間，這一接受尺規有它自己借以實現的採取尺度，看到了詩意的本質，荷爾德林倡言，人的安居應該是詩意的時候，「詩意的」通過於這塊大地之上，正是，「詩」將人帶回大地，使人屬於這大地並使他安居。

神莫測而不可知？神是不可知，卻又是尺度。神本是人的尺度，「神湛若青天」不可知的神作為不可知的東西，通過天空的顯明而呈現出來，這種呈現是人借以度量自身的尺度。人通過在「大地上」與「天空下」而棲居，它們是共屬一體，它們的交合是貫通的，只要，人作為塵世的人存在，他就是時時穿行於這種貫通大自然「道」的體現，即是「人」與「自然」的和諧。

「時有代謝，物有枯榮。人有衰盛，事有廢興。」〔註146〕文字表達的詩態是生命當下的呈現，「活在當下」是回憶過去與期待未來，勇於面對現在，生活等同詩意，詩意來自對生活的理解與把握。

> 年來得疾號詩狂，每度詩狂必命觴。
> 樂道襟懷忘檢束，任真言語省思量。
> 賓朋款密過從久，雲水憂閒興味常。
> 始信淵明深意在，北窗當日比羲皇。〔註147〕

邵雍寫詩為求自樂，不受權貴、聲譽所干擾，享有自由公正，追求真理的一種純粹慾望。詩酒的審美文化，「酒境」是一種精神享樂與文化遊戲，不事濫飲，只求半酣，「賓朋款密過從久，雲水憂閒興味常」重在「興味」，「詩境」有賴「酒境」而產生，藉由人的言論與行為，來看待其天命與人生的「體」與「用」，「樂道襟懷忘檢束」感通萬物的道德情感，規範自身言行的道德主體，天命表露人生，「任真言語省思量」離開人的言論與行為，規範自身言行的道德主體，「安樂窩」作詩觀物的日常，感通萬物的審美、道德情感流露，皆蘊涵於邵雍的詩意人生。

> 遠景
> 當人的棲居生活通向遠方，
> 在那裡，在那遙遠的地方，葡萄季節閃閃發光，

〔註146〕《伊川擊壤集》卷十四，〈觀物吟〉，頁217。
〔註147〕《伊川擊壤集》卷五，〈後園即事三首〉之三，頁55～56。

那也是夏日空曠的田野，

森林顯現，帶著幽深的形象，

自然充滿著時光的形象，

自然棲留，而時光飛速滑行，

這一切來自完美；於是，高空的光芒

照耀人類，如同樹旁花朵錦綉。〔註148〕

如果，「詩意」屬於詩歌方面的東西，那麼，詩意屬於想像領域。「詩」與「思」作為一種度量時，這種度量隨所用儀器種類發生變化，然而作詩的尺度是什麼？作詩採取尺度，它以天空面貌為尺度，便以「形象」說話，詩意的形象是一種別具一格的想像，不是單純的幻想和幻覺，而是一種表示詩的想像由形象所構成的，所以，「詩意地棲居」是人的生存狀態，通過詩歌獲得心靈的解放與自由。

通過「安樂窩」洞中仙的生活體現，邵雍詩的「創造」就是安居的動力，棲居之所以是非詩意的，由於棲居本質上是詩意，作詩建造棲居的本質，是真正讓我們安居的東西。

堯夫非是愛吟詩，詩是堯夫鑑藉時。

意淺不知多則惑，心靈須識動之微。

行兇既有人誅戮，心善豈無天保持。

讀《易》不唯明禍福，堯夫非是愛吟詩。〔註149〕

詩歌是「樂」的產物，「詩樂合一」是反璞歸真的樂境，哲人境界和審美現象契合的精神美，透過「心靈想像力」享有自己生命的快樂，與天地萬物成一體之樂，詩意度過一生，落到實處是安於山林，樂於詩歌「安樂窩」的生活，善良、純真與人心同在，當善良持續存在，人就欣喜並以神性度量自己，讓生命創新「能」有向上超越的可能性而達到「滿全」，如同，荷爾德林最後詩歌所說「棲居生活」的願景。

「人詩意地棲居」美好存在感，必須由人的精神支撐，思維生動與美感，建構人的生存從容，它是無功利的無目的的目的，合於「快活人」樂的目的，無拘束與真樂之間，外顯於書法、寫詩、著書、飲酒的生活美學，生活美學使邵雍生命美學得以開展，享有詩意人生。

〔註148〕孫周興選編：《海德格爾選集》（上），上海：三聯書店，1996，頁480。

〔註149〕《伊川擊壤集》卷二十，〈首尾吟〉之七十四，頁338。

第四節 「真樂攻心」至「天人合一」的生命美學

《中庸》:「天命之謂性,率性謂之道,修道之謂教。」由天人關係理解「天人合一」的理念,邵雍「學不際天人,不足以謂之學。」論心為太極、中和之道,將宇宙本體論與倫理學合而為一,「天人合一」之道,成為邵雍生命的主宰與泉源。如果,「真樂攻心」至「天人合一」是邵雍生命美學的開端,「樂道」的悅樂觀,闡述「天人合一」運轉後生命美學的和諧。擇取陳獻章與王夫之,兩人「真樂」觀念、書法、哲學、美學等思想都受邵雍所影響,成為「真樂攻心」至「天人合一」生命美學的餘韻,生命美學的開端與餘韻,皆是由「真樂」概念所串連起來的,「天人合一」統一與和諧之後,造就「安樂」的生命理想。

一、「天人合一」之理念

(一)天人關係

中國哲學的天人關係論中,所謂「天人合一」,具有「天人相通」與「天人相類」的兩種意義。「天人相通」的觀念,認為天的根本道德,含於人的心性之中;天道與人道是一以貫一,宇宙道德是人倫道德的根源,而人倫道德是宇宙道德的流行發現。人之所以異於禽獸,在於人的心性與天相通,發端於《孟子‧盡心》:「盡其心者,知其性也;知其性,則知天矣。」大成於宋代道學〔註150〕。

「天人相類」是漢代董仲舒一種牽強附會的思想,他認為天人在形體性質上相似。天人相類有兩種意義,一是:天人形體相類,此實為附會之談,二是:天人性質相類,實為與天人相通論的天道人性為一的說法相似。《春秋繁露‧陰陽義》:「天亦有喜怒之氣,哀樂之心,與人相副。以類合之,天人一也。」為其天人關係論的宗旨。

> 天與人相為表裏,天有陰陽,人有邪正,邪正之由繫乎上之所好
> 也。〔註151〕

天與人互為表裏,人應當修人事,推天道以明人事。天人關係是主體(人)與客體(物)所建構的關係,就是「天」的概念與「人」之義的解析〔註152〕

〔註150〕 張岱年:《中國哲學大綱》,台北:藍燈文化事業股份有限公司,1992,頁233~240。

〔註151〕 《皇極經世書》,〈觀物內篇〉之七,頁215。

〔註152〕 劉見成:〈邵雍天人之學及其合一之道〉,2015年3月《宗教哲學》季刊71期,頁63~88。

傳統天人關係中「人是靈與貴」,「一氣才分,兩儀已備。圓者為天,方者為地。變化生成,動植類起。人在其間,最靈最貴。」〔註153〕邵雍認為「靈」與人的感覺器官有關,論證氣後人獲得氣之精和氣之純,才會靈和貴。

張岱年〔註154〕論述宋代道學家「天人合一」的思想,自然而然者,天也;惟聖人能索之傚法者,人也。若時行時止,雖人也,亦天也。「天人合一」宋明理學分派,張載「太虛即氣」,氣為本體,周敦頤、邵雍、程頤、與朱熹都認為,宇宙之間一「理」而已。程顥認為,道是天理,道是無形的,「天人合一」順天敬道,順應自然和社會的規律。

(二)人與自然

「天人合一」揭示人與自然關係的美學意義,「合」就是主體對客體的正確認識,主體(意)客體(象)化合為意象。把「自然天」的人情化,又將人情形象化,兩者合為「一」的審美意象,對於審美活動具有更直接的意義。

「天何言哉?四時行焉,百物生焉。天何言哉?」〔註155〕孔子認為,天括四時、百物,可視為宇宙意識的萌牙。中國哲學對於「天」的態度〔註156〕一是:原始之順天與道家的任天思想,此可謂正。二為:荀子的制天思想,可謂之反。三是:《易傳》與天地協調的思想,可謂是合。「合一」就是統一,雙方相互連繫,有不可分離關係。

儒家「天」道德觀念與原則的本源,天人合一是自然的合一。天道曰陰陽,地道曰柔剛,人道曰仁義,天地人各有其道相互應。「觀天之道,執天之行。」道家「天」自然,人是自然的一部份,此處自然是未著人力的,隱含著有待人的去認識、利用、征服的客觀實體對象。

「天也者,萬物之父母也。」〔註157〕「知天之所為,知人之所為,至

劉見成認為,邵雍思想「天」的概念,主要義涵歸結:天地之天、天道之天、天命之天、自然之天。「人」之義包含:人性之人、人情之人,人事之人,為邵雍天人之學中「人之義」對比「天之義」的辨明。本文天人關係,是以「天人合一」的審美觀,探討人與自然關係。

〔註153〕《伊川擊壤集》卷十七,〈觀物吟〉,頁265。

〔註154〕張岱年:《中國哲學中「天人合一」思想剖析》,《北京大學學報》1985年第1期。

〔註155〕《論語・陽貨》。

〔註156〕張岱年:《中國哲學大綱》,台北:藍燈文化事業股份有限公司,1992,頁373。

〔註157〕《莊子・達生》。

矣。」〔註158〕自然天地者,萬物之父母也,「自然的天」是和天地萬物的天性相合,天性是構成萬物的氣,即是氣。天人本是合一的,典章制度、道德規範的影響,喪失原來的自然本性,人與自然的關係,莊子的人合天然,事事順自然。「我性即天」、「天即我」,即是我與道同在與天同行的修道修心,道家修練「天人合一」的終極目標。

儒家主張「利用、厚生」,是以物質生存需要的滿足面,來談論人與自然的統一。「正德」認為倫理道德的規律和自然的規律是一致的,天與人是相通的,「天道」與「人道」是一個道。道家認為,「純任自然」使人進入一種絕對自由的,宛如自然本身的境界。否定人在自然前主觀能動作用,但並不貶低自然(包括人作為生命存在的自然),要求人與自然統一,人向自然復歸,也不否定人的價值,而是進人絕對自由,融入如自然本身的境界。

儒、道比較分析「人」與「自然」的關係,「自然而然者天也,惟聖人能索之,效法者人也,若時行時止,雖人也亦天也。」〔註159〕邵雍以「自然的天」與人為「天人合一」之境。

「有人,天也,有天亦人也。」〔註160〕莊子「以天合天」的思想,前一個「天」字指得是人的心靈,後一個「天」字指得是自然萬物,兩者合而為一。心物合一(unity of mind and matter)的生命有機體,至中至正之理,「心物合一」源於「天人合一」,天人本是合一,人性解於「萬物與我為一」的精神境界。

> 自然者無為無有之謂也,無為者非不為也,不固為者也故能廣,無
> 有者非不有也,不固有者也故能大廣大悉備,而不固為固有者,其
> 惟三皇乎,是故知能以道化天下者,天下亦以道歸焉。〔註161〕

「自然者,無為無有之謂也。」邵雍認為「無為」是念慮盡忘、不自私與不用智,無為不是不追求「無」的境界,它是無所不包的境界,人的境界也是無限的,以無馭無,無所謂「殆」矣。不是不為,而是不固為,「固為」就是人力的刻意安排,即是人力加以強制的意思,「無有」不是不有而是不固有,自然即是不加人力安排自然而然的。

〔註158〕《莊子·大宗師》。
〔註159〕《皇極經世書》,〈觀物外篇〉上,頁347。
〔註160〕《莊子·山木》。
〔註161〕《皇極經世書》,〈觀物內篇〉之四,頁163。

　　大自然「道」的體現，人與自然的天人之和、陰陽之和、元氣之和，憂道和氣、詩酒太和、與學健身同於時和，頤養心性同於天和。「自然而然者天也，惟聖人能索之效法者人也，若時行時止，雖人也亦天也。」、「天下之事皆以道致之，則休戚不能至矣。」、「天可以理盡而不可以形盡，渾天之術以形盡天。」〔註162〕由天而知人，觀乎天地以見聖人。以道化天下，天下也以道為依歸。所以，聖人自言：「我無為民自化，我無事民自富，我好靜民自正，我無欲民自樸。」

> 夫人者，天地萬物之秀氣也。然而亦有不中者，各求其類也。
>
> 若全得人類，則謂之曰全人之人。夫全類者，天地萬物之中氣也，
>
> 謂之曰全德之人也。全德之人者，人之人者也。夫人之人者，
>
> 仁人之謂也，唯全人然後能人之生也。〔註163〕

　　「天人合一」的天是道德天，物、我、人的統一，「盡物」為其宗旨；「全德之人，謂之全人之人。」就是能「盡民」的聖人。

　　「合一」就是人與人、人與自然、天道與人道，三才之道和諧。心為太極又道為太極，「太極」把心與道聯結。「以心為美」審美原理至「以道為美」的生命原理，「我亦人也，人亦我也，我與人皆物也。」人是萬物，萬物即是我，人的存在與自然存在的統一性，「人皆知天地之為天地，不知天地之所以為天地」，導引「天人合一」知人、知物、知天的人生哲學。

二、「天人合一」之道

　　中國很早就形成統一的國家，天地人的傳統觀念是三而一，在人的感性經驗普遍存在天人不分、天人合一的思想。從宇宙觀的根本精神確立「合」的觀念，作為合一的靈魂是「一」，即「道」可以統管一切。邵雍是北宋第一位將「道」〔註164〕作為哲學最高範疇，「道」是天地萬物的本原，及天地萬物存在的根據，兼有宇宙生成論和宇宙本體論，兩者統一的意涵，以內省方式予以探討，並加以系統論證的哲學家。

（一）合於「一道」

　　「天人合一」有兩種理解，一是天人合為一，它是本義，二是天人合於一，

〔註162〕《皇極經世書》，〈觀物外篇〉上，頁342。

〔註163〕《皇極經世書》，〈漁樵問對〉，頁428～429。

〔註164〕張立文主編，張立文、岑賢安、徐蓀銘、蔡方鹿、張懷承著：《中國哲學範疇精粹從書》——道，北京：中國人民大學出版社，1996，頁158～162。

它是包容意函。邏輯上，預設一個道或理，通過「人」對這個形而上的體認，獲得與道合一的自由和樂。萬物之理本源於「道」，天人合一、自然的、不自覺的合一，這「一」對於是非彼此等觀念，應當消弭於「和」之中，觀之以「心」，此心依平常心去觀之。

孔德之容，惟道是從。「道之為物，惟恍惟忽，忽兮恍兮，其中有象；恍兮忽兮，其中有物。窈兮冥兮，其中有精；其精甚真，其中有信。」〔註165〕老子以為，大德形態由道所決定，既是惟恍惟忽，無形無聲；有象、有物、有精與有信的客觀存在。「夫道，覆載萬物者也，洋洋乎大哉！」〔註166〕莊子強調道是無所不在的。

《詩經‧昊天》：「昊天有成命，二後受之。」天之能盡物謂之「昊天」，人之盡民謂之「聖人」，「昊天以時授人，聖人以經法天。」〔註167〕說明聖人立極於人中，為能盡民其道，原同於天聖之經之時一也。

> 萬民與萬物同，則聖人固不異乎，昊天者矣；然則聖人與昊天為一道，
>
> 聖人與昊天為一道，則萬民與萬物亦可以為一道也，
>
> 一世之萬民與一世之萬物，既可以為一道，
>
> 則萬世之萬民與萬世之萬物，亦可以為一道也，明矣。〔註168〕

此「一道」是聖人照顧萬民，知千秋萬世的治道原理，實以《詩》、《書》、《易》、《春秋》諸書，作為治世用事的道德判斷的準則。所以，「道」是聖人以一心推萬心，以一物而觀萬物，一世而知萬世。聖人與天地萬物為一體，與天地萬物為一道。「能為至廣、至遠、至高、至大之事，而中無一為焉，豈不謂至聖至神者乎！」〔註169〕人若能做到至廣、至遠、至高、至大之事，又能無一固為，這就是天人合一的理念實踐，「踐形治性」的盡性、踐形是邵雍人格修為，並求聖人為己任，而能實踐天人合一者，即是聖人了。

> 人貴有德，小人有才者有之矣，故才不可恃德不可無。〔註170〕
>
> 言發於真誠，則心不勞而逸，人久而信之，作偽任數一時，
>
> 或可以欺人，日久必敗。〔註171〕

〔註165〕《老子‧道德經》第二十一章。
〔註166〕《莊子‧天地》。
〔註167〕《皇極經世書》，〈觀物內篇〉之三，頁153。
〔註168〕《皇極經世書》，〈觀物內篇〉之三，頁151～152。
〔註169〕《皇極經世書》，〈觀物內篇〉之十二，頁280。
〔註170〕《皇極經世書》，〈觀物外篇〉下，頁370。
〔註171〕《皇極經世書》，〈觀物外篇〉下，頁370。

　　「人貴有德」才德兼備,「言發於真誠,則心不勞。」久而信之,藉由人的言行來體現道德。邵雍認為,無道是禍,有道是福,人之情在於順乎天而應乎人,「命」幸或不幸,修福禳災,「福」講求是圓滿。

　　「能循天理動者,造化在我也。」這裏的「造化」是我知造化之迹,我能夠循天理而動,循天理而動,修身養性的本體功夫,「用之則行」積極的命,與「舍之則藏」消極的命,行藏一致淡泊一生,成為邵雍的生命倫理與價值,只為了修成有德的儒者之義,人合於「一道」的體證。

（二）不合於「道」

　　天人合一的基礎、前提就是「道」,「天由道而生,地由道而成,物由道而形,人由道而行,人由道而行,天地人物則異也,其於由道一也。」〔註172〕邵雍認為「道」萬物因之生、由之成,順之成理、依之致善,合一的根本概念。「夫道也者,道也。道無形,行之則見於事矣。如道路之道坦然,使千億萬年行之人知其歸者也。」〔註173〕「道」指引我們行走道路的方向,人可以通過行道,像極邵雍「安樂窩」生命實踐中體道,「道」在時間上近乎永恆的存在。

> 夫鑑之所以能明者,謂其能不隱萬物之形也。雖然,鑑之能不隱萬物之形,未若水之能一萬物之形也,雖然,水之能一萬物之形,又未若聖人能一萬物之情也,聖人之所以能一萬物之情者,謂其聖之能反觀也。〔註174〕

　　「雖聖人,力有不及者矣。」聖人之所以能一萬物之情者,謂其能反觀也,「所以謂之能反觀者,不以我觀物也,不以我觀物者,以物觀物之謂也,既能以物觀物,又安有於其間哉。」〔註175〕「觀物」由人的感知能力開始,及於一切類之物,藉由「以物觀物」達於聖人的「一萬物之情」,聖人所以能立於無過之地者,只求一靜定止水之心,善事於心者的心學功夫。

　　「自心觀物,何物能一。自物觀心,何心不均。」〔註176〕從而如實觀物,忘心忘我的境界。「以身觀萬物,萬物理非遙。馬為乘多瘦,龜因灼苦焦。能言謝鸚鵡,易飽過鷦鷯。伊洛好煙水,願同漁與樵。」〔註177〕觀物目的在於

〔註172〕 《皇極經世書》,〈觀物內篇〉之九,頁238。
〔註173〕 《皇極經世書》,〈觀物內篇〉之九,頁239。
〔註174〕 《皇極經世書》,〈觀物內篇〉之十二,頁276。
〔註175〕 《皇極經世書》,〈觀物內篇〉之十二,頁277。
〔註176〕 《伊川擊壤集》卷十六,〈上下吟〉,頁256。
〔註177〕 《伊川擊壤集》卷九,〈和閒來〉,頁126。

得理，理無內外，性無內外，學無內外，心與物相連而一，得理的目的在於「盡性以至於命。」求得真知，真知是由心得知之知，否則即是妄知，也就是心不可得知而知之。

（三）「道」形而上究極存有

心、性、理、道、太極都是「一」。「命」包括性、心、身、物，「道」則是性、心、身、物的根源，命由道出。「道」是天地人物的共同根源，天地人物皆由道而生，人之所以靈於萬物，故能主宰萬物。「究天人之際，通古今之變，成一家之言。」超越時空的情懷，「天命」的肯定、信天、順天，先天地生的一種物，一種無可置疑的客觀規律，能與天命相合一。天命不知其所命，人生不知其所生，「天人合一」的「一」，用天命來表露人生，天命離不開人生。

> 太極，道之極也，太玄，道之元也；太素，色之本也，太一，數之始
> 也；太初，事之初也，其成功則一也。〔註178〕

「天地人物則異也，其於由道一也。」，「一」是全體，「一」的意義是「多」之中，任何實體，只看它的存在，皆可理解或真實無妄。存有觀念的本質，真與善成全主體認識是向主體內的精神活動，願望屬主體向外的精神活動。

「道」形而上究極存有，特徵的換位，凡有的都真，凡真都存在，凡善都真，凡真都善的。「邪正之間有道在焉，行之正則謂之正道，行之邪則謂之邪道，邪正由人乎由天乎？」〔註179〕人倫之道治，則天下治；人倫之道亂，則天下必亂。「垂訓之道，善惡明著存焉耳。」〔註180〕「可以辨庶政，可以齊黎民。……誨人何諄諄。」，「必欲樂天下，舍詩安足憑。得吾之緒余，自可致升平。」，「無藥醫衰老，有詩歌聖明」垂「訓」明道。

邵雍：「心為太極」又「道為太極」，太極即是道，不變不動的道，即是「一」是變動、形而上的概念。邵雍認為天地萬物的變化，都是由人心觀察而認識，「未生之前，不知其然，既生之後，乃知有天，有天而來，正物之性。君子踐形，小人輕命。」〔註181〕「心為太極」是指心涵概天地萬物之理，或是「能循天理動者，造化在我也。」造化之理不外於我的心意。「出入、有無、死生

〔註178〕 《皇極經世書》，〈觀物外篇〉下，頁402。
〔註179〕 《皇極經世書》，〈觀物內篇〉之九，頁237。
〔註180〕 《伊川擊壤集》序，頁1。
〔註181〕 《伊川擊壤集》卷十九，〈正性吟〉，頁308。

者，道也。」出、有、生、動也；入、無、死，靜也。道的內容不外乎太極中的陰陽動靜，所以說：「道為太極」。

「天下之物莫不有理焉，莫不有性焉，莫不有命焉。」理、性、命都是從屬於道，「性者，道之形體。」以性為天地內在化的存在，人與天有本體，人之為人的目的在於實現性之本體，「邪正之間，有道存焉。」以達天人合一與天地的目標，天道與人道合一，可以不假於物，只要反求諸己，追求道德完善達到「道」的極致，「天聽寂無音，蒼蒼何處尋。非高亦非遠，都只在人心。」〔註182〕由道反推於心，彰顯人的主體性，完善的自我。

> 凌晨覽照見皤然，自喜皤然一叟仙。
> 慷慨敢開天下口，分明高道世間言。
> 雖然天下本無事，不奈世間長有賢。
> 自向此身何所用，此身唯稱老林泉。〔註183〕

生命似噴泉，性就像一面鏡子，萬物生命的衝動，時間和空間上連綿不斷而成為整體。因利益關係孤立自私的小我，假象是一個我的斷面，大我與世界相通是整體的我。就「樂」的時間與空間，入世、名教、觀物之樂的層次。邵雍以「數」宇宙歷程無窮，人與自然、天道與人道，天人合一「道」的層次。「窮理盡性，以至於命。」理、性、命三層次的真知，我與樂、我與道的層次，藉由觀察分析對象的性質以及實現對象的目的而達成，邵雍哲學思想由「理性命」的連結，象數的推衍與數理的結構，達到「天人合一」的和諧與統一，超越「道」的究極形上存有。

（四）「天人合一」真理與迷失

人與自然關係，是一種對立統一關係。主張天人對立，人與自然具有矛盾、衝突與鬥爭的，自然是彼岸世界，從哲學觀點來說，都是實事求是。強調天人合一，人與自然密不可分，天人合一的定律，「一」即是道，作為一種元素，或是一種規律。

把「一」詮釋為「心」，這是心學所主張。「神統於心，氣統於腎，形統於首，形氣交而神交乎中，三才之道也。」〔註184〕人身小宇宙，宇宙大人身的分層描述，「道也者，不可須臾離也；可離，非道也。」天地人是三而一，一

〔註182〕《伊川擊壤集》卷十二，〈天聽吟〉，頁184。
〔註183〕《伊川擊壤集》卷十一，〈覽照吟〉，頁171。
〔註184〕《皇極經世書》，〈觀物外篇〉上，頁332。

而三的，在美感經驗中，普遍存在著天人不分、天人合一的思想，所以「能循天理動者，造化在我。」我不違天，天亦不違我，我與天自相和諧了。

> 莊子齊物未免乎較量，較量則爭，爭則不平，不平則不和，無思無
> 為者，神妙致一之地也，所謂一以貫之。〔註185〕

莊子：「援天地之美，以達萬物之理。」人與自然生態的共生關係，造就「天人共美」的自然之樂。「安樂窩中酒一樽，非唯養氣又頤真。」〔註186〕「既乖經世慮，尚可全天和，樽中有酒時，且飲復且歌。」〔註187〕邵雍微醉時，忘卻人生得失，進入物與我為一，人與自然合一的生命體現。

《伊川擊壤集》序：「性者，道之形體也，……心者，性之郛郭也……身者，心之區宇也，……物者，身之舟車也。」〔註188〕

> 性─道的形體，性傷，道亦從之，以道的立場看性。→傷及情累
> 心─性的郛郭，心傷，性亦從之，以性的立場看心。→傷及情累
> 身─心的區宇，身傷，心亦從之，以心的立場看身。→傷及情累
> 物─身的舟車，物傷，身亦從之，以身的立場看物。→傷及情累

所謂「形體」、「郛郭」、「區宇」、「舟車」等是道的「化限」〔註189〕道的一貫之下，化現成「性」、「心」，化至於「身」，又屬一「物」。

邵雍的「心」與「樂」、「心」與「命」、「道」與「福」、「道」與「美」的存在特徵，類比「心」、「命」、「道」、「福」關係，「命」包括性、心、身、物，「道」則是性、心、身、物的根源。「性─心─身─物」有傷害時，將傷及情累、道的完整，情累就是遺忘，哀而不傷，樂而不淫。「以物觀物，性也；以我觀物，情也。性公而明，情偏而暗。」，「任我則情，情則蔽，蔽則昏矣；因物則性，性則神，神則明矣。」以物觀物與以我觀物的結果，在於性與情，強

〔註185〕《皇極經世書》，〈觀物外篇〉下，頁398。

〔註186〕《伊川擊壤集》卷九，〈安樂窩中酒一樽〉，頁135。

〔註187〕《伊川擊壤集》卷一，〈閒吟四首〉之一，頁8。

〔註188〕《伊川擊壤集》序，頁1。

〔註189〕林素芬：《北宋中期儒學道論類型研究》，台北：里仁書局，2008，279～280。
林素芬認為，將一貫的化現，分兩個層次說明：一是，「身」與「物」的化現，屬自然造化的體現，從「氣」與「數」之後天現象界的形成之理。二是，「性」與「心」的化現，道德生命貫徹，是由心性，講道德生命之義。
兩個層次的體現，「身」與「物」屬於現象、形體的化現，稱之造化。「性」與「心」層次，直接由「道」貫注於「性」與「心」中的「理」稱之道化。筆者認為，邵雍講理不多，有時，「道」等同「理」，尤其哲學語言有時夾雜道教辭彙，需要思考意義之間轉換意思。

調「性公明暗，情偏而暗。」客觀性越強，判斷越準確。

「噫！情之溺人也，甚於水。古者謂水能載舟，亦能覆舟。是覆載在水也，不在人也。」〔註190〕利害之間視「人」的處理而定，以水喻情，任性不任情，就不會為水所害。屏除利害「心」外利而用，「情」害不成其為害，「利害」之心化為個人私情與合道之情，這是邵雍對於精神生命的闡釋。

「物理之學，或有所不通，不可以強通。強通則有我，有我則失理而入於術矣。」，「夫所以謂之觀物者，非以目觀之也，非觀之以目，而觀之以心。」，「以物觀物」要用心來看？邵雍主張「以物觀物」循理而行，不雜私心私念，「既能以物觀物，又安有我於其間哉。」，「神無所在無所不在，至人與他心通者，以其本於一也，道與一神之強名也，以神為神者至言也。」〔註191〕神就是心與心的合一，神也可以稱為一或道，「以物觀物」在本質上，即是「以神為神」，觀萬物體現「生生」不已之理。

李贄《藏書·德業儒臣前論》：「道之在人，獨水之在地也。人之求道，獨之掘地而求水也。然則水無不在地，人無不載道也審矣。」理想和人，如水與地一樣有必然關係，理想如掘地取水一樣合乎規律，理想人人可以去把握，不必等待聖賢，盡管不是每個人都能達到目的，但得之者「亦已眾矣」。

人與道的理想，人人具有求道能力，剝奪了聖賢傳道，思想開放，人人都可以成堯舜。

> 事既不同時又異，也由天道也由人。〔註192〕

> 可委者命，可憑者天。人無率爾，事不偶然。〔註193〕

> 能推己心達人心，天下何憂不能治。〔註194〕

> 天道遠，人道邇。盡人情，合天理。〔註195〕

天既是人，人既是天，一切人生盡是天命的天人合一觀，天命與人生合為一，即是「天人合一」。這用「天命」表露人生，離開人生無從講天命。「天人合一」與萬物同體，人能達到超倫理的本體境界，這本體境界與「物我兩忘」非功利追求的真理與境界。

〔註190〕《伊川擊壤集》序，頁1。
〔註191〕《皇極經世書》，〈觀物外篇〉下，頁356。
〔註192〕《伊川擊壤集》卷十三，〈天人吟〉，頁203。
〔註193〕《伊川擊壤集》卷十四，〈天命吟〉，頁221。
〔註194〕《伊川擊壤集》卷十四，〈天人吟〉，頁236。
〔註195〕《伊川擊壤集》卷十六，〈大人吟〉，頁260。

姜允明〔註196〕認為，邵雍以「心為太極」的命題，在天人合一思想的發展上，可謂獨樹一幟的建樹。「天人合一」的內涵與形式，隨著歷史、文化、環境變遷有新的發展，事無大小，皆有道在其間。「天道不難知，人情未易窺。雖聞言語處，更看作為時。」〔註197〕「安分身無辱，如幾心自閒。」〔註198〕能安分則謂「道」，不能安分則謂之「非道」。「寫字吟詩為潤色，通精達道是鎡基。經綸亦可為餘事，性命方能盡所為。」樂教、詩教使人超越自然，與道合一的實踐，可謂邵雍所追求一生男子事。

天人合一的「道」為形而上究極存有，「一」是道德整全的概念，從內在道德形上學進路，「夫聖人之經，渾然無迹，如天道。」，「如知道只在人心，造化工夫自可尋何。」〔註199〕天人合一的「一道」是盡物盡民為其宗旨，「道」是天道、天理，是「天人合一」的真理。

「道」是天地人的本體，萬物循道產生運動變化，道在人心。成聖成賢的可能在於人心，心作為連繫天人關係的橋樑，「先天之學，心法也。……萬化萬事，生乎心也。……天地萬物之理，盡在其中。」〔註200〕「反觀」的以物觀物，依循自然秩序與客觀條件，觀察萬物之本相，使道德實踐的氛圍彰顯自然科學的精神，破除天人合一的迷失，用「本心」去把握客觀面的天道，或是把客觀面的天道，用道德本心去切入，只要「以物觀物」循理而行，「至美至樂」的審美追求，「至善至命」的倫理追求，身心雙修，致和諧安樂之道，如此，將不流於天人合一「道」的迷失。

三、「樂道」的悅樂觀

吳經熊〔註201〕認為，儒家的「樂」是充實之樂，道家的「樂」是空靈之樂，禪宗的「樂」是菩薩之樂，施樂眾生而得。儒家的悅樂導源於好學、行仁，及與人羣的和諧，道家的悅樂來自逍遙自在與無拘無礙，心靈與大自然的和諧，從而由「忘我」找到「真我」。禪宗的悅樂寄托於明心見性，求得本來面目，達到入世與出世的和諧。

〔註196〕姜允明：《心學的現代詮釋》，台北：東大圖書股份有限公司，1988，頁69。
〔註197〕《伊川擊壤集》卷十，〈天道吟〉，頁152。
〔註198〕《伊川擊壤集》卷十二，〈安分吟〉，頁180。
〔註199〕《伊川擊壤集》卷十三，〈道裝吟〉之四，頁214。
〔註200〕《皇極經世書》，〈觀物外篇〉下，頁374。
〔註201〕吳經熊：《內心悅樂之源泉》，台北：東大圖書有限公司，1981，中國哲學之悅樂精神，頁1～26。

「樂道」的悅樂精神，知命樂天，人的生命有限，打破生與死的對立，活在當下。「樂」內心充實是生命本原

（一）「體用」在於「潤身」為本

「心藏神，腎藏精，脾藏魂，膽藏魄，胃受物而化之。傳氣於肺，傳血於肝，而傳水穀於脬腸矣。」〔註202〕「心」是作為思維器官及思維器官活動的統一，表現出「體」、「用」。「體」指得是由身、形、性、質等靜態的體質所構成。「用」五官、臟腑、血脈、血氣等生理活動的素質。「精義入神以致用也，不精義則不能入神，不能入神則不能致用也。」〔註203〕

> 日月無異明，晝夜有異體。人鬼無異情，生死有異理。
> 既未能知生，又焉能知死。既未能事人，又焉能事鬼。〔註204〕

> 氣，一而已，主之者神也。神亦非一而已，承氣而變化，能出入於
> 有無死生之間，無方而不測者也。

「未生之前，不知其然，既生之後，乃知有天，有天而來，正物之性。」，「既未能知生，又焉能知死。」把生死問題，轉為一個宇宙生化規律的問題，當是邵雍宇宙論運轉到人生論。

「物理之學，或有所不通，則不可以強通。強通則有我，有我則失理於術矣。」物理總是有限、變動不居的，然而物理因用始見，若要強通萬理，要求物理之無所不在，有我的私見，將走入一種術，失去物理的真理。「得天理者，不獨潤身，亦能潤心。不獨潤心，至于性命亦潤。」君子之學，以潤身為本，其治人應物皆餘事也。「能循天理動者，造化在我也。」，「天下之事皆以道致之，則休戚不能至矣。」，「順理則無為，強則有為也。」〔註205〕「人而無學，則不能獨理，不能獨理，則固執不通。」隨時應事以行宜。

> 是知古亦未必為古，今亦未必為今，皆自我觀之也，安知千古之前，
> 萬古之後，其人不自我而觀之也。〔註206〕
> 否泰盡而體用分，損益盡而心迹判，體與用分心與迹，判聖人之事
> 業於是備矣。〔註207〕

〔註202〕《皇極經世書》，〈觀物外篇〉上，頁322。
〔註203〕《皇極經世書》，〈觀物外篇〉上，頁343。
〔註204〕《伊川擊壤集》卷十五，〈觀物吟四首〉之一，頁237。
〔註205〕《皇極經世書》，〈觀物外篇〉下，頁400。
〔註206〕《皇極經世書》，〈觀物內篇〉之五，頁173。
〔註207〕《皇極經世書》，〈觀物內篇〉之五，頁175。

邵雍觀物思想，在時間上具有相對觀點。古今之隔，非但不會成為認知的障礙，反倒變成審美的過渡，此刻千古、千古此刻，審美愉悅將自然湧入。

體是陰，用是陽，是性是神。「象起於形，數起於質，名起於言，意起於用。」用則是有限而變動不居。邵雍本著有限與無限、變與不變的分別建立的宇宙觀，偏重變與有限的一方，落實於人生論，偏重於「用」的一方主張潤身為本。

（二）「樂」是美的道德表徵

邵雍認為，「樂」形上與形下的不離不即關係，不同於理學家認為氣論、理氣論均與道論不悖，形上形下有距離而歸於「理」。心主宰人的思想，「天外更無樂，胸中別有春」，「樂道襟懷忘檢束，任真言語省思量。」歸來於內在之心，自性自足，道不遠人的道理，反求於內，樂莫大焉。

陳陽《樂書》〔註208〕序：「古樂之發，中則和，過則淫。三才之道，參和為沖氣，五六之數，一貫為中合。故沖氣運而三宮正焉，參兩合而五聲形焉，三五合而八音生焉，二六合而十二律成焉。其度數雖不同，要之一會歸中聲而已。過此則胡鄭哇淫之音，非有合於古也。」，音樂是實現快樂的藝術，音樂就是由審美虛靜心胸所產生，用聲音的運動來表現宇宙的生命精神。

> 堯夫非是愛吟詩，詩到忘言是盡時。
>
> 雖則借言通要妙，又須從物見幾微。
>
> 羹因不和方知淡，樂為無聲始識希。
>
> 多少風花待除改，堯夫非是愛吟詩。〔註209〕

「詩到忘言是盡時」、「樂為無聲始識希」的美學思維，「以物觀物，性也；以我觀物，情也。性公而明，情偏而暗。」以物觀物的無我無私，「任我則情，情則蔽，蔽則昏矣；因物則性，性則神，神則明矣。」性為宇宙精神真理之外形，身心為性之無形範疇與活動作用。

> 皇王帝伯時雖異，禮樂詩書道自新。
>
> 觀古事多今可見，不知何者謂經綸。〔註210〕
>
> 性情形體有同異，所以物之有氣類也。〔註211〕

〔註208〕 吳中杰、張岩冰、馬馳、王振復副主編：《中國古代審美文化論》（第二卷範疇卷），上海古籍出版社，2003，頁33～44。

〔註209〕 《伊川擊壤集》卷二十，〈首尾吟〉之八，頁325。

〔註210〕 《伊川擊壤集》卷五，〈偶書〉，頁61。

〔註211〕 《皇極經世書》，〈觀物內篇〉之十二，頁269。

仁義禮智有等差，民俗之所以不同也。〔註212〕

「聖人之四府者，易、書、詩、春秋之謂也。禮樂污隆於其間矣。」〔註213〕
禮、樂、詩、書在於「道」的體用，「禮法本防奸，豈為吾曹設。」禮樂作用
是作樂崇德。

長隨書與棋，貧亦久藏之。碧玉琢為軫，黃金拍作徽。

典多因待客，彈少為求知。近日童奴惡，須防煮鶴時。〔註214〕

棋逢敵手才堪著，琴少知音不願談。

非指不才能退默，古賢長恨得時難。〔註215〕

棋中機械不願看，琴裡語言時喜聽。〔註216〕

「貧意碧玉琢為軫，黃金拍作徽。」識琴，「棋逢敵手才堪著，琴少知音
不願談。」彈琴，「琴宜入夜聽，別起一般情。」、「更聞數弄神仙曲，始信壺
中日月長。」、「琴裡語言時喜聽。」聽琴，「必欲去心垢，須彈無絃琴。」、「既
若能開物，何須更鼓琴。」識琴、彈琴、聽琴、鼓琴的反思過程，「閒看蜜蜂
收蜜意，靜觀巢燕累巢心。非關天下知音少，自是堯夫不善琴。」〔註217〕自
是堯夫不善琴，非關天下知音少，「將養精神便靜坐，調停意思喜清吟。」〔註
218〕那有太平人不平，人心平處固無爭，人心相去無多遠，邵雍選擇內聖外王
的功夫，「洗竹留新引，翻書得舊編。誰知養心者，肯與世爭權。」〔註219〕音
樂可以養氣養心，「胸中一點分明處，不負高天不負人。」修身養性為了趨吉
避兇。

（三）「安樂」的生命理想

「悅樂」是一種放蕩不受拘束，悅內於樂外的「真樂」。「至樂」是自事其
心的快樂，是物物而不物於物的快樂，是與獨天地精神相往來的快樂。

其骨爽，其神清，其祿薄，其福輕。〔註220〕

〔註212〕 《皇極經世書》，〈觀物內篇〉之十二，頁269。
〔註213〕 《皇極經世書》，〈觀物內篇〉之三，頁153。
〔註214〕 《伊川擊壤集》卷十一，〈古琴吟〉，頁171。
〔註215〕 《伊川擊壤集》卷五，〈代書寄友人〉，頁59。
〔註216〕 《伊川擊壤集》卷十一，〈旋風吟二首〉之一，頁167。
〔註217〕 《伊川擊壤集》卷十一，〈又二首〉之一，頁168。
〔註218〕 《伊川擊壤集》卷十一，〈又二首〉之二，頁168。
〔註219〕 《伊川擊壤集》卷三，〈秋懷三十六首〉之十八，頁38。
〔註220〕 《伊川擊壤集》卷十九，〈覽照〉，頁310。四部叢書本、四庫本作〈覽照吟〉。

　　不知身是人，不知人是身。

　　只知身與人，與天都未分。〔註221〕

　　「樂者，樂也」，「樂者，和也」和樂合一，樂生於心，心與樂結合「身心合一」的生命體證。邵雍自述骨爽、神清、祿薄、福輕的自我形象，「道不遠於人，乾坤只在身。」天地人合一、天人合一的生命模式，「真樂攻心」化為人文態度，享有「其見至廣，其聞至遠，其論至高，其樂至大。」的悅樂精神為最高境界。

　　　　夫其見至廣，其聞至遠，其論至高，其樂至大，能為至廣至遠至高

　　　　至大之事，而中無一為焉，豈不謂至神至聖者乎！非唯吾謂之至神

　　　　至聖者乎，而天下謂之至神至聖者乎，非唯一時之天下之謂至神至

　　　　聖者乎，而千萬世之天下謂之至神至聖者乎？過此以往未之或知也

　　　　已。〔註222〕

　　邵雍的無我意味著從認識論，不以主觀的我去認識萬物。「易地而處，則無我也。」客觀地處於該物之位觀察該物，而非處我之位觀物，就是，不我物方能物物。邵雍主張「聖人無我而任物，無為而無不為。」，「聖人之難，在不失仁義忠信而成事業，何如則可在於絕四。」〔註223〕孔子杜絕「意、必、固、我」四種弊病，不主觀臆斷、不墨守陋習、不固執己見、不唯我獨尊，作為學習治事、通權達變的原則，「至聖至神」是邵雍無我崇高的人格美。

　　邵雍固執於道德理性，「意、必、固、我」樣樣沾上，主觀上易構成理性的偏見。應以客觀「知之為知之，不知為不知」的古訓，除去「意、必、固、我」獨斷自大或孤癖偏失，而予虛心接納。善是與他人關係的實現，若能夠做到毋意、毋必、毋固、毋我的田地，就能真正的行善。而「反求諸己」是自我修練，所有學習都是「成己」後「成人」。

　　「天學修心，人學修身。身安心樂，乃見天人。」、「身主於人，心主於天，心既不樂，身何由安。」，邵雍為求身心健康，「洗身去塵垢，洗心去邪淫。」，必先洗心，因為物而不能任我。「心安身自安，身安室自寬。心與身俱安，何事能相干。誰謂一身小，其安若泰山。誰謂一室小，寬如天地間。」〔註224〕天地無私，天地寬的哲理，心理的審美意識求心安，生理的身體意識以達身安，

〔註221〕　《伊川擊壤集》卷十八，〈喜飲吟〉，頁302。

〔註222〕　《皇極經世書》，〈觀物內篇〉之十二，頁280～281。

〔註223〕　《皇極經世書》，〈觀物外篇〉下，頁379。

〔註224〕　《伊川擊壤集》卷十，〈心安吟〉，頁172。

可見，邵雍重視心安自身安「身心合一」的身心之樂。

《禮記》：「得之自是，不得自是，以聽天命。」，「已把樂為心事業，更將安作道樞機。」喜樂意象是要身體力行，迎刃而解無須煩惱與徬徨的。「意淺不知多則惑，心靈須識動之微。行兇既有人誅戮，心善豈無天保持。」，生命與死亡之間思考，「未之生，焉知死。」開放自己心靈，「得自苦時終入苦，來從哀處卒歸哀。既非哀樂中間得，此樂直從天外來。」〔註225〕邵雍生命中「樂」與「悲」的對比、昇華的審美現象，安樂中有憂患，憂患中有安樂。「生於憂患，死於安樂」體悟安樂中居安思危的憂患意識。

> 一陰一陽之謂道。繼之者善也，成之者善也。〔註226〕

> 言不可妄，行不可驟，命不可忽，天不可違。〔註227〕

人的性體來自天道，可以保證性體的善，性體的善來自客體天道的善。「性非體不成，體非性不生。」，「人必自重，內重則外輕。苟內輕則外重，為名為利，無所不至。」

> 生身有五樂，居洛有五喜。人多輕習常，殊不以為事。

> 吾才無所長，吾識無所紀。其心之泰然，奈何能了此。〔註228〕

「樂生中國，樂為男子，樂為士人，樂見太平，樂聞道義。」的五樂，「喜見善人，喜見好事，喜見美物，喜見佳景，喜見禮樂。」的五喜。「揚善不揚惡，記恩不記讎。人人自歡喜，何患少交遊。」〔註229〕「月到天心處，風來水面時；一般清意味，料得人少知。」〔註230〕樂山樂水之後的徹悟與哲理。「身心相去不相遠，只在人誠人不推。」、「世界光如水月，身心皎若琉璃。」，道是事物的根本道理和普遍規律，心不可不知道，反觀，「心」連結的天人合一之境。

> 夫大人者，與天地合其德，與日月合其明，與四時合其序，與鬼神
> 合其吉凶。先天而弗違，後天而奉時。天且弗違，而況於人乎？況
> 於鬼神乎？〔註231〕

〔註225〕 《伊川擊壤集》卷十一，〈自謝用此樂直從天外來〉，頁165。
〔註226〕 《易經》，〈繫辭上傳〉，第五章。
〔註227〕 《伊川擊壤集》卷十九，〈四不可吟〉，頁309。
〔註228〕 《伊川擊壤集》卷十，〈喜樂吟〉，頁151。
〔註229〕 《伊川擊壤集》卷十八，〈歡喜吟〉，頁283。
〔註230〕 《伊川擊壤集》卷十二，〈清夜吟〉，頁180。
〔註231〕 《周易·乾》。

「天道遠，人道邇。盡人情，合天理。」〔註232〕「大人」之境，就是天人合一之境；聖人之境就是大人者與天地、日月、四時、鬼神合者，合乎道也，聖人之道合於天地之道。

《黃帝內經》：「人天同構」人的身體結構體現了天地結構。「人天同律」人和天相通而呼應的共同規律。「人天同象」既有相同結構和相同規律，便會有相同的表現形式。

> 氣靜形安樂，心閒心太平。〔註233〕
> 靜坐多茶飲，閒行或道裝。傍人休用笑，安樂是吾鄉。〔註234〕
> 變從時而便天下之事，不失禮之大經。變從時而順天下之理，不失
> 義之大權者，君子之道也。〔註235〕

「苟非先聖開蒙眥，幾作人間淺丈夫。」〔註236〕孟子：「人能弘道，非道弘人。」邵雍：「《易》曰：窮理盡性，以至於命。所以謂之理者，物之理也。所以謂之性者，天之性也。所以謂之命者，處理性者也。所以能處理性者，非道而何。」〔註237〕

「道」在主體的體現就是「美」，而「美」必須透過主體的活動才能彰顯於外，人稟持美感經驗，道反推於心，通過觀物修身的工夫，美感經驗指向「道」。音樂的修身養性、禮樂的作樂崇德、安樂是吾鄉，不失禮義是君子之道，「閒中氣味長，長處是仙鄉。富有林泉樂，清無市井忙。」「生為男子偶昌辰，安樂窩中富貴身。大字寫詩夸壯健，小杯飲酒惜輕醇。」〔註238〕閒富貴應是邵雍「安樂」的生命理想。

四、「真樂攻心」生命美學餘韻

邵雍學術思想、詩、人格特質，影響後人頗多，擇取陳獻章與王夫之，兩人的詩與哲學，受邵雍的人格、詩、書法、哲學、美學所影響。

> 真樂何從生，生於氤氳間，氤氳不在酒，乃在天止如水，

〔註232〕《伊川擊壤集》卷十，〈大人吟〉，頁260。
〔註233〕《伊川擊壤集》卷十七，〈又五首〉之一，頁266。四庫本，無此又五首的標題。
〔註234〕《伊川擊壤集》卷十三，〈自詠〉，頁210。
〔註235〕《皇極經世書》，〈觀物外篇〉下，頁395。
〔註236〕《伊川擊壤集》卷十，〈安樂窩中吟〉之二，頁155。
〔註237〕《皇極經世書》，〈觀物內篇〉之三，頁148。
〔註238〕《伊川擊壤集》卷十，〈安樂窩中吟〉之十二，頁157。

行如雲在天，靜者識其論，此生當乾乾。

真樂夫如何，我生天地間。言言而行行，無非體清元。

春鳥鳴華林，秋水清寒淵。無功之功微，乘龍而御乾。

真樂何從生，覺者不言。或疑詩語工，或云飲者賢。

或書疲心情，或琴以自宣。真樂生於心，乃在至和間。

行如雲在天，止如水在淵。靜者識其端，此心當乾乾。

論述「真樂」觀念，導入「真樂何從生」，陳獻章「行如雲在天，靜者識其論，此生當乾乾」靜觀自得，王夫之「真樂生於心」乃在至和間。

（一）陳獻章「自然真樂」的生命藝術

《白沙子全集》，卷三：「人與天地同體。」，白沙「以道為本，心具萬理」的本體論，以心之本體自然，推論道之本體自然，要人保有此心此理，不為物欲所累。《明儒學案·白沙傳》：「靜坐久之，然後見此心之體隱然呈露，常若有物，日用間種種應酬，隨吾所欲，如馬之御銜勒也。」白沙靜坐在於靜養端倪，心的本體即是天理，靜中養出端倪，此端倪是存於心的道的本體，它是內心妙悟領會自得者，去除障蔽致虛以立本的涵養方法。

陳白沙〔註239〕自然自得之學，以致虛守靜為本。白沙「靜中坐養」為起點，「學貴自得」與「學宗自然」作為為學進路，修己功夫以「習靜入虛」，方法則為「靜坐澄心」。白沙學成過程中，受佛、道的薰陶，白沙強調身體力行，以自身生命承當，道在生活中體驗實踐，「匹夫匹婦胸中自有全經」的自得之學，這是禪法「非關文字」的另一種新的展現。

《白沙子全集》收錄白沙詩 2073 首，習六藝中之射禮，工於書法，自製茅龍筆，心學融入其書法藝術，以詩為道與以詩傳道，心學的「致虛」與「主靜」，近禪之說有不得不辯者。虛靜入門而洞見鳶飛魚躍的自然真情，歸宗儒家本色的自得自樂，《白沙子全集》卷九：「白頭無酒不成狂，典盡春衫醉一場。只許木犀知此意，晚風更為盡情香。」典盡春衫只求一醉，有別於一般人的行逕，詩人酒後真言，倘佯悠遊自足的自然內涵，享有「自然真樂」的生命藝術。

〔註239〕白沙子原名陳獻章（1428～1500），字公甫，號石齋。生於廣東新會都會鄉，後遷至江門的白沙村，學者稱他為白沙先生，其學則稱為白沙學說或江門學派，所創立的江門學派門人，多高風亮節而特立。錢穆：《理學六家詩鈔》，台北：中華書局，2017，白沙詩鈔，頁81～110。

《禮記·經解》：「入其國，其教可知也。其為人也，溫柔敦厚，詩教也。」詩教思想源自儒家的傳統，陳白沙「以詩為教」不僅承襲儒家傳統，更對詩的功能在其《夕惕齋詩集後序》有深刻理性認知，其詩具有特殊的「大用」。

> 先君子類以小技目之，然非詩之病也。彼用之而小，此用之而大，存乎天道。天道不言，四時行，百物生，焉往而非詩之妙用？會而通之，一真自如。故能樞機造化，開闔萬象，不離乎人論日用而見鳶飛魚躍之機。若是者，可以輔相皇極，可以左右《六經》，而教無窮。小技云乎哉？〔註240〕

白沙說：「彼用之小，此用之大」，所謂詩學正宗「李杜者雄峙其間，號稱大家，然語其至，則未也。」白沙比較欣賞陶淵明，「余嘗讀阮籍、陶潛詩，愛其平易，氣全而致遠。」〔註241〕邵雍則欣賞阮籍、陶潛等詩作平易近人。

> 詩家者流，矜奇炫能，迷失本真，乃至句鍛月練，以求知於世，尚可謂之詩乎？晉魏以降，古詩變為近體，作者莫盛於唐，然已恨其拘聲率、工對偶，窮年卒歲為江山、草木、雲烟、魚鳥粉飾文貌，蓋亦無補於世焉。〔註242〕

「矜奇炫能，迷詩本真」去鍛鍊字句，不可謂之為詩，吟弄草木魚鳥，粉飾文貌，無補於世，此為理學家「詩以載道」的觀念。「七情之發，發而為詩，雖匹夫匹父，胸中自有金經。」〔註243〕白沙所創道學詩，以文學詩的觀點來看，自然不是正宗。楊慎《升庵詩話》卷十二，謂白沙詩：「七言近體，效簡齋、康節之渣滓，至於筋斗、樣子、打乘、箇裏，如禪家呵佛罵祖之語，殆是傳燈錄揭子，非詩也。若其古詩之美，何可掩哉。然謬解者，篇篇皆附於心學性理，則是痴人說夢矣。」〔註244〕這首詩話用以譏甘泉，謂白沙詩妄加以箋釋，詩「經義化」目的為了詩教。

白沙詩論主張平易自然，「作詩非難，斟酌下字輕重為難耳。」〔註245〕「大凡文字不厭改，患改之不多耳。惟改方能到妙處，而發之易者，怕不能多

〔註240〕《白沙子全集》，卷一，頁13～14。
〔註241〕《伊川擊壤集》後序，頁357。
〔註242〕《白沙子全集》，卷一，頁226。
〔註243〕《白沙子全集》，卷一，頁13。
〔註244〕黃桂蘭：《白沙學說及其師之研究》，台北：文史哲出版社，1981，頁113～114。
〔註245〕《白沙子全集》，卷二，頁354。

改。……昔者嘗聞歐公作一小簡，反復改之，有改至八、九次者，歐公期於言者，其不苟有如此，宜傳之遠也。吾人大抵以不專之學方其為之也，鹵莽潦略而不自知，又何怪夫古人之不可即也。」〔註246〕白沙認為作詩須細加斟酌下字，方見穩當妥貼。

魏崇周〔註247〕認為，陳白沙與邵雍相似，皆是追求自然、和樂與放達心境，兩者不同表現在對道家的體認功夫與對佛（禪）的態度不同。邵雍對道家「虛」體會並不完美，他蔑視富貴，追求「了心便是棲真地，何必煙霞臥白雲」，在安樂窩做神仙，其對佛是採反對的態度。陳獻章主張順應自然，未強調德性的主導，其經常被指為禪，以道之「虛」又以禪之「空」，詩歌具有清新靈氣。

陳白沙不著書，獨好詩，以詩為教，常用詩來表達其哲學見解，例如，《偶億廷實遷居之作，次韵示民澤》：「小勝江山大勝詩，斬關直出兩重圍。自家真樂如天地，傍柳隨花也屬疑。」詩中充滿理趣。陳白沙服膺邵雍詩風的，白沙批評「離了詩的本體，變是宋頭巾。」，陳白沙「自然之樂，乃真樂也。」，靜觀自得，體得天理，天理貫通吾心之理。白沙強調身體力行，以自身生命承當，道在生活中體驗實踐，自然自得的人生境界。

（二）王夫之「情景交融」生活美學

王夫之《薑齋詩話》〔註248〕卷上，蘇子瞻謂「桑之未落，其葉沃若」，體物之工，非「沃若」不足以言桑，非桑不足當「沃若」，固也，然得物態，未得物理。「桃之夭夭，其葉蓁蓁」，「灼灼其華」，「有蕡其實」，乃窮物理。其中「其葉蓁蓁」、「灼灼其華」象徵生命力的顯現，是夭桃放光輝本真的顯現，王夫之：「非理抑將何悟？」這是對「物理」（植物法則）與理的論述。

「就氣化之流行於天壤，各有其當然者曰道：就氣化之成於人身，實有其當然者曰性。性與道本於天者合，合之以理也。其既有內外之別者分，分則各成其理也。」〔註249〕性與道本於氣，總稱為理，在內稱之性，在外稱之理，理即氣之理。「理本非一成可執之物，不可得而見，氣之條緒節文，乃理之可

〔註246〕《白沙子全集》，卷三，頁438。
〔註247〕魏崇周：《邵雍文學思想研究》，鄭州：中州古籍出版社，2009，頁237～247。
〔註248〕錢憲民：《快樂的哲學——中國人生哲學史》，台北：洪葉文化事業有限公司，1996，頁203～207。
　　　　王夫之（1619～1692），字而農，號薑齋，學者稱船山先生。
〔註249〕《讀四書大全說》卷十。

見者也。故其始之有理,即於氣上見理;迨已得理,則自然成勢,又只在勢之
必然處見理。」〔註250〕此「勢」指的是歷始發展的自然趨勢,「理」指自然趨
勢的必然規律,兩者統一不可分,「理當然而然,則成乎勢矣。」王夫之已認
識到歷史發展自身的規律,它不依人的意識而轉移,王夫之認為,人的貪欲推
動歷史發展的思想,這是,王夫之「理依於氣」,「理依於勢」的歷史觀。

　　王夫之:「和者於物不逆,樂者於心不厭;端,所自出之始也。道本人物
之同得而得我心之悅者,故君子學以致道,必平其氣,而欣於有得與適道;若
操一求勝於物之心而視為苦難,早與道離矣……非和樂,則誠敬局隘而易於厭
倦。故能和能樂,為誠敬所自出之端。」〔註251〕王夫之「存仁道」與「踐形」
作為人生論的中心觀念。《周易外傳》一:「形之所成斯有性,情之所顯惟其形。
故曰:形色天性也,「踐形以盡性」,「若龜之見兆,但有鬼謀,而無人謀。」
言下之義,人類命運之書,理應走向人的主體及有意識的努力。

　　王夫之《薑齋詩話》卷二:「不能景語,又何能作情語邪?」情通過景來
表現,「天人合一」的成聖意識,「天理物情,可哀而可樂。」不能用自己特定
的情意去局限、分割、破壞客觀景物。

　　總而言之,邵雍、陳白沙與王夫之「天人合一」的成聖意識,擇取兩人作
為生命美學的追隨者,也是「天人合一」生命美學的餘韻與展望。

〔註250〕《讀四書大全說》卷九。
〔註251〕葉朗主編,朱良志副主編,《中國美學通史》——(宋金元卷)潘立勇、陸慶
　　　　祥、章輝、吳樹波著,南京:江蘇人民出版社,2014,頁153～155。

第五章 邵雍「天人合一」生命美學的演化與價值

　　邵雍《皇極經世書》、《伊川擊壤集》、《漁樵問對》等著作，作為本文研究範疇。應用「描述法」與「質問法」美學研究方法，進行描述宏觀分析，第三章「心─樂─道─美」審美歷程與理想，與第四章「心─命─道─福」生命實踐與體證，本章採行質問微觀分析，邵雍「天人合一」生命美學的演化與價值。

　　何以「道」是邵雍視域下的生命之源？「道」是倫理觀念及義理規範等社會主流意識形態，又具備經天緯地的超驗性指導功能。前人未道者，「與人言，樂道其言而隱其惡，就問學則答之，未嘗強以語人。」邵雍真誠待人的特質，以「道」作為生命的主宰。

　　《伊川擊壤集》中「真樂攻心」詩句「詩思」

　　之心的語言，反思生命的內在與超越。邵雍「觀物論」認為，觀察天地萬物我們的「心」，包含了天地萬物的創造演化，然後能順理而行，忘記個人的「我」，體會萬物之情，進而「以物觀物」與天地萬物合而為一，這是身為人最快樂時候，也是「天人合一」的生命美學存在價值。

第一節 邵雍「真樂攻心」賦予「生命美學」的新意

一、「幸福」自得

　　聖人為仁者，而仁者與萬物同體能突破自我的執著，體悟到「萬物亦我也，我亦萬物也，何物不我，何我不物」其泯滅時間與空間的分隔，進而與萬

物合而為一,重回原本泰然,幸福因而不求自得,也是幸福的存在價值。

　　「幸福」是一種生命活動嗎?康德反對經驗論〔註1〕的幸福,康德強調幸福是沒有客觀標準的。所謂「幸福」不過是動物求生的願望,歸根就底還是建立在動物自然感性的經驗基礎上面,若求幸福,本能比理性來得可靠。康德先於經驗的幸福,不同於邵雍安樂窩生活經驗,所享有幸福的存在感。

　　無目的的合目的性,即是形式的合目的性,它是對象表現在審美表象中的形式,根據內在的終極性和完整性來判斷。

> 在快樂和痛苦的感覺方面,是一個構成原則。快樂的基礎在於認識
> 機能的和諧,這些機能在消遣時的自發性,使自然合目的性概念,
> 成了概念的自然領域與自由領域之間的中間環節……而與此同時,
> 這種自發性還促進了道德感對心靈的影響。〔註2〕

　　想像是心靈的核心機能?美的秩序產生於支配著想像的秩序,它們生存本身的純形式是自由的,純形式暗示一種「雜多的統一」,一種在其自身規律支配下發生作用的各種運動和關系的和諧,此生存的純表現,審美判斷的「合規律性」把自然與自由、快樂與道德結合起來。

　　康德認為,人永遠不應該是實現他人目標的工具,人本身就是一個目標不是他人的工具,這樣的意義來說,所有人都是一樣的,但沒有了「愛」,人是不可能生存。

(一)自律自善

　　《繫辭下傳》:「吉凶悔吝者,生乎動者也。」吉凶悔吝的產生源於自己的行動,具備剛強、果敢、樸實、謹慎的四種品德就接近「仁」了。《論語·子路》:「樊遲問仁,子曰:『愛人』。」,「剛毅木訥,近仁。」,「吾鄉有是樂,何必更求仁。」〔註3〕「仁」是人先驗的德性,也是倫理美學普遍的內在基石,最基本德行在於能自發性的愛人,也是最好的持身處世方法。

　　如何立身?「立身須作真男子,臨事無為淺丈夫。」,「善能仁義為心者,肯作人間淺丈夫」的人格之樂,「心靈想像力」促成情到理的審美存在。「無感遂通」人心無障蔽,德性、理性自覺,道德意識精純,不會麻木不仁,把人間

〔註1〕李澤厚:《批判哲學的批判——康德述評》,台北:三民書局股份有限公司,1996,頁297～301。

〔註2〕《判斷力批判》導言,第九節,頁40～41。

〔註3〕《伊川擊壤集》卷七,〈每度過東鄰〉,頁98。

的善惡報應理想化，反映邵雍遵循儒者設定的道德信條，勸人竭誠信從。

　　何者「善」處身？「何者名為善處身，非唯能武又能文。可行可止存諸己，或是或非系在人。遍數古來賢所得，歷觀天下事須真，吉兇悔吝生乎動，剛毅木訥近於仁。易地皆然休計較，不言而信省開陳。雖居蠻貊亦行矣，無患鄉閭情未親。」〔註4〕料得人生皆素定，空多計較竟何如。

　　　樂吾真樂樂無涯。〔註5〕

　　　山似揉藍波似染，游心一句難拘檢。〔註6〕

　　快樂〔註7〕問題不容忽視，快樂似乎與我們本性相合。快樂與否是外界給予自己嗎？自身越是停滯至不前，越是容易厭倦。所謂「生生謂之易」唯有不斷成長的人，隨著發生變化而變化，即使面對同樣的人事物，也不會感到厭倦。因為，選擇自由面對現實時，我們感受到快樂與不快樂的存在，其實，它們從自己的思維產生，人的精神內心拋棄多餘東西才能獲得真正自由。

　　「美是道德的象徵」〔註8〕美與道德類比，論美作為道德性的象徵。「頭上是燦爛的星空，道德律在我心中」是康德道德自律，而道德想像力是人類最高道德善。美與道德「類比」的不同處：

　　1. 美使人愉快，只是反應在直觀，道德卻在概念中。

　　2. 使人愉快但沒有任何利益，即是無目的的目的。

　　3. 想像力的自由，將在美的判斷中，被表象和悟性規律性一致。

　　4. 美的判斷主觀原理被表象為普遍的，就是對每個人有效，但不能通過任何概念來認識它。

　　　樂見善人，樂聞善事，樂道善言，樂行善意。〔註9〕

　　　所樂樂吾樂，樂而安有淫。〔註10〕

　　　惡則哀之，哀而不傷；善則樂之，樂而不淫。〔註11〕

〔註4〕《伊川擊壤集》卷十三，〈答友人〉，頁212，「非為能武又能文」，此「為」，四庫叢刊本、四庫本作「惟」。

〔註5〕《伊川擊壤集》卷五，〈十四日留題福昌縣宇之東軒〉，頁65。

〔註6〕《伊川擊壤集》卷五，〈十七日錦屏山下謝城中張孫二君惠茶〉，頁66。

〔註7〕〔古希臘〕亞里斯多德著，廖申白譯注，《尼各馬可倫理學》，北京：商務印書館，2013，頁329～330。

〔註8〕〔德〕康德著，宗白華、韋著民譯，《判斷力批判》上卷，台北：滄浪出版社，1986，第59節論作為道德象徵的美，頁206～210。

〔註9〕《伊川擊壤集》卷十四，〈安樂吟〉，頁225。

〔註10〕《伊川擊壤集》卷十七，〈無苦吟〉，頁271。

〔註11〕《伊川擊壤集》卷十二，〈答博欽之〉，頁191。

「和」的核心是相成相濟，邵雍「樂而不淫，哀而不傷」的中和之道，具有高度完美道德的表徵。審美狀態昇華至理想的道德狀態，與其說是一種審美追求，倒不如說是一種道德精神使然，如同，康德「美是道德的象徵」。

例如，田野自然的歡樂，建築物或樹木高大，它們引起的感覺和道德判斷所引起的心情起伏是類似的。主體的自律將在客觀現實中有一個結果，主體為自身確定目標必須是現實的。設想著想像力在道德自由領域，對於悟性合目的性具有規定性的可能時，主體自律但在不自由，人在感性的對象上沒有任何感性刺激，也能獲得自由愉快的滿足。

康德《判斷力批判》中，審美與相應的快樂感，不只是心靈的一個第三方和第三機能，它的核心促使自由影響自然，自律影響必然的中介。「善者吾善之，不善者吾亦善之，德善也；信者吾信之，不信者吾亦信之，德信也。」〔註12〕邵雍「樂」的自律，認識自己、思維、道德自律的「慎獨」，若不能幫助他發現真理，至少可以作為生活的準則。「何者為君子，君子固可修。是知君子途，使人從之游。與義不與利，記恩不記愁。揚善不揚惡，主喜不主憂。」〔註13〕「己亦無負人，人亦無我害。」〔註14〕「揚善不揚惡，主喜不主憂」樂的正向態度，以欣然態度做所愛之事，「利害生乎情，好尚存乎見。欲人為善人，必須自為善。」〔註15〕樂自律到自善成為邵雍生命規範。

「所謂十分人，須有十分真。」，欲行人世上，直須先了身。「所謂十分人，須有十分事。」〔註16〕事苟不十分，終是未完備，事父盡其心，事兄盡其意，事君盡其忠，事師盡其義。不為十分人，不責十分事，「既為十分人，須責十分事。」，既能了事，必先能了身。邵雍逆向責己精神，近乎道家處世態度「和其光，同其塵。」，道的妙用在於謙沖不已，樂自律到自善的素養，自然可以化解紛擾，「道」已駕馭「樂」的層次成為生命主宰。

（二）安分量力

宇宙本身就是生命的有機體，動物都是機體，其動力來自內在。例如，駱駝倘若沒喝水仍行走於沙漠，即使很累，其生命動力來自內在，還是會繼續走。

〔註12〕《老子》第四十九章。
〔註13〕《伊川擊壤集》卷十三，〈君子行〉，頁200。「揚」原作「惕」。據四部從刊本、四庫本改。
〔註14〕《伊川擊壤集》卷八，〈生平與人交〉，頁114。
〔註15〕《伊川擊壤集》卷三，〈秋懷三十六首〉之六，頁37。
〔註16〕《伊川擊壤集》卷十八，〈十分吟〉，頁286～287。

邵雍「人是萬物之靈」的觀點，「安分」與「量力」的自知之明，明哲保身的慎獨功夫，若能安得分，都勝別思量於即知即行的思考方式。

《詩經・大雅・烝民》篇：「既明且哲，以保其身。」老子：「知人者智，自知則明」〔註17〕了解自我在整個生命系統所在的位置，「安分身無辱，知己心自閒。雖居人世上，卻是出人間。」〔註18〕「輕得易失，多謀少成。德無盡利，善無近名。」〔註19〕「安樂窩中好打乖，自知元沒出人才。」〔註20〕邵雍「安分」的概念就是認識自己，「好打乖」明哲保身意涵，洞察自身處境。「事必量力，量故能久。」〔註21〕「量力動時無悔吝，隨宜樂處省營為。」〔註22〕「量力而為」意味著自由選擇生活方式，先認識自己後建構我的世界觀。

　　事無大小皆有道在其間，能安分則謂之道，不能安分謂之非道。

　　顯諸仁者天地生萬物之功，則人可得而見也，所以造萬物，

　　則人不可得而見是藏諸用也。〔註23〕

　　天之有數，起乾而止震餘入于無者，天辰不見也。

　　地去一而起十二者，地火常潛也。故天以體為基而常隱其基，

　　地以用為本而常藏其用也。〔註24〕

即知即行的思考方式：

知→安分—「道」—有道—福，不安分—非「道」—無道—禍。

行→量力—自由選擇—自我實現，不量力—不能持久。

《周易》是經過觀察、推理、印證而成的，它並非僅求知，而是力求運行，以「行」來證諸所知為「真」，誠如孔子所言：「行以知之」的觀念。莊子《齊物論》：「故知止其所不知，至矣，孰知不言之辨，不道之道？若有能知，此謂天府。注焉而不滿，酌焉而不竭，而不知所由來，此之謂葆光。」

　　「天之道，非禍萬乘而福，匹夫也，謂其禍無道而福有道也，人之情。」〔註25〕禍福人之常情，順乎天而應乎人。精神無限性和生命有限性之間的矛

〔註17〕《老子》第三十三章。
〔註18〕《伊川擊壤集》卷十二，〈安分吟〉，頁180。
〔註19〕《伊川擊壤集》卷十八，〈安分吟〉，頁293。
〔註20〕《伊川擊壤集》卷九，〈自和打乖吟〉，頁138。
〔註21〕《皇極經世書》，〈觀物外篇〉下，頁374。
〔註22〕《伊川擊壤集》卷十六，〈量力吟〉，頁254～255。
〔註23〕《皇極經世書》，〈觀物外篇〉下，頁385～386。
〔註24〕《皇極經世書》，〈觀物外篇〉上，頁298。
〔註25〕《皇極經世書》，〈觀物內篇〉八，頁230。

盾，常帶給生活上的焦慮與無助，然而，對於生活最好的尊重，就是自我解放，通過審美直覺打開自我，順應生命的衝動，掃除綑綁我們的恐懼、觀念、私心雜念與想像中的危險因子，通過樂的自律、道德自律，安分量力的思維與實踐，進入世界創造及生生不息節奏中獲得自由，自由引導藝術，藝術解放自我，印證了「安樂窩」生活即是藝術，藝術即是生活。

（三）「愛」的審美動力

知識範圍與「愛」〔註26〕的範疇相同，在人的意識內，思想和願望是緊密的結合在一起，人先願意或願望，獲得「善」然後才感受到「喜悅」。

法國哲學家布萊士‧帕斯卡（Blaise Pascal，1623～1662）認為，理性的最後一步，就是承認有無限多的事物超出理性範圍；假如理性不能承認這一點，它只能是脆弱的，也就是承認還有無限的事物超越自己，現實可以理解是一個普遍原理。「人只不過是一根蘆葦，是自然界最脆弱的東西，但它是一根會思想的蘆葦。」〔註27〕智慧的愛化解生命的衝動，就愛的最廣義來說，凡是對於善的事物的希冀；凡是對於快樂的嚮往，這些都是愛，強大而普遍的愛。

> 瞽瞍殺人舜視棄天下，猶棄敝屣也，竊負而逃遵海濱而處終身，訴
> 然樂而忘天下，聖人雖天下之大，不能易天性之愛。〔註28〕

「愛」是人的本性，聖人法天地無己，「愛人無己」的審美動力，「聖人之愛人也，人與之名，不告則不知其愛人也，若知之，若不知之，若聞之，若不聞之，其愛人也終無己，人之安之亦無己，性也。」，「樂天知命，故不憂。」，「安土敦乎人，故能愛。」孔子的仁者愛人，邵雍樂天知命必能隨遇而安，寬仁敦厚就能實現「推己及人，己立立人」的大愛精神。

《中庸》：「莫見乎隱，莫顯乎微，故君子慎其獨也」謹慎獨處時心口言行如一，體現人的本質與靈魂，強調毋自欺。周敦頤《通書‧慎動》：「動而正曰道，用而和曰德。匪仁、匪義、匪禮、匪智、匪信，悉邪也。邪動，辱也；甚焉，害也，故君子慎動。」，「動而未形有無之間者，幾也。」說明人的一切行動，先動在心，未形諸事為，雖看不出此一動的有與無，但是，心早已動的那時也分了善惡，一切功夫全貴在心，此心無欲，窺見周敦頤重視行為與實踐。《通書‧誠上》：「誠者聖人之本。」以「主靜」與「慎動」修養工夫，成就「誠」

〔註26〕 萬慕蘭：《形上學》，台北縣新店鎮：先知出版社，1974，頁143～144。
〔註27〕 柏拉圖：《文藝對話集》，台北：商務印書館股份有限公司，1963，頁272。
〔註28〕 《皇極經世書》，〈觀物外篇〉下，頁399。

的「純粹至善」。

儒家價值觀認為，鬼神的福善禍害，如同人間君王治理天下一般，鬼神與君王應循天理、天道而行，君子慎獨因得知鬼神存在而更加謹慎，然而，不妨礙體知君子依於天道而行，願超越對天而慎獨者。慎獨為了允執厥中，把握真心體悟天人合一的境界。

「慎獨」君子自覺的修養功夫，一種以理為天的價值自覺活動。「凡人善惡，形于言，發于行，人始得而知之；但萌諸心，發於慮，鬼神已得而知之矣，此君子所以慎獨也。」〔註29〕人的自為善惡決定人鬼關係，而非鬼神的威嚇或賞罰決定人鬼關係的。「君子貴慎獨，上下不愧屋漏。人神亦吾心，口自處其後。」彌綸天地，出入造化，進退古今，表示邵雍「表裏如一」獨善其身的功夫，既是道德、又是通往審美，超越恬然自樂，直觀情感中介產生了「愛」的力量。

美的體驗是一種超越知識與感覺的特殊狀態，這種態度被稱之為「忘我」（ecstasy），在這種忘我的狀態中也融合了「愛」，我們可以超越的狀態，美的最高境界是在愛之中達到忘我的體驗。

> 人有正性，事事皆齊。人無正性，事事皆臲。
> 失于用恩，以非為是。失於用威，以是為非。
> 恩威既失，畏愛何知。不知畏愛，何用恩威。
> 喜怒不節，鮮不至斯。婦人男子，宜用戒之。〔註30〕

《禮記·曲禮上》：「賢者狎而敬之，畏而愛之。」，「恩威既失，畏愛何知。不知畏愛，何用恩威。」又愛又怕的恩威，修德修己以求正性。「亂多於治，害多於利。悲多於喜，惡多於美，一陰一陽，奈何如此。」，「心親於身，身親于人。不能治心，焉能治身。不能治身，焉能治人。」，「半記不記，似愁無愁」酣睡初醒的慵懶之樂，物我兩忘「人閒桂花落」的空靈禪境，由此可看出邵雍「道德想像力」是超越自我情操，擁有更加完善倫理視野與道德體驗，它推動了美善相樂。

（四）「數─理─善─美」的模式與價值

宋人「善」（道德）較少使用，一般用「樂」來表示。「善」存有本身，在其生化能力中的道德原型，這是絕對善，非是從行為後果的道德標準，用來判

〔註29〕《皇極經世書》，〈觀物外篇〉下，頁359。
〔註30〕《伊川擊壤集》卷十二，〈畏愛吟〉，頁190。

斷我們行為的相對善。例如，董仲舒「正其義不謀其利，明其道不計其功。」邵雍將利與不善的連結「邪正之由，系乎上之所好也。」善者好生，體現「義」所以是「正」的；不善者好殺，體現了「利」所以是「邪」的。國家與時代變遷的選擇取決於「上之所好」，即是最高統治者的個人愛好，邵雍對於「利」的認知思想，有別於其他宋代理學家，將「利」的認知發展到絕對對立的僵化地步。

《繫辭傳》第三章：「一陰一陽之謂道，繼之者善也，成之者性也。」，「仁者見之謂之仁，知者見之謂之知，百姓日用而不知。」繼之者善「善」定義為「道」的繼承者，一陰一陽指陰陽對立，原屬形上之道，宇宙普遍法則，延續「道」的作為，它幫助天地陰陽創造與養育功能。

冬至子之半，天心無改移。一陽初起處，萬物未生時。

玄酒味方淡，大音聲正希。此言如不信，更請問庖犧。〔註31〕

耳目聰明男子漢，洪均賦予不為貧。

因探月窟方知物，未躡天根豈識人。

乾遇巽時觀月窟，地逢雷處看天根。

天根月窟閒來往，三十六宮都是春。〔註32〕

「天心」是冬至一陽初動之處，而初動就是要動，卻又尚未動的狀態，即是萬物未生時，「乾遇巽時觀月窟，地逢雷處見天根。」，也就是「天根」、「月窟」。「天地有常理，日月無遁形。」〔註33〕天地之本，其起於中乎？尚「中」思想，《易》的往復循環道理，造就邵雍從卦爻關係，探討天地終極的原始。「無極之前陰含陽也，有象之後陽分陰也；陰為陽之母，陽為陰之父，故母孕長男而為復，父生長女而為姤，是以陽始於復，陰始於姤也。」〔註34〕坤復之間即為一陽初動的變化，「無極」強調陰陽交轉的活動過程。

數學概念與善之間的關係？柏拉圖在《理想國》認為，自己根據對數學的直覺來闡述善的概念，兩者是有關係的，數學與善是等同關係。柏拉圖在「善的概念」那次演講不成功後，數學與善從此脫離了關係，如同西方分析哲學認為數學與善是兩個不同領域，因為，數學是重言系統，表達前提與結論之間永

〔註31〕《伊川擊壤集》卷十八，〈冬至吟〉，頁299。
〔註32〕《伊川擊壤集》卷十六，〈觀物吟〉之一，頁248。
〔註33〕《伊川擊壤集》卷四，〈書事吟〉，頁45。
〔註34〕《皇極經世書》，〈觀物外篇〉上，頁324。

真的蘊涵關係。

「善」作為價值判斷應當如何？它表達主體對於對象的評價與願望。懷德海認為，數學與善是有關係的，兩者都是從經驗中高度抽象而互有淵源。懷德海《數學與善》〔註35〕：「數學是從模式化的個體抽象的過程進行研究」，討論數學與價值關係的主要論文，這裡的「善」（Good）是對真善美的統稱，代表肯定價值（正價值），「惡」（Evil）包括假、醜、惡等否定價值（負價值），研究數學與善，也就是研究模式與價值。

邵雍「數」與「善」類比懷德海的「數學」與「善」，也就是模式與價值關係，周易理法的象數理占，數字體理，程頤認為「數」自康節方及「理」。每一種藝術都奠基於模式的研究，社會組織的結合力，也依賴行為模式的變更，數學以藝術來看，數學美是一種精神動力，畢達哥拉斯第一個提出「美就是和諧」，用來規定美的存在特性。和諧的根本基於數的比例關係為原則，數的比例關係則把握更多的邏輯、運算及非直觀的。

邵雍認為，「物之物者至物之謂也，人之人者至人之謂也。」人是兆物之物，物之至者，以「數」來解釋人的高貴與價值〔註36〕，人之所以能靈於萬物，真可謂之貴。邵雍數字觀念，超越「數」的限制，直指「數」背後的「理」。因此，「理」為體，「數」為用的數字形上理論，用數字表達抽象概念，有一定的限制，但數字較易表達「有」的層次，不易表現「無」的層次。「先天學，心法也。圖皆從中起，萬化萬事，生於心也。」觀之以理，觀察理即是「心」。

筆者認為，邵雍喜以「數」論人的地位與價值，「一去二三里，煙村四五家，亭台六七座，八九十枝花。」〔註37〕數字詩除教化作用外，也能淨化人的心靈。「老而不歇是一惑，安而不樂是二惑。閒而不清是三惑，三者之惑自戕賊。」〔註38〕三惑（老人心態），「一喜長年為壽域，二喜豐年為樂國。三喜清閒為福德，四喜安康為福力。」〔註39〕邵雍寫詩目的為了自樂，「一點兩點小雨過，三聲五聲流鶯啼。」〔註40〕春暖花開小雨細斜的春居春遊的景真融入詩

〔註35〕陳奎德：《懷德海哲學演化概論》，上海：人民出版社，1988，頁160～181。

〔註36〕張岱年：《中國哲學大綱》，台北：藍燈文化事業股份有限公司，1992，頁230～231。

〔註37〕〈山村詠懷〉蒙學詩

〔註38〕《伊川擊壤集》卷五，〈龍門石樓看伊川〉，頁68。

〔註39〕《伊川擊壤集》卷十，〈四喜〉，頁147。

〔註40〕《伊川擊壤集》卷二十，〈首尾吟〉之四十四，頁332。

歌，文化創新產生的數字詩，愉悅自身的智者之樂，也創造了善境界。

「幸福」就是相信，生活裏的最大總數（以量和持久而言）快樂，是真實的，也是最高的善。多數人都認為幸福包含著快樂，幸福是一種生命活動，快樂是一種實現活動也是一種目的，最高善是所有品質或一種最好品質的未受阻礙的實現活動，快樂正是未受阻礙的實現活動，因此，幸福與快樂同種屬，幸福與快樂〔註41〕是不可分離關係，所以，邵雍完善幸福的沉思在於其自身值得欲求的、合德性的實現活動，邵雍「安樂窩」與道合一的詩意生活，幸福與快樂是不可分的，樂道的悅樂精神帶來「安樂」的生命理想。

二、「閒富貴」的幸福指標

《淮南子‧人間世》：「人間萬世塞翁失馬」塞翁失馬即是福禍相依，幸福與否就像交錯的繩子，不會只出現其中的一種情況，幸福即是平靜與享樂，內心安定與自足才有實現幸福的可能性。《晉書‧劉毅傳》：「丈夫蓋棺事方定」只有當人生結束時，才能判斷其是否幸福。

（一）幸福的概念

亞里斯多德：「善及首要的善」（the good and the chief good），或是「幸福」（eudaimonia），「幸福」（eudaimonia）〔註42〕定義與特徵，幸福是把靈魂安放在最適當的位置，德行是獲得幸福的先決條件，而遵循理性指引的道德生活，才能具備德行。

「幸福」本質要素是我們的人格，人自身所擁有的東西是幸福的契機，「善」成為「天命」是絕對道德義務，美具有引人向善的作用與力量，「美」與「真」是一回事，美本身必須是個真的深刻靈魂，「心靈想像力」促使痛苦也是美的。「人能萬物之情，水能萬物之形」在於能「反觀」，即是「以物觀物」，「以物觀物，又安有我於其間哉！」〔註43〕敝於物、敝於我，無我與有我之分，不知何者為我？不知何者為物？以物觀物的無我之境，「心靈想像力」促使生命力的昇華。

〔註41〕〔古希臘〕亞里斯多德著，廖申白譯注，《尼各馬可倫理學》，北京：商務印書館，2013，頁217～226。

〔註42〕亞里斯多德（Aristotle）著，高思謙／譯，《尼各馬科倫理學》（Nicomachean Ethics），台北：臺灣商務印書館發行，2006.1，第一卷目的之區分：幸福與至善，道德之分類第七章幸福之定義，頁13～16。

〔註43〕《皇極經世書》，〈觀物內篇〉之十二，頁277。

　　　　樂吾真樂樂無涯。〔註44〕

　　　　山似揉藍波似染，游心一句難拘檢。〔註45〕

　　　　直須心逸方為樂，始信官榮未足夸。

　　　　此景得游無事日，也宜知幸福無涯。〔註46〕

　　「幸福無涯」人與自然的和諧，精神自由「物我合一」的暢神，人不能專注、沉澱於眼前的對象，因為它必須同時注意環境的改變，人與自然、環境、生態的共生關係，造就「天人共美」的自然之樂。

（二）「閒」富貴

　　赫伯特‧馬爾庫塞（Herbert Marcuse，1898～1979）在《愛欲與文明》〔註47〕一書，區分快樂原理與現實原理的變化，「快樂原理」是即時的滿足、快樂、歡喜（遊戲）、被動性，有壓抑的缺憾的無意識表現。宋人「集體無意識」、「現實原理」是人的意識，主張消除人的本性壓抑，生活本質「欲」，「樂」本質是「閒」，快樂在於忘了物我的關係。

　　《中庸》：「素富貴行乎富貴，素貧賤行乎貧賤，素夷狄行乎夷狄，素患難行乎患難。」明白本分及自身處境，因時、因地、因人、因事而制宜，當行所當行的果斷。蘇軾：「如萬斛泉源，不擇地而出。」文思流暢如泉湧不竭，「樂」感性認識對於生活樂趣，以悠遊閒適的心，文藝創作的心靈想像力，產生美的生活意境。「素富貴，行乎富貴；素患難，行乎患難。」是閒富貴快樂生活的寫照。白居易《閒居》：「心足即為富，身閒乃當貴。富貴在此中，何必居高位。」，這是知足才能常樂。張心齋〔註48〕《幽夢影》：「人莫樂於閒，非無所事事之謂也。閒則能讀書，閒則能遊名勝，閒則能交益友，閒則能飲酒，閒能看書。天下之樂，孰大於是？」，「讀書最樂，若讀史書，則喜少怒多，究之，怒處亦樂處也。」論閒與書的詩作，以閒來進德修業，享受閒富貴的生活。

〔註44〕　《伊川擊壤集》卷五，〈十四日留題福昌縣宇之東軒〉，頁 65。

〔註45〕　《伊川擊壤集》卷五，〈十七日錦屏山下謝城中張孫二君惠茶〉，頁 66。

〔註46〕　《伊川擊壤集》卷十，〈三惑〉，頁 147。

〔註47〕　〔美〕赫伯特‧馬爾庫塞（Herbert Marcuse）著，愛欲與文明（Eros and Civilization），黃勇、薛民譯，上海：上海譯文出版社，2012。本書根據美國波士頓燈塔出版社譯出，增譯 1961 年標準版的一個序言，頁 156～178。

〔註48〕　張潮，字山來，一字心齋，號仲子，自稱三在道人，清初文學家，《幽夢影》是他的隨筆體格言小品文集。

水流任急境常靜，花落雖頻意自閒。

不似世人忙裡老，生平未始得開顏。〔註49〕

閒中氣象乾坤大，靜處光陰宇宙清。〔註50〕

人言無事貴，身為無事人。〔註51〕

料得中心無別事，苟非干利即干名。〔註52〕

長年國里神仙侶，安樂窩中富貴人。〔註53〕

「卿相一歲俸，寒儒一生費。」閒的貧賤者，「林下一般閒富貴，何嘗肯讓公卿。」〔註54〕安樂窩中萬戶侯。「自問此身何所用？此身唯稱老林泉。」邵雍絕不干祿，幽遊林泉盡享沒人爭的閒富貴。

半醉上車兒，車兒穩碾舊。清風迎面處，翠柳拂頭時。

意若兼三事，情如擁九麾。這般閒富貴，料得沒人知。

半醉小車行，世間無此榮。涼風迎面細，垂柳拂頭輕。

意若兼三事，情如擁萬兵。這般閒富貴，料得沒人知。〔註55〕

「樂」自律不在於自由，但有許多可能的選擇項目，不必採納某一固定可能的自由，哲學意涵是心理自由或意志決定的自由。「半醉小車行，世間無此榮。涼風迎面細，垂柳拂頭清輕。」，半醉清閒的存真，這般閒富貴料得沒人知、沒人爭。「真樂攻心」放逸曠達的生命態度，它意味著心閒自身閒的選擇自由，「安樂窩」中無拘無束的生活日常與「閒富貴」行為模式，象徵了「真富貴」的生活價值觀。

（三）「心」閒自「身」閒的休閒哲學

宋人在一種文化內轉的時代背景之下，把「閒」當作人生之本體，「休閒」不再是無所事事微不足道，而是蘊涵了深刻的本體價值。

邵雍「閒」從心理層次，「心無妄思，足無妄去，人無妄交，物無忘受」自守和寡咎，邵雍對於物質要求低，自我滿足的昇華。「閒」從超然物外境界，「以物觀物」超越個體局限，心靈回到本真自我，自我趨向超然物外境界。進

〔註49〕《伊川擊壤集》卷四，〈天津感事二十六首〉之十五，頁50。

〔註50〕《伊川擊壤集》卷十三，〈依韻和王安之少卿謝富相公詩〉，頁209。

〔註51〕《伊川擊壤集》卷三，〈游山二首〉之二，頁30。

〔註52〕《伊川擊壤集》卷四，〈天津感事二十六首〉，頁49。

〔註53〕《伊川擊壤集》卷七，〈風吹木葉吟〉，頁94。

〔註54〕《伊川擊壤集》卷六，〈初夏閒吟〉，頁86。

〔註55〕《伊川擊壤集》卷十一，〈半醉吟〉，頁170。

入「物」、「情」的審美狀態，通過「以物觀物」才能達到無我，而無我能獲得虛明，超越自由心境與從容和樂的心態。「觀之以心」以心求物，心勞因物性而失真，「洗心」自心不參與擾攘的外境，對於一切事物就能「觀之以理」。

　　半記不記夢覺後，似愁無愁情倦時。

　　擁裘側臥未忺起，帘外落花撩亂飛。〔註56〕

　　這首〈懶起吟〉七言詩句揭露，自由心境的特點是「閒」，這個閒指得是身閒，更重要的是心閒，才能享有「慵懶」之樂。陶淵明《貴子詩》:「阿舒已二八，懶惰故無匹。」而非什麼都不做、好逸惡勞的懶惰，享受無人能相比的「懶惰」之樂。

　　樂閒本屬閒人事，又與偷閒事更殊。〔註57〕

　　閒為水竹雲山主，靜得風花雪月權。

　　俯仰之間俱是樂，任他人道似神仙。〔註58〕

　　和氣四時均，何時不是春。都將無事樂，變作有形身。

　　靜把詩評物，閒將理告人。雖然無鼓吹，此樂世難倫。〔註59〕

　　「閒往閒來人以修福，對曰:未嘗為不善人告之以禳災，對曰:未嘗妄祭故其詩曰禍，如許免人須諂福，如待求天可量，又曰:中孚起信寧須禱，無妄生災未易禳。」〔註60〕「禍如許免人須諂，福若待求天可量。」老子:「禍兮福之所倚，福兮禍之所伏。」〔註61〕知命與福禍，修福與諂福，都是不離日常修養的特色。

　　休閒時間:北宋文化重文輕武，邵雍不仕，以閒自適。

　　休閒空間:「安樂窩」修閒場所，身心俱閒。

　　休閒活動:「玩」休閒活動，書法、寫詩、著書、飲酒，詩意生活。

　　邵雍「閒」哲學思維，與現代生活並沒有脫節，安閒生活在於享有休閒時間、空間與休閒活動，「把玩」的當下，享有休閒生活的閒靜之樂。

　　「萬物有精英，人為萬物靈。必先詳其體，然後論人情。」把身心比作鹿麋「天晴仍好客，酒美更身安。」，「氣靜形安樂，心閒身太平。」，「安車塵尾

〔註56〕《伊川擊壤集》卷十，〈懶起吟〉，頁146。忺，四庫本作歉。
〔註57〕《伊川擊壤集》卷六，〈閒適吟〉，頁73。
〔註58〕《伊川擊壤集》卷十二，〈小車吟〉，頁183～184。
〔註59〕《伊川擊壤集》卷十一，〈靜樂吟〉，頁173～174。
〔註60〕《皇極經世書》，〈無名公傳〉，頁230。
〔註61〕《老子》第二十八章。

道衣裝，里闔過從乃是常。」〔註62〕反使「虛靜之心」具有安頓心靈作用。「身主於人，心主於天，心既不樂，身何由安。」從容和樂心態特點是「靜」，「靜」包括外面環境的靜與心靜，心靜不為個人情感所困，擁抱自在自得之心，自得「心」是心閒，也是心靜，可以和天感通，可與天下人感通，除教化萬民的目的外，虛明之心境也可以做為養生的方法。

邵雍強調身心健康，所謂「天學修心，人學修身」、「人多求洗身，殊不求洗心。洗身去塵垢，洗心去邪淫。」必先「洗心」物而不能任我，淨心而不可用情，內重外輕，始能保健。不被物所累、不被外物所纏繞，保有虛明之心就能身安心樂。「心安自身安」這裡的「自」是心安對身安的必然關係，如何安頓人的心，靠得是觀物與修身工夫，「身心俱安」外物外力，自然就無法干擾了。

筆者認為，「真樂攻心」在邵雍「生命美學」的新意：

1.「忙」與「閒」的關係，置換成「進」與「退」的處世態度

韓愈《從仕》：「居閒食不足，從仕力難任。」「就藪澤，處閒曠，釣魚閒處，無為而已矣。此江海之士，避世之人，閒暇者之所好也。」〔註63〕「芒然彷徨乎塵垢之外，逍遙乎無為之業。」何止無為，直是齊物。「且予求無所可用久矣！」不僅是一種社會到山林的避世方式，也像似這世界到另一世界避世的方式。孔子：「天下有道則見，無道則隱。」莊子：「有道則與物皆昌，天下無道則修德就閒。」忙則兼濟天下，閒則獨善其身。

2.「心—閒—靜」的心靜功夫，理解「玩」在「休閒」哲學的意涵

「有客無知，唯知有家。有家能歸，其歸非遁。靈台壹靜，天壤披葩。書用大筆，出乘小車。」〔註64〕「休閒哲學」的興起，生活與休閒相結合，邵雍的「慵懶」之樂，不同於無所事事的「懶惰」之樂，「真樂攻心」放曠的生命態度，與現代生活理念契合，享有「心閒」自「身閒」的閒靜樂趣。「天聽寂無音，都只在人心。」，「水鑒見人貌，人鑒見人神。」〔註65〕由道反推於心，「真樂攻心」化為人文態度，與現代人調劑生活、重視休閒是相同的。

如果，「休閒」是身體放鬆的最高層次，保有心安自身安的「身心合一」

〔註62〕《伊川擊壤集》卷十三，〈道裝吟〉之三，頁214。
〔註63〕《莊子・刻意》。
〔註64〕《伊川擊壤集》卷十四，〈小車吟〉，頁227。
〔註65〕《伊川擊壤集》卷十四，〈求鑒吟〉，頁220。

之樂，與現代人注重生理、心理滿足的養生保健，具有異曲同工之妙。「幸福無涯」是人與自然合一，精神放鬆後的終極狀態。

第二節　邵雍「天人合一」生命美學在「當代生活」的轉折與開展

從「真樂」概念，導出「真樂攻心」不奈何的問題意識，何以「真樂攻心」又不奈何的核心問題：一是，認識面，「真樂」與「假樂」的不同審美感知，受制人處於順逆環境的感受，「真樂」存在與否，源自情感的壓抑或非壓抑。二是，倫理面，回歸「無我」的本體面，真樂到達攻心程度，無拘檢與放曠行為中表現出主體（真我）自由隨心所欲。三是，形上面：「心為太極」又「道為太極」，「太極」把心與道連結，「至妙至神」之形上太極之美。

以認識、倫理、形上不同面向，理解「真樂攻心」不同態度，及邵雍「天人合一」生命美學轉折在「當代生活」的開展價值。

一、邵雍「天人合一」生命美學的演化

「人是萬物之靈」的人觀，「人」具有外在世界的觀照能力、自我省察與抽象思考能力，「有形則有體，有性則有情。」〔註66〕人積極感應能力「暑寒晝夜」萬物性情形體之變，動植生命本身內在與外在的一體兩面，因感而應的能力「雨風露雷」萬物走飛草木之化，生命具體實現的形式。

（一）「人是萬物之靈」的人觀

《易》之為書，將以順性命之理者，循自然也。性命之理即是自然之「道」，「道」在人為性，「命」由天決定並附予人，為人所具有的，命之在我之謂「性」，「我」是有主體性自我意識的人。「萬物受性於天，而各為其性也。在人則為人之性，在禽獸則為禽獸之性，在草木則為草木之性。」〔註67〕「性命」就廣義而言，包含天地萬物，狹義指得是人。人性就是物性，人之類備乎萬物之性，萬物之靈是指人性高於物性，「惟人兼乎萬物，而為萬物之靈。」

「人是萬物之靈」的原因：

1. 人的「感官」靈於萬物，謂其目能收萬物之色，耳能收萬物之聲，鼻能

〔註66〕《皇極經世書》，〈觀物外篇〉下，頁387。
〔註67〕《皇極經世書》，〈觀物外篇〉。

收萬物之氣，口能收萬物之味。

2. 人的「心智」靈於萬物，能一心觀萬心，一身觀萬身，一物觀萬物，一世觀萬世。

3. 人的「觀物」能力靈於萬物，謂能上識天時、下盡地理，中盡物情，通照人事。聖人之所以能一萬物之情者，謂其能反觀也。

「人智強而物智弱」強調的「智」，非儒家禮義仁智的「智」，邵雍認為智是屬於智謀，「智」也是人之所以「靈」的原因。「物之物者至物之謂也；人之人者至人之謂也。」人是兆物之物，物之至者，以「數」來解釋人的高貴與價值，人之所以能靈於萬物，真可謂之貴。人是萬物之靈，也證明人的萬能性。

（二）「樂」哲學貫通邵雍生命哲學與美學

「以心為美」審美原理，過渡到「以道為美」的生命原理，無利害目的的審美目的，「意亦心所至，言須耳所聞。誰云天地外，別有好乾坤。」〔註68〕使得邵雍遊於「心」貫通於「樂」的哲學，其「觀物思想」連結樂的哲學與範疇，而「樂」哲學貫通邵雍生命哲學與美學。

「道」為天地之本，天地人物共同根源。萬世的萬民萬物都為同一道，理性之道，安身（心）立命之道，《易傳》變易之理，為天地人相通之道。「道」天地萬物變化，創始生命力的充實之美。「是非之彰也，道之所以虧也。道之所以虧也，愛之所以成。」進化「道」喻忘生死而任自然的運化。「火傳也，不知其盡也。」〔註69〕「道」主宰了生命周流。

「是知，我亦人也，人亦我也，我與人皆物也」堯夫嘗言：「能物物，則我為物之人也；不能物物，則我為物之物也。」〔註70〕亦不消如此。人自人，物自物，道理甚分明。「天道有消長，地道有險夷。人道有興廢，物道有盛衰。」〔註71〕天地人物四道的消長、險夷、興廢與盛衰，循道法自然，「無為而無不為」哲理。「如顏子、明道是好仁，孟子、伊川是惡不仁，康節近於號仁，橫渠是惡不仁。」〔註72〕「靜水流深」飢來吃飯，困來即眠，落實到一粥一飯間，生活的奧妙讓生命變得踏實，「不如兩忘而化其道。」〔註73〕「道」泯滅是非

〔註68〕《伊川擊壤集》卷十二，〈心耳吟〉，頁178。
〔註69〕《莊子·養生主》。
〔註70〕《河南程氏遺書》。
〔註71〕《伊川擊壤集》卷十，〈四道吟〉，頁145。
〔註72〕《朱子語類》卷26。
〔註73〕《莊子·大宗師》。

之念的境界，世界才能渾一化。

「以我觀物」與「以物觀物」兩者的區別，在於前者用一般人的「心」觀物，是一種「有限」的觀物，「觀之以目」與「觀之以心」屬於「以我觀物」，後者以萬物之「理」觀物，以「道心」［註74］觀物是一種「無限」的觀物方法，「觀之以理」就是「以物觀物」；「以物觀物」審美方法論，「時有代謝，物有枯榮，人有衰盛，事有廢興。」時、物、人、事作為被觀察審美客體，代謝、枯榮、衰盛、廢興客体的變化規律。背後「體在天地後，用起天地先。」用與體是萬物生成變化的體現；審美經驗的可善可惡與道德無關，超越至善是道德主體的感受，道德想像力推及美善相通，「道」透過「物」生成變化的觀物之理。

「道」視域下的交談，合一於道或與道合於一，對於「樂」形上形下有不同的認識，體用不離關係，「以物觀物」方法論，無論審美認知或修心功夫，皆是締造邵雍生命至廣、至遠、至大、至高的審美愉悅，「道」已駕馭「樂」的層次成為生命的主宰。

（三）邵雍「天人合一」於「道」的生命歷程哲學

邵雍「真樂攻心」產生的時空背景，源於北宋四朝的太平時期，審美、文化、理學美學的不同審美向度，檢視「真樂」的概念？追問「無樂」至「有樂」的感性層次：自得之樂，「有樂」至「真樂」的理性層次：攻心之樂，「有樂」到「至樂」的形上層次：天理真樂。

邵雍「知樂」、「尋樂」、「學樂」、「行樂」自成樂的體系，「樂」的哲學貫通其生命哲學與生命美學而充滿生機。獨樂→行樂→眾樂，獨善→行善→共善，漸進式「知行合一」的實踐，人與自然生態的共生關係，造就「天人共美」的生態倫理。

1. 知樂：知聲、知音、知樂，禮樂教化。「可勉者行，可信者言，可委者命，可托天者。」，「言不可妄，行不可瀆，命不可忽，天不可違。」知行合一。

2. 尋樂：自得之樂是邵雍尋樂的方式，「天和將酒和，真樂用詩勾。」，「所樂樂吾樂，樂而安有淫。」，樂於焚香、寫詩、飲酒與著書的生命活動，

［註74］《書・大禹謨》：「人心惟危，道心惟微。」，道心就是天理，義理，人心就是人欲。

產生愛的審美動力。

　　3. 學樂：於事無所不讀，始為讀學，堅苦刻厲精神，「學不際天人，不足以謂之學」，「學不至於樂，不足以謂之學」學問的最高境界，致學以成聖為目的。

　　4. 行樂：「好景盡將詩記錄，歡情須用酒維持」，「詩樂合一」安樂窩的「詩樂地棲居」，成為「行樂」的生命實踐者，「每逢花開與月圓，一般情態還何如。當此之際無詩酒，情亦願死不願蘇。」〔註75〕做個「快活人」應是他精神生活的昇華。

　　「君子坦蕩蕩，小人常戚戚。」〔註76〕孔子認為，君子心胸開闊，小人斤斤計較。君子之道以修身為要，才能神定氣安，追求真正快樂。莊子反對「以物易性」追求個人自由，「至德之世」的幻滅，轉換為「天地與我並生，而萬物與我為一。」齊是非、同生死的精神寄託。「逍遙乎山水之阿，放曠乎人閒之世。」〔註77〕「越耿概任氣，喜藏切朋友，放曠杯酒間，家徒壁立，不以屑意。」〔註78〕邵雍生命的「樂」與「悲」的意識，呈現出無有、對比、融合與昇華的審美現象。「人有精游藝，予嘗觀奕棋。……樂極則悲至，恩交則害携。事無可奈何，舉目誰與比。」，「樂」的狀態持續在安樂窩十年，長短、停滯樂在其中，樂在不知其樂。以「樂」為審美活動，求道的為其生命的核心。

　　天道性命相貫通「與道合一」，道的層次高於樂的層次，天道為立己之道，「仲尼之所以能盡三才之道，謂其行無轍迹也」，「道之道，盡之於天矣；天之道，盡之於地矣；天地之道，盡之於萬物矣；天地萬物之道，盡之於人矣。」〔註79〕「庖犧可作三才主，孔子當為萬世師」三才之道的通體之樂。「中和」以理節情，個體感性情欲與社會理想規範處於中和狀態。「萬物負陰而抱陽，沖氣以為和。」〔註80〕的中和之美，「人得中和之氣澤剛柔均。」中和之道是「理」的呈現，「存天理，去人欲」以義利兼忘為最高境界。「樂而不淫，哀而不傷」中和之道，具有高度完美道德的表徵。

　　從邵雍學術思想範疇切入，「天人合一」合於「一道」是成聖意識，以聖

〔註75〕《伊川擊壤集》卷六，〈花月長吟〉，頁82。
〔註76〕《論語・述而》。
〔註77〕〔晉〕潘岳《秋興賦》。
〔註78〕《宋史・文苑傳三・陳越傳》卷四四一。
〔註79〕《皇極經世書》，〈觀物外篇〉下，頁365～366。
〔註80〕《老子・四十二章》。

人為己任，依循邵雍原典著作，盡可能完整呈現其生命美學的歷程與實在。

二、邵雍「天人合一」生命美學在「當代生活」的美學發現與價值

　　美學可以是哲學的省思與探索。方東美認為「一切景象，可以興、可以觀，斯為美。」，「至理之學，非至誠則不至。」是邵雍美學與哲學相通，並且被包容的。邵雍理學美學觀內求自得與理性反省，檢視生命與超越地不同層次。「隱」、「閒」、「雅」、「樂」、「智」的藝術活動，邵雍樂於參與「安樂窩」的生命活動，生活即藝術，藝術即生活，推廣生活美學，「藝」通於「道」的人文精神，彰顯其生命美學。

　　「以物觀物，性也；以我觀物，情也。性公而明，情偏而暗。」第一層「以物觀物」不會受到個人喜好的影響，從而得到公而明的認識。第二層「以我觀物」個人主觀的喜好來判斷，這是「情」。第三層「形而上道」，「道」核心是人的本質，對自然生態的環境美學注入永續關懷，及人對自然生態環境的義務與責任，實現天人合乎於道。

（一）天人合於「道」對於「當代生活」的生態關懷

　　「是知，我亦人也，人亦我也，我與人皆物也」人我物的層次，屬於物質經濟方面是人對「物」問題；政治方面是人對「人」問題；精神心靈方面是人對「心」的問題，然而，「人同此心，心同此理。」呈現出人與自然、人、心靈「天人合一」共生共存關係。

　　天人合一的宇宙觀中強調人與天地萬物是共存關係，相互依存共同維持整個生態系統的平衡。「學不至於樂，不可謂之學。」這裏的樂是一種人與自然合一，所得到生活美學。對自然資源取之有時與用之有度，維護人與自然萬物之間的平衡，實現人與自然和諧共生的環境美學，人與自然之道是生活美學與環境美學的核心。

　　邵雍「心為太極」與「道為太極」是包容關係，最終是「心為太極」。太極是客觀之自在理，太極、道、心互通概念，太極把精神實體心靈作為宇宙的本原，心生太極；道存於心，萬理總會合於心，天人合於道。

　　主體的自律將在客觀現實中有一個結果，主體為自身確定目標必須是現實的。審美意識與藝術個性，整體理學美學的審美觀念，主體自律是不自由。邵雍主張樂的自律，「至理何煩遠去尋」認識自己的能思，道德自律的慎獨。老子：「絕樂無憂」，「自律」之憂在居安思危，「利害生乎情，好尚存乎見。欲

人為善人，必須自為善。」﹝註81﹞邵雍自律的道德特質，在聖賢的內在精神生命與天地生生不息的形上原理之間，獲致一種慎獨工夫的實踐，貫通與體用圓融精神的和諧，樂自律到自善造就了生命規範。

邵雍人生的三重樂，「入世之樂」人的自然性，「名教之樂」以道觀物，「觀物之樂」潤心潤身、潤性命的生命和諧，數與善的模式和價值關係的和諧，人與自然的和諧，「和諧」共同以道德為基礎，又超越道德的精神境界。

天人合乎道，能安分便是「道」，而有道就是福，不安分即是「非道」，非道即是無道，無道招來災禍。如何達到「樂自律」及「善自身」在於行，量力而為就是自由選擇，也是自我實現，不量力就是不能持久。「安分」與「量力」的自知之明，明哲保身的慎獨功夫，若能安得分，都勝別思量的即知即行。「君子貴慎獨，上下不愧屋漏。人神亦吾心，口自處其後。」彌綸天地，出入造化，進退古今，表示邵雍「表裏如一」獨善其身的功夫，既是道德、又是通往審美，超越恬然自樂，對自然環境的情感產生了「愛」的力量。

「愛」審美動力，藉由道德想像力，理學美學的審美文化與藝術個性的雙向溝通，「聖人雖天下之大，不能易天性之愛。」﹝註82﹞從人的內在心性探尋生命「美善相樂」的根源，注入對自然生態環境的關懷，按照天人合一於道，自然規律活動，推動建設人與自然和諧於當代生活的共生。

（二）「數─善─美」的形上向度

「善」形上學的意義，指任何存有，論其有，與意志有符合關係。「道德善」是意志本身的自由行為所獲得的善，自由意志與真實的秩序符合的結果。本體論的善是道德善的最後基礎。

邵雍由易經來說明數理，以代表陰陽的奇數與偶數，依照數理相加相，衍生一切數，推演出天地間萬事萬物和人生的一切變化，用「數」來解釋人的高貴與價值，人之所以能靈於萬物，真可謂之貴。邵雍數字觀念，超越「數」的限制，直指「數」背後的「理」。因此，「理」為體，「數」為用的數字形上理論，用數字表達抽象概念，有一定的限制，但數字較易表達「有」的層次，不易表現「無」的層次。「人性之善也，猶水之就下也。」﹝註83﹞盡人事知天命，邵雍寫詩目的為了自樂，快樂哲學融入詩歌，文化創新產生的數字詩，愉悅自

﹝註81﹞《伊川擊壤集》卷三，〈秋懷三十六首〉之六，頁37。
﹝註82﹞《皇極經世書》，〈觀物外篇〉下，頁399。
﹝註83﹞《孟子‧告子上》。

身的智者之樂，也創造了善境界。

（三）合於「善」目的是當代生活「幸福」的生命美學價值

「愛欲」生命本能，《孟子・告子上》：「生亦我所欲也，義亦我所欲也，二者不可得兼，捨生而取義者也。」，「恐懼」是一種心理狀態，「樂」也是一種心理狀態，皆因當前或日後的潛在危險，使人心不平靜，不能充分自由選擇。相對地恐懼或樂也可以使人充分表現自己的自由，精神高尚之人，知道如何克制自己的恐懼，或樂極生悲，快樂的壓抑，擺脫害怕和束縛，獲得審美與道德的真正自由。

邵雍認為，「心」與「人」的身體是互相分離的，兩者是先天和後天的關係。天學修心與人學修身的天人之學，人心先天人身後天的心學觀點，「身生天地後，心在天地前，天地自我出，自餘何足言。」〔註84〕「天地之心者，生萬物之本。」，心為有形跡之物的本原，「心」作為認識的心，「天屬不語人能語，心可欺時天可欺。天人相去不相遠，只在人心人不知。人心先天天弗違，人身後天奉天時。身心相去不相遠，只在人誠人不推。」，邵雍「樂」的本質是心閑，「閑人亦也有官守，官守一身四事有。一事承曉露看花，一事迎晚風觀柳。一事對皓月迎詩，一事留佳賓飲酒。從事于茲二十年，欲求同列誰能否。」邵雍「樂」的形式：自樂、樂時與萬物自得。「安樂窩中快活人，閑來四物幸相親。一編詩逸收花月，一部書嚴驚鬼神。一炷香清冲宇泰，一罇酒美湛天真。太平自慶何多也，唯願君王壽萬春。」以「人」的心理、生理作為審美對象，獲得「身心合一」的身心之樂，心安自身安自能心閑自身閑，「休閑」哲學享有安閑生活，是「閒富貴」的幸福指標。

邵雍知命樂天的養心，安貧樂道的「人格之樂」，來自「安樂窩」的體道生活，以邵雍理學美學，論述審美感知在於人心，「真樂攻心」感性審美自由，「天理真樂」反樸歸真的道德自由，觀物修身追求「天理真樂」的精神美，美的本身是追求心靈快樂，審美價值在創造圓融精神的滿全生命。

幸福是一種生命活動，福德一致生命圓滿就是幸福。邵雍「心」與「樂」的因果關係，「樂」與「善」的因果關係，觀心體物的審美經驗，幸福、不幸福、或幸福的脆弱性，「幸福無涯」人與自然的和諧，精神自由「物我合一」的暢神，人與自然生態的共生關係，造就「天人共美」的自然之樂。邵雍「觀

〔註84〕《伊川擊壤集》卷十九，〈自餘吟〉，頁309。

物」與「修身」，促使「樂」的目的合於「善」目的，藉由「心靈想像力」求樂離苦，追求「幸福」生命倫理價值。

　　「樂」的自律、「慎獨」道德自律人格特質，觀物與修養工夫，幸福不求自得，幸福價值在於安身立命之道。邵雍「閒富貴」人的目的與「快活人」樂的目的，合於「善」目的「幸福」的生命價值。

第六章　結　語

　　現代科技的本質是一種無以名狀，無法被對象化的機制，當人工智慧（AI）興起對現代生活的衝擊，科技迫使人聚集起來，將事物設置開發成一種僵固化的資源，例如，人力資源，將使人成一種僵固狀態。若缺乏往回頭看的謙卑思考及反思，將成為「進步的陷阱」。

　　羅光認為生命哲學，不是以哲學講生命，而是以生命講哲學。「安樂窩」生活直接體道，人的存在價值、個人在社會宇宙中生命意義。

　　「哀花」是一種悟道，「賞花」為一種體道，「落花」映照邵雍「心」的閒適，「安樂窩」日常書法、寫詩、焚香的祈福修道，生活與審美相遇中達道，這些生活點滴，無疑呈現樂與道是亦步亦驅，「道」的心性實踐功夫中，人超越庸俗，歸真返樸於原始的生命力，「真樂」回歸自然的真，融通於天地萬物，說明「真樂攻心」原由，得道之深，樂的程度也變大，「道」之深自「樂」之深，「真樂攻心」就是悟道之樂。

　　「真樂攻心」的審美態度，「真樂攻心」同化「天理真樂」。自我衝突與社會衝突造成自我身心失去和諧，生活本質「欲」、「樂」本質是「閒」，快樂在於忘物我之關係。「心」對「樂」的認識作用，產生不同樂的層次。「無樂」至「有樂」的感性層次：自得之樂，「有樂」至「真樂」的理性層次：攻心之樂。「真樂」到「至樂」的形上層次：天理真樂。「觀之以心」以心求物，心勞因物性而失真，「洗心」自心不參與擾攘的外境，對於一切事物如能「觀之以理」，觀之理則在於「心」。

　　已把樂為心事業，更將安作道樞機。」以「樂」為「心」事業，求道、體

道與悟道的生命經驗，窮盡萬物之「理」與性命之「理」。從感性認識「樂」的開端，「先天之學，心也；後天之學，迹也。」心迹、無心、有心、無樂有樂的對立，「真樂」是樂的程度，理性認知為萬物同其融，真樂攻心的極致，消解人與萬物的對立，擺脫意識分化作用上我與物的執著。

「天理真樂」不獨潤心、潤身還要潤性命，以達觀物之樂的境界。「若得天理真樂，何書不可讀，何堅不可破，何理不可精。」〔註1〕自然生樂，則難讀者讀，難解者解，難精者精，何所不得，以道為生命主宰，安身立命尋天理而行。

「真樂攻心」的生命態度，心閒自身閒的富貴身。安身立命循理而行，解決遇時生命議題，為了把握邵雍「樂」的整全觀念與形象，將「閒」的情境融入他的生活，無關利害的審美觀。邵雍「心閒」自「身閒」的閒靜樂趣，把握玩是理解休閒的關鍵，認同現代人重視「休閒哲學」的藝術生活，「安樂窩」生活即是藝術，「閒富貴」激發休閒風興起，成為現代生活的幸福指標。

「真樂攻心」的人文態度，「樂道」的悅樂精神。「心為太極」又「道為太極」，形上的太極之美，追求「至神至妙」的境界。從生活面觀察，「真樂攻心」不管壓抑或放曠，「俯仰天地間，浩然獨無愧」是一種態度、感動、相信的精神所帶來的幸福。邵雍安身立命循理而行，根據我們理性能力，生命的本質是沒有意義的，我們真樂在心，將歡樂薰染周圍人事物，「攻心之樂」同化「天理真樂」至樂，樂道的內心悅樂精神，帶來「安樂窩」快樂生活。

邵雍「樂」哲學理論與審美、道德實踐不能加以分割。邵雍「樂」的哲學看似無用，實則用莫大焉，其獨特媚力對於生活美學的追尋，具有美學意涵於生命美學，合一、無目的、情感經驗的審美途徑，「物我兩忘」心靈狀態的自由無羈，體道、悟道、達道是「天人合一」的過程。

「安樂窩中快活人，閑來四物幸相親。一編詩逸收花月，一部書嚴驚鬼神。一炷香清沖宇泰，一罇酒美湛天真。太平自慶何多也，唯願君王壽萬春。」「安樂窩中快活人，閒來四物幸相親。」樂於焚香、寫詩、飲酒與著書的自得之樂，「生平與人交，未始有甘壞，己亦無負人，人亦無我害。」〔註2〕不仕與不奉閒職，不做官卻與官場人交游甚廣，「是知君子途，使人從之游」真實不假的君子。

〔註1〕《皇極經世書》，〈觀物外篇〉下，頁367。
〔註2〕《伊川擊壤集》卷八，〈生平與人交〉，頁114。

四賢當日此盤桓，千百年人尚厚顏。天下有名難避世，胸中無物漫居山。

事觀今古興亡後，道在君臣進退間。若蘊奇才必奇用，不然須負一生閒。〔註3〕

邵雍「不做官」的認知與選擇，才能使他成為具有獨立性的隱士，「陸海臥龍收爪，遼天老鶴戢戢毛衣。」〔註4〕證明自己能力，「得志當為天下事，退居聊作水雲身。」〔註5〕退居是無奈之舉，等待時機，難免有「心存魏闕」之嫌。「生長太平無事日，又還身老太平時」詩句，對於自己生長太平時日備感慶幸外，不免有「奇才奇用」的感慨落寂。

「平生不作皺眉事，天下應無切齒人。斷送落花安用雨，裝添舊物豈須春。」邵雍終身不作官，貧不能娶直到四十五歲才娶妻，交友廣闊獲得朋友集資合蓋「安樂窩」供其居住。筆者根據邵雍年譜〔註6〕，繪製（表6-1：邵雍年表——六十七年生命的動態表），欲通過其年齡、作品、事蹟，清晰呈現他的生活動態。這樣，邵雍生平和背景，可以達到深度、廣度的認識，了解其一生的生命歷程。

表6-1：邵雍年表——六十七年生命的動態表

時　間	年　齡	事　蹟	著　作
宋真宗大中祥符四年辛亥	邵雍生於河南衡漳（河南林州市）。		
乾興元年壬戌	12歲	舉家遷共城（河南輝縣市），青年時一心於科學之學，受業李挺之物理、性命之學。	
宋仁宗景祐三年丙子	26歲	生母李氏亡故，父古續弦楊氏。	
景祐四年丁丑	27歲	異母弟邵睦出生。	

〔註3〕《伊川擊壤集》卷二，〈追和王常侍登郡樓望山〉，頁23。
〔註4〕《伊川擊壤集》卷十二，〈自述二首〉之二，頁192。
〔註5〕《伊川擊壤集》卷十二，〈自述二首〉之一，頁192。
〔註6〕唐明邦：《中國思想家評傳叢書·邵雍評傳》，南京：南京大學出版社，1998，頁387～408。

慶曆七年丁亥	37 歲	遊歷洛陽，心生遷居之意。	
皇祐元年己丑	39 歲	遷居洛陽。	洛陽懷古賦、新居成呈劉君玉殿院詩。
至和二年乙未	45 歲	聘王允修之妹為妻。	
嘉佑二年丁酉	47 歲	生子伯溫	生男吟
嘉佑三年戊戌	48 歲	出遊陝西	過陝、題黃河、過潼關、題華山等詩。
嘉佑五年庚子	50 歲	春遊洛陽，夏日不出，秋日由商山，冬日登樓看雪。	
嘉佑六年辛丑	51 歲	不仕、不奉閒官職	謝富丞相招出仕詩二首。
嘉佑七年壬寅	52 歲	宰相富弼為其買對宅一園。	天津新居成謝府尹王君貺尚書詩
嘉佑八年癸卯	53 歲	春秋出遊，飲酒作詩	後園即事、觀棋長吟等詩得「詩狂」雅號。
宋英宗治平元年甲辰	54 歲	父，邵古逝世。	
治平三年丙午	56 歲	訪友遊山	代書寄友，依韻和詩
治平四年丁未	57 歲	秋遊伊洛二川	作詩三十餘首。
宋神宗熙寧元年戊申	58 歲	異母弟，邵睦逝世。	書亡弟殯所詩。
熙寧二年己酉	59 歲	辭官不許，既受命而引疾不起。	作詔三下答鄉人不起之意詩。
熙寧三年庚戌	60 歲	王安石新法。	作詩五十餘首。
熙寧四年辛亥	61 歲	《皇極經世書》完成	作詩近三十餘首。
熙寧五年壬子	62 歲	與司馬光、富弼互有詩歌呈答。	作詩八十餘首。
熙寧六年癸丑	63 歲	司馬光、富弼、程顥等人以詩和之。	作詩四十餘首。

熙寧七年甲寅	64 歲	觀物有感者、闡述哲理、以詩言志等主題	作詩三百六十餘首。
熙寧八年乙卯	65 歲	近禪學與方術。 作〈六十五歲新正自貽〉	作詩一百餘首。
熙寧九年丙辰	66 歲	臂痛又患頭風。	作詩近三百餘首。
熙寧十年丁巳	67 歲	大書病極吟，五更捐館。	作詩八十餘首。

　　中國哲學字詞〔註7〕與邵雍哲學字詞的意涵結構，「心」是一種形象，心的本身是不可捉摸的，邵雍的「心」可以是認識的心，為己之心，天下之心，在邵雍的文本對心有不同的解讀，人心之誠，就是本心。「心為太極」又「道為太極」，心、性、理、道、太極為「一」異質同名，性體、神體、氣體，異名同謂，邵雍認為，性、氣、神三者合而為一。異名同謂、異質同名、或一字多義，哲學用語夾雜道教、佛語言，這是筆者研究邵雍哲學的困境，必須反覆在原典之間來回閱讀推敲其意，有趣的是，弄懂邵雍哲學用語後，也體會到研究「樂」趣。

　　筆者以為「快樂」就是當下自覺生命不再缺少什麼？獨樂不如眾樂，也是研究邵雍生命美學的旨趣所在。

> 朋友啊，別唉聲嘆氣！還是讓我們高歌，充滿歡樂吧！
>
> 歡樂，是美好的神賜，是來自仙境的女神。
>
> 我們登上歡樂殿堂，宛如進入神聖的天堂！
>
> 時代造就分歧的人心，神的力量將使之再度彌合。
>
> 在神的慈悲照護下，四海之皆兄弟。
>
> 跟朋友做朋友，誰會不開心呢？
>
> 獲得善良女性的芳心，誰會不歡呼呢？
>
> 是啊，誰是孤零零的一個人？在地球上找出一個例子來吧！
>
> 誰還不懂這道理，就只好在外偷偷飲泣。
>
> 眾生共用歡樂，徜徉在自然的懷抱裏。
>
> 是非善惡，都有各自報應。
>
> 因果對萬物皆公平，真情見於患難中，追求欲望等同蟲獸，

〔註7〕李幼蒸：《倫理學危機》，台北：唐山出版社，1997，頁221～228。

誠善如天使，立於神前享榮光。

歡樂，如太陽穿越天際，普照大地。

弟兄啊，歡欣鼓舞的向前奔跑吧！如同奔向勝利的英雄。

人類啊，互相擁抱吧！一起親吻這世界。

弟兄啊，在這星幕之上，必定有位慈悲的眾神之父。

人類啊，虔誠敬神吧！

世界啊，你能想像創物主的偉大嗎？

在天穹尋找祂吧！

祂必定在這星穹之上！

生命像是一首歌，用最美的語言「音樂」來詮釋邵雍生命美學。席勒（Egon Schiele，1890～1918）「快樂頌」〔註8〕被譜成貝多芬第9號交響曲。在論文寫作期間，筆者藉由經常聆聽這首交響曲陪伴過程中，學習自我調適與成長。隨著邵雍「心」、「樂」、「道」、「美」的音符，譜成了「天人合一」的生命美學樂曲。最後，完成此篇〈邵雍「真樂攻心」至「天人合一」的之生命美學研究〉博士論文。

展望（altitude）是對於未來生命所持的角度與看法，態度（attitude）是對應生命的方式，態度與展望呈正、負向相關，及正負不同循環的面貌，所謂「高瞻遠矚」展望的視野愈高，就看得愈遠，態度正確自會提昇展望。

邵雍「真樂攻心」產生的時空背景，源於北宋四朝的太平時期，審美、文化、理學美學的不同審美向度，檢視「真樂」的概念？追問「無樂」至「有樂」的感性層次：自得之樂，「有樂」至「真樂」的理性層次：攻心之樂，「有樂」到「至樂」的形上層次：天理真樂。邵雍「真樂攻心」至「天人合一」的生命美學，不同的態度建構不同展望，呈現不同生命樣貌，也是邵雍「樂」哲學的未來展望。

如果，「美」有境界之分，「樂」哲學的未來，向後看是過去決定的必然性思維，向前看是企圖對未來的領悟來指導和改變現況，自由的思維方式，可能性的開放為人類打開生命未來之門。「創新」使生命向上發展的可能性，走出一條專屬自己生命的審美之路。相信，邵雍「樂」哲學是「自律」、「慎獨」、

〔註8〕席勒（Egon Schiele，1890～1918）：《快樂頌》，德國詩人1785年創作詩歌，《快樂頌》後來成為貝多芬第9號交響曲第四章的歌詞。鄧映易所譯的通行譯文。維基百科 zh.m.wikipedia.org（下載日期：2021.11.15）

「自得」，選擇我對自己與周圍的一切事物，能分辨清楚。「明心見性」保持心性之神明，無背於天道。愛人與濟人，它不會讓你失望，因為，你永遠不可能達到它的盡頭，人是有無限的可能性，這是研究生命美學的願景。

參考書目

一、**原典著作**（依作者姓氏排列）

1. 〔宋〕邵雍著，郭彧、于天寶點校，《邵雍全集——（伍）補充資料》，上海市：上海古籍出版社，2015。

2. 〔宋〕邵雍著，郭彧、于天寶點校，《邵雍全集——（參）皇極經世（下）》，上海市：上海古籍出版社，2015。

3. 〔宋〕邵雍著，郭彧、于天寶點校，《邵雍全集——（壹）皇極經世（上）》，上海市：上海古籍出版社，2015。

4. 〔宋〕邵雍著，郭彧、于天寶點校，《邵雍全集——（貳）皇極經世（中）》，上海市：上海古籍出版社，2015。

5. 〔宋〕邵雍著，郭彧、于天寶點校，《邵雍全集——（肆）伊川擊壤集》，上海市：上海古籍出版社，2015。

6. 〔宋〕邵雍著，郭彧整理：《伊川擊壤集》，北京：中華書局，2013。

7. 〔宋〕邵雍著，郭彧整理：《邵雍集》，北京：中華書局，2010。

8. 〔宋〕邵雍撰，九州大學名譽教授文學博士岡田武彥、荒木見悟主編，《擊壤集》，中文出版社，北市師院圖書館。

9. 〔宋〕邵雍撰：《皇極經世》，收於《景印文淵閣四庫全書》中，台北：台灣商務印書館，1973。

10. 〔宋〕邵雍撰：《擊壤集》（上），廣文書局，台北市立師範學院圖書館。

11. 〔宋〕邵雍撰：《擊壤集》（下），廣文書局，台北市立師範學院圖書館。

12. 〔宋〕邵雍撰：中國哲學思想要籍續編《皇極經世書》，新北市中和區：廣

文書局有限公司，2012。

13. 宋康節著，明黃畿洲註釋：《皇極經世書》冊一，冊二，台北：中華書局，中華民國五十五年三月。

二、美學著作（依作者姓氏排列）

1. 《中國美學思想彙編》（上）（下）集，台北：成均出版社，輔仁大學圖書館。1987。

2. 尤煌傑：《美學基本原理——士林哲學的美學理論建構》，台北：哲學與文化月刊雜誌社，2204。

3. 王朝聞：《審美談》，北京：人民出版社，2009。

4. 王進祥編輯：《中國美學史資料選編》（上）（下）集，新北市土城區：頂淵文化事業有限公司，2008。

5. 田曼詩：《美學》台北：三民書局，1982。

6. 成復旺：《中國古代的人學與美學》，中國人民大學出版社，1992。

7. 朱玄：《中國山水畫美學研究》，台北：臺灣學生書局，1997。

8. 朱光潛編譯，《西方美學家論美與美感》，台北，天山出版社。

9. 朱志榮：《中國審美理論》，北京：北京大學出版社，2005。

10. 吳中杰，張岩冰、馬馳、王振復副主編：《中國古代審美文化論》（第一卷史論卷）（第二卷範疇卷）、（第三卷門類卷），上海古籍出版社，2003。

11. 李澤厚、劉剛紀主編：《中國美學史》（第一卷）（第二卷），樹林：漢京文化事業有限公司，1986。

12. 李澤厚主編，滕守堯：《審美心理描述》，樹林：漢京文化事業有限公司，1987。

13. 周邵馨：《中國審美文化》，南昌市：百花洲文藝出版社，1992。

14. 林書堯：《圖解美學》，台北：三民書局，1974。

15. 祁志祥：《中國美學原理》，太原：山西教育出版社，2005。

16. 金元浦、王宰、邢建昌主編：《美學與藝術鑑賞》，北京：首都師範大學出版社，2003。

17. 張法：《中西美學與文化精神》，台北：淑馨出版社，1998。

18. 張晶：《審美之思——理的審美化存在》，北京：北京廣播學院出版社，2002。

19. 敏澤:《中國美學思想史》第（一）（二）（三）（四）冊，中國社會科學出版社。

20. 彭修銀:《美學範疇論》，台北:文津出版社，1993。

21. 曾繁仁:《西方美學論綱》，濟南:山東人民出版社，1991。

22. 葉朗:《中國美學史》，台北:文津出版社，2001.3。

23. 葉朗主編，朱良志副主編，《中國美學通史》——（先秦卷）孫燾著，南京:江蘇人民出版社，2014。

24. 葉朗主編，朱良志副主編，《中國美學通史》——（宋金元卷）潘立勇、陸慶祥、章輝、吳樹波著，南京:江蘇人民出版社，2014。

25. 葉朗主編，朱良志副主編，《中國美學通史》——（明代卷）肖鷹著，南京:江蘇人民出版社，2014。

26. 葉朗主編，朱良志副主編，《中國美學通史》——（清代卷）朱良志、肖鷹、孫燾、崔樹強著，南京:江蘇人民出版社，2014。

27. 葉朗主編，朱良志副主編，《中國美學通史》——（現代卷）彭鋒著，南京:江蘇人民出版社，2014。

28. 葉朗主編，朱良志副主編，《中國美學通史》——（隋唐五代卷）湯凌云著，南京:江蘇人民出版社，2014。

29. 葉朗主編，朱良志副主編，《中國美學通史》——（漢代卷）任鵬著，南京:江蘇人民出版社，2014。

30. 葉朗主編，朱良志副主編，《中國美學通史》——（魏晉南北朝卷）胡海、秦秋咀著，南京:江蘇人民出版社，2014。

31. 劉昌元:《西方美學導論》，台北:聯經出版社，2005。

32. 潘立勇:《朱子理學美學》，北京:東方出版社，1999。

33. 總21卷主編李孝弟:《儒家美學思想研究》，傅永聚、韓鍾文主編:20世紀儒學研究大系，中華書局，輔仁大學圖書館。

34. 丁治民:《邵雍擊壤三千首考》，杭州:浙江大學出版中心，2009。

三、其他著作（依作者姓氏排列）

1. 方東美:《哲學三慧》，台北:三民書局股份有限公司，2007。

2. 王邦雄、岑溢成、楊祖漢、高伯園:《中國哲學史》（上）（下），台北:里仁書局，2006。

3. 甲凱：知識青年叢書《宋明心學評述》，台北：臺灣商務印書館，1967。

4. 朱光潛：《文藝心理學》，土城：頂淵文化事業有限公司，2003。

5. 何夢桂：《何夢桂集》，杭州市：浙江古籍出版社，2011。

6. 吳汝鈞：《機體與力動：懷德海哲學研究與對話》，台北：臺灣商務印書館股份有限公司，2004。

7. 吳經熊：《內心悅樂之源泉》，台北：東大圖書有限公司，1981。

8. 李幼蒸：《倫理學危機》，台北：唐山出版社，1997。

9. 李長遠：《北宋理學「性與天道」思想的淵源初探》，台北：文史哲出版社，2012。

10. 李煥明編：《方東美先生哲學嘉言》，台北：文史哲出版社，1992。

11. 沈清松：《跨文化哲學論》，北京：人民出版社，2014。

12. 林素芬：《北宋中期儒學道論類型研究》，台北：里仁書局，2008。

13. 柏拉圖：《文藝對話集》，台北：商務印書館股份有限公司，1963。

14. 唐君毅：《唐君毅全集》第十二卷，中國哲學原論導論篇，台北：台灣學生書局，1991。

15. 唐君毅：《唐君毅全集》第十三卷，中國哲學原論原性篇——中國哲學中人性思想之發展，台北：台灣學生書局，1991。

16. 唐明邦：《中國思想家評傳叢書·邵雍評傳》，南京：南京大學出版社，1998。

17. 孫再生：《周易學新論》，台北：爭中書局，1992。

18. 孫振青：《宋明道學》，台北：千華出版社，1986。

19. 高安澤：《邵雍經世易圖觀物詩說集解》，新北市淡水區：育賢出版社，2011。

20. 張立文主編，岑賢安、徐蓀銘、蔡方鹿、張懷承、張立文著：《中國哲學範疇精粹從書》——心，台北：七略出版社。1996。

21. 張立文主編，張立文、岑賢安、徐蓀銘、蔡方鹿、張懷承著：《中國哲學範疇精粹從書》——道，北京：中國人民大學出版社，1996。

22. 張岱年：《中國哲學大綱》，台北：藍燈文化事業股份有限公司，1992。

23. 陳郁夫：《邵康節學記》，台北：天華出版事業股份有限公司，1979。

24. 陳鼓應：《老莊新論》，台北：五南圖書出版股份有限公司，2006。

25. 陳榮捷編著，譯者，楊儒賓、吳有能，朱榮貴、萬先法：《中國哲學文獻

撰編》（上冊）（下冊），台北：巨流圖書公司，1993。

26. 陳福濱：《中國哲學史講義》，新莊：輔仁大學哲學系，2006。

27. 曾春海：《中國哲學史綱》，台北：五南圖書出版股份有限公司，2012。

28. 黃宗羲撰，夏學叢書《宋元學案》——（上）（中）（下），台北：河洛圖書出版社，1975。

29. 黃信二：《哲學表達及其基礎》——中國研究方法的新思維，台北：理得出版有限公司，2005。

30. 黃藿：《理性、德行與幸福——亞里斯多德倫理學之研究》，台北：學生出版，1996。

31. 趙雅博：《文學藝術心理學》，台北：藝術圖書公司，1976。

32. 劉楊忠：《詩與酒》，台北：文津出版社，1994。

33. 蔡仁厚撰述：《宋明理學：南宋篇，心體與性體義旨述引》，台北：臺灣學生書局，1983。

34. 蔡柏盈：《從字句到結構：學術論文寫作指引》，台北：國立臺灣大學出版中心，2010。

35. 鄧喬彬：《中國繪畫思想史》，貴陽：貴州人民出版社，2001。

36. 鄭萬耕：《揚雄及其太玄》，台北：藍燈文化事業股份有限公司，1992。

37. 黎建球：《人生哲學》，台北：三民書局，1991。

38. 黎建球：《朱熹哲學》，台北：知音出版社，1978。

39. 錢憲民：《快樂的哲學——中國人生哲學史》，台北：洪葉文化事業有限公司，1996。

40. 錢穆選輯：《理學六家詩鈔》，台北：中華書局，2017。

41. 錢穆：《宋明理學概述》全一冊，台北：臺灣學生書局，1977。

42. 錢穆：《理學六家詩鈔》，台北：中華書局，2017。

43. 韓強：《儒家心性論》，北京：經濟科學出版社，1998。

44. 魏崇周：《邵雍文學思想研究》，鄭州：中州古籍出版社，2009。

45. 羅光：《士林哲學——理論篇》，再版，台北市：台灣學生書局，1980。

46. 羅光：《士林哲學——實踐篇》，再版，台北市：台灣學生書局，1991。

47. 羅光：《中西天人合一論》，台北縣新莊市：輔仁大學出版社，2001。

48. 羅光：《中國哲學思想史》，宋代篇（上冊）（下冊），台北：台灣學生書局，1984。

49. 羅光：《生命哲學的美學》，台北：台灣學生書局，1999。

50. 羅光：《形上生命哲學》，台北：台灣學生書局，2001。

51. 羅光：《儒家哲學的體系》，台北：台灣學生書局，1990。

52. 關永中，《愛、恨與死亡——一個現代哲學的探索》，台北：臺灣商務印書
館股份有限公司，1997。

53. 嚴羽：《滄浪詩話》，黃景進撰述，台北：金楓出版有限公司，1986。

54. 林火旺：《倫理學》，台北：五南圖書出版股份有限公司，2004。

55. 潘小慧：《台灣新士林哲學的倫理發展》，台北：至潔有限公司，2020。

56. 潘知常：《生命美學引論》，南京：百花洲文藝出版社，2021。

57. 李學勤：《走出疑古時代》，遼寧大學出版社，1995。

58. 〔明〕陳獻章：《白沙子全集》，台北：何洛出版社，1974。

四、中文翻譯書

1. 〔日〕田中裕著，包國光譯：《懷德海——有機哲學》，石家庄市：河北教
育出版社，2001。

2. 〔古希臘〕亞里士多德：《尼各馬可倫理學》，廖申白譯注，北京：商務印
書館，2013。

3. 亞里斯多德（Aristotle）著，高思謙譯，《尼各馬科倫理學》（Nicomachean
Ethics），台北：臺灣商務印書館發行，2006。

4. 〔美〕M・李普曼（MATTHEW LIPMAN）編，鄒鵬譯，《當代美學》，北
京：光明日報出版社，1986。

5. 〔美〕赫伯特・馬爾庫塞（Herbert Marcuse）著，愛欲與文明（Eros and
Civilization），黃勇、薛民譯，上海：上海譯文出版社，2012。本書根據
美國波士頓燈塔出版社譯出，增譯1961年標準版的一個序言。

6. H.Kahane & P.Tidman 原著，劉福增編譯《邏輯與哲學》（Logic &
Philosophy：A Modern Introduction），台北：心理出版社有限公司，1996。

7. Robert R. Pagano 著，趙碧華、潘忠道、郭俊賢譯，《行為科學統計學》
三版，台北：新加坡商聖智學習亞洲私人有限公司台灣分公司，2013。

8. Wtadystaw Tatarkiewiecz 著，劉文潭譯，《西洋六大美學理念史》，台北：
丹青圖書有限公司，1987。

9. 戈特霍爾德・埃夫萊姆・萊辛（Gotthold Ephraim Lessing）著，《詩與畫

的界線》又稱《拉奧孔》（Laokoon），朱光潛譯，板橋：蒲公英出版社，1986。

10. 法‧米蓋爾杜夫海納（Mikel Dufrenne）著，孫非譯，《美學與哲學》（ESTHETQUE ET PHIOSOPHIE），EDITIONS KLINCKSIECK PARIS 1980，台北：五洲出版社，1987。

11. 孫周興選編：《海德格爾選集》（上），上海：三聯書店，1996。

12. 馬庫色（Herbert Marcuse），愛欲與文明（Eros and Civilization），羅麗英譯，台北：

13. 南方叢書出版社，1988。

14. 陳奎德：《懷特海哲學演化概論》，上海：上海人民出版社，1988。

五、西文

1. Alfred North Whitehead,《Process and Reality》, An edition of process and reality: An essay in cosmology 1929, This edition was pubished in1929 by the Macmilan company university press in New York，Cambridge Eng.

2. 電子書（下載日期：2021 年 10 月 20）

六、參考網站

1. MBA 智庫百科，https//wiki.mbaib.com.（下載日期：2021 年 11 月 3 日）

2. 中國哲學電子書化計劃，https://ctext.org/dictionary.pl?if=gb.（下載日期：2020 年 11 月 12 日）

3. 搜韻——詩詞門戶網站，https://sou-yun.cn/Query.aspx?type=poem&id=99017（下載日期：2020 年 1 月 3 日）

4. 維基百科 Zh.m.wikipedia.org，（下載日期：2021.11.15）

七、期刊論文（依作者姓氏排列）

1. 尤煌傑：〈中國美學中的人文主義精神〉，《哲學與文化》第卅三卷第一期，2006.01，頁 31～47。

2. 主持人：陳鼓應，參與人：吳惠齡、莊元輔，金岳霖，〈方東美形上學的理論建構〉，行政院國家科學委員會補助專題研究計畫成果報告，中國文化大學哲學系（所），2011 年 3 月 27 日。

3. 李滿：〈邵雍美學思想述評〉，南昌職業技術師範學院學報，2001 年第 4 期。

4. 李賢中：〈中國哲學研究方法之省思〉，《哲學與文化》第三十四卷四期，2007.4，頁1～14。

5. 杜保瑞：〈邵雍儒學建構之義理研究〉，華梵人文學報（3），2004.6，頁75～123。

6. 林素芬：〈從「觀物」到「安樂」論邵雍生命哲學的實踐開展〉，師大學報語言與文學類（第57期），2012.2，頁1～28。

7. 林素芬：〈與苦難共生：論邵雍安樂哲學之建構〉，慈濟大學人文社會科學學刊（第11期），2011.6，頁136～168。

8. 施乃綺：〈從「擊壤集」論邵雍觀物思想與「意」概念之關係〉，古今藝文（31：1），2004，11，頁31～43。

9. 張岱年：〈中國哲學中「天人合一」思想剖析〉，北京大學學報，1985年第1期。

10. 張運華：〈論陳白沙「自然之樂」境界論〉，五邑大學學報（社會科學版），2006年5月第8卷第2期。

11. 許志信：〈邵雍的觀物思想〉，2009年5月東吳中文學報，第十七期，頁107～134。

12. 郭玉雯：〈邵雍的詩歌理念探析〉，1991年6月台大中文學報（第52期），頁285～306。

13. 陳莉玲：生之愛欲與死亡的關聯，哲學與文化，二十八卷第六期，2001.6，頁531～582。

14. 曾春海：〈和諧美與和諧社會——以徐復觀《中國藝術精神》為論述主軸〉，長安大學學報（社會科學版），2014年3月第16卷第一期，頁134～139。

15. 詹石窗、馮靜武：〈邵雍的《皇極經世》學及其歷史影響〉，2008年《文史哲》5期。

16. 雍繁星：〈從孔顏樂處到自適任情——陳白沙對理學重要命題的超越〉，2002年《南開學報》哲社版，第2期。

17. 劉見成：〈邵雍天人之學及其合一之道〉，2015年3月《宗教哲學》季刊71期，頁63～88。

18. 蔡顯良：〈宋代論書詩的主要題材與特色〉，2008年《書畫藝術學刊》第五期，頁139～169，廣州暨南大學藝術學院。

19. 韓佩思：〈王國維「境界說」對邵雍「觀物說」的繼承與創新〉，2010 年 6 月東方人文學誌，頁 165～182。

20. 韓鳳鳴：〈邵雍面前的世界——論邵雍哲學認識論的科學性及其局限〉。2002 年 3 月中國文化月刊（264），頁 28～34。

21. 李滿：〈邵雍美學思想述評〉。2001 年 8 月《南昌職業技術師範學院學報》第四期，頁 3～7。

22. 楊瑩，〈以黃庭堅為例淺論宋詩對唐詩的模仿與創新〉，寧波大學人文與傳媒學院，2019 年 10 月第 5 期。

八、學位論文

博士論文（依作者姓氏排列）

1. 林素芬：〈北宋儒學道研究：以范仲淹、歐陽修、邵雍、王安石為探討對象〉，邵明華：〈邵雍交游研究〉，山東大學，2009。

2. 范家榮：〈先秦儒家論「情」思想之研究——以《論語》、〈性自命出〉、《孟子》、《荀子》為核心〉，天主教輔仁大學哲學系，2019。

3. 徐紀芳：〈邵雍研究〉，文化大學文學研究所，1993。

4. 國立臺灣大學中國文學研究所，2005。

5. 彭涵梅：〈邵雍元會運世說的時間觀〉，國立臺灣大學哲學研究所，2004。

6. 曾傳貴：〈《莊子》「福」思想之探究〉，天主教輔仁大學哲學系，2019。

7. 葉海煙：〈莊子生命哲學研究〉，輔仁大學哲學研究所，1989。

8. 趙春艷：〈邵雍「安樂」人生境界及「閑」之生活藝術研究〉，浙江大學休閒學，2014。

9. 魏崇周：〈邵雍文學思想研究〉，首都師範大學，2007。

碩士論文（依作者姓氏排列）

1. 王甄勵：〈邵雍快樂詩學研究，以《擊壤集》為探討對象〉，國立高雄師範大學國文系研究所，2013。

2. 施乃綺：〈觀物與詩：邵雍觀物思想研究〉成功大學中國文學系研究所，2004。

3. 胡文欽：〈邵雍觀物思想研究〉，國立中山大學中國語文學系研究所，2001。

4. 張新智：〈邵康節先天易學之歷史哲學研究〉，國立政治大學中國文學系，1993。

5. 郭世清：〈邵雍先天《易》經世運用之研究——以中國歷代政權興替之戰爭為例〉，政治作戰學校政治研究所，2006。

6. 陳玉琪：〈邵雍「先天圖」研究〉，東海大學中國文學系，2001。

7. 陳雯津：〈從物理之學到性命之學－邵雍反觀思想析論〉，淡江大學中國文學系，2009。

8. 廖添洲：〈邵雍處世思想研究〉，東吳大學中國文學研究所，1996。

9. 趙玲玲：〈邵康節觀物內篇的研究——天人合一理念的探索〉，嘉新水泥公司文化基金會出版，1973，4，私立輔仁大學。